디어 개츠비

■ 이 도서의 국립중앙도서관 출판예정도서목록(CIP)은
서지정보유통지원시스템 홈페이지(http://seoji.nl.go.kr)와
국가자료공동목록시스템(http://www.nl.go.kr/kolisnet)에서 이용하실 수 있습니다.
(CIP제어번호: CIP2018017189)

디어 개츠비

F. 스콧 피츠제럴드
맥스웰 퍼킨스

오현아 옮김

마음산책

맥스웰 퍼킨스 William Maxwell Evarts Perkins

1884년 미국 뉴욕에서 태어났다. 하버드대학교 졸업 후 3년간 〈뉴욕 타임스〉 기자로 활동하다 유력 출판사 스크리브너스로 직장을 옮겼다. 광고 담당자로 일하다 편집자로 직책을 바꿨다. 이후 F. 스콧 피츠제럴드의 『낙원의 이편』, 어니스트 헤밍웨이의 『태양은 다시 떠오른다』, 토머스 울프의 『천사여, 고향을 보라』 등 굴지의 작가들 데뷔작을 펴내며 전설적인 편집자로 명성을 떨쳤다. 피츠제럴드의 『위대한 개츠비』도 그의 작업을 거친 결과물이다. 1947년 폐렴으로 사망했다.

디어 개츠비

1판 1쇄 인쇄 2018년 6월 15일
1판 1쇄 발행 2018년 6월 20일

지은이 | F. 스콧 피츠제럴드·맥스웰 퍼킨스
옮긴이 | 오현아
펴낸이 | 정은숙
펴낸곳 | 마음산책

편집 | 이승학·최해경·최지연·성종환 디자인 | 이혜진·최정윤
마케팅 | 권혁준·김종민 경영지원 | 박지혜

등록 | 2000년 7월 28일(제13-653호)
주소 | (우 04043) 서울시 마포구 잔다리로 3안길 20
전화 | 대표 362-1452 편집 362-1451 팩스 | 362-1455
홈페이지 | http://www.maumsan.com
블로그 | maumsanchaek.blog.me
트위터 | http://twitter.com/maumsanchaek
페이스북 | http://www.facebook.com/maumsanchaek
전자우편 | maummaumsan.com

ISBN 978-89-6090-377-7 03840

* 책값은 뒤표지에 있습니다.

열 배나 더 오래 걸릴지라도
내가 할 수 있는 최선이 아니라는 생각이 들면
도저히 손을 놓을 수 없지요.

옮긴이의 말

스콧과 맥스를 위하여

F. 스콧 피츠제럴드와 맥스웰 퍼킨스는 기질도 삶의 궤적도 판이하게 달랐습니다. 피츠제럴드가 낭만적이고 감정 기복이 심하며 종잡을 수 없다면, 퍼킨스는 이성적이고 차분하며 진중합니다. 이런 두 사람의 기질은 편지글에도 잘 드러납니다. 피츠제럴드는 종종 장문의 편지를 쓰면서 때론 열정적이고 때론 절망적으로 감정을 토로하는 반면(감정만큼 오자도 풍부하게 넘칩니다. 피츠제럴드는 자신이 그토록 흠모한 헤밍웨이의 이름을 단 한 번도 옳게 쓴 적이 없다고 합니다. 그에게 헤밍웨이는 Hemingway가 아닌 Hemmingway나 Hemminway입니다.) 퍼킨스는 대개 짧은 편지에 요점을 정확하게 전달합니다. 또한 피츠제럴드가 뿌리내리지 못하고 방랑의 삶을 살았다면, 퍼킨스는 뉴욕과 뉴잉글랜드 근방을 떠나지 않고 매일 똑같은 시각에 통근 기차를 타는 안정적이고 규칙적인 삶을 살았습니다. 이렇게 다른 두 사람이 작가

와 편집자로 만나 20년이 넘도록 편지를 주고받으며 우정을 쌓습니다. 서로의 결점을 보닥여준 덕분에 문학사에 길이 남을 작가와 작품, 편집자가 탄생합니다. 피츠제럴드는 퍼킨스의 조언을 받아 『위대한 개츠비』에 영원성을 부여하고, 퍼킨스는 피츠제럴드와의 인연을 시작으로 '세 아들'의 작품을 출간하며 편집자로서 명성을 드높이게 됩니다. (세 아들 중 막내인 토머스 울프와의 관계를 그린 영화 〈지니어스Genius〉가 2016년에 제작되었으니 영화사에도 이름을 남기게 되었군요.)

그렇다면 의문이 생깁니다. 이렇듯 모든 것이 달라 보이는 두 사람이 긴 세월 서신을 주고받으며 신뢰를 쌓을 수 있었던 배경은 무엇일까요? 번역 판본 가운데 하나인 『디어 스콧, 디어 맥스Dear Scott, Dear Max』(1971)를 엮은 존 쿨John Kuehl 교수와 잭슨 R. 브라이어Jackson R. Bryer 교수의 설명에 따르면, 이 둘을 묶는 공통점은 청교도 정신, 이른바 뉴잉글랜드 양심입니다. 명예와 예의, 용기의 가치를 믿는 귀족적 유산이 있다는 것입니다. 그토록 오래 흉금을 터놓고 지내면서도 피츠제럴드와 퍼킨스는 서로 정중함을 잃지 않습니다. 피츠제럴드에게는 화려한 사교계, '재즈 시대' 환락의 파티, 사치와 방탕이라는 이미지가 있지만, 그 이면에는 신의와 충성, 도의를 지키는 삶이 있었습니다. 비록 빚의 악순환에 빠져 살았지만 그는 '사치 덩어리' 아내 젤다를 끝내 버리지 않습니다. (그렇다고 젤다에게 일평생 지조를 지켰다는 뜻은 아닙니다.) 빚돈을 내는 것에 미안해하고 또 빨리 갚지 못하는 것에 미안해합니다. 많은 작가들이 이익을 앞세워 '피도 눈물도 없이' 출판사를 바꾸는 데 반해 피츠제럴드는 퍼킨스의 출판사 스크리브너스에 충성합니다. 그에게는 그것이 명예의 문제인 까닭입니다.

빚에 철저했던 피츠제럴드의 태도는 작품에도 반영됩니다. 생계를 위해 어쩔 수 없이 단편을 썼지만, 자신의 작품 직계를 이루는 것은 오직 장편소설이라고 그는 믿었습니다. 그래서 단편집은 장편소설을 낼 때마다 꼭 한 권씩만 펴냈고, 출간일도 장편 출간 후 최대한 빠른 시점으로 잡으려고 했습니다. 단편이 자신의 작품 계보에 들어가는 것으로 보일까 두려워했기 때문입니다. 그런데 『밤은 부드러워』 출간 이후 단편집 『기상나팔 소리』를 내는 데에는 꽤 오랜 시간이 소요됩니다. 『밤은 부드러워』에 재인용한 구절을 단편에서 일일이 찾아내 삭제해야 했으니까요. (단편집 출간이 늦어진 데에는 숱하게 반복된 술자리 역시 한몫하긴 합니다.) 그러면서 피츠제럴드는 자기 복제의 문제를 이렇게 정리합니다. "어니스트가 여기저기에 자기 복제를 한다고 해서 나 역시 똑같은 짓을 하는 것이 정당화될 수는 없습니다. … 내 장점은 공교롭게도 내 작품에 엄격한 정밀성을 요구한다는 것입니다. … 게으름의 문제가 아닙니다. 절대적으로 자기 보존

의 문제입니다."(1934년 8월 24일 편지)

피츠제럴드는 도덕주의자인 동시에 완벽주의자였습니다. 작품 속 단어 하나도 대충 넘어가는 법이 없었고, 표지 그림과 광고 문구도 세심하게 신경을 썼습니다. 그는 1934년 2월 1일 편지에 "이 책(『밤은 부드러워』)은 지금 내 삶 전부이고, 이런 완벽주의자 태도를 버릴 수가 없다"라고 적습니다. 작품에 대해선 문장부호까지 제 눈으로 확인하려고 하면서 편지엔 맞춤법이며 문법이 틀린 문장이 허다하다는 것 역시 피츠제럴드의 또 다른 '허당' 매력인 것 같습니다.

피츠제럴드와 퍼킨스는 서로를 존중하지만 때론 의견 충돌을 보이기도 합니다. 대표적인 예가 『낙원의 이편』의 성경 구절에서 보인 대립이라 할 수 있습니다. 퍼킨스의 지적에 발끈한 피츠제럴드는 트웨인도 아나톨 프랑스도 하우얼스도 자신과 똑같이 했을 것이라며 반박합니다. 퍼킨스는 자신이 이의를 제기하는 것은 내용이 아니라 경박한 표현 때문이었다고 정중하게 답장을 써서 보냅니다. 무안해진 피츠제럴드는 억지 인용을 해가며 어리석은 편지를 쓴 자신을 용서해달라는 사과의 편지를 띄웁니다. 편집자가 이렇게 표현의 문제를 점잖게 지적한다면 동의하지 않을 작가는 아마 없을 것입니다. 그러면서 존경과 신뢰가 깊어지겠지요.

편집자로서 퍼킨스의 진가를 보여주는 대목은 역시 『위대한 개츠비』입니다. 원고를 받아본 퍼킨스는 '한 사람을 유명하게 만들어줄 걸작'이라고 극찬하면서도 인물 형상화에 관한 두 가지 매우 중요한 지적을 합니다. 피츠제럴드는 감사를 표하며 퍼킨스의 비평을 작품에 반영합니다. "소설 구성을 완성한 건 내가 아니라 편집자님"이기 때문에 "'구성'을 칭찬하는 소리를 들으면 더 기쁘다"면서 퍼킨스에게 일정한 공을 돌립니다. 퍼킨스가 없었더라면 『위대한 개츠비』가 고전으로 살아남아 우리 손에까지 오는 일이 없었을지도 모릅니다. 또한 두 사람의 편지는 『위대한 개츠비』에 관한 흥미로운 사실을 알려줍니다. 원래 배경은 1885년 중서부와 뉴욕이었다는 것, 피츠제럴드가 제목을 놓고 끝까지 고심했다는 것('잿더미와 백만장자 사이에' '황금 모자를 쓴 개츠비' '웨스트에그의 트리말키오' 같은 제목으로 이 책을 만났을지 모릅니다), 『위대한 개츠비』의 위대함에 그 자신 확신하지 못했다는 것 등등. 『위대한 개츠비』는 작가 생전에는 그토록 바라던 평생의 부를 가져다주지 않았지만, 사후 그 창조주에게 불후의 명성을 안겨줍니다.

피츠제럴드의 편지에는 작품을 구상하고 집필할 때의 환희와 (얼마간의 자아도취를 동반한) 흥분, 그리고 출간 이후 찾아오는 절망과 좌절이 그 자신의 언어로 생생하게 그려집니다. 그럼에도 또다시 글쓰기를 해야만 하는 작가로서의 숙명 역시 느껴집니다.

그렇다고 이들이 20년 동안 작품 이야기만 한 것은 아닙니다. 이들은 작가와 편집자인 동시에 속내를 털어놓는 절친한 친구였던 것입니다. 그 점잖은 퍼킨스가 피츠제럴드에게 문학계 가십을 전해주며 (물론 점잖은 언어로) 문인들을 흉보기도 하고 절대 비밀이라면서 당시 사회를 떠들썩하게 만든 헤밍웨이와 평론가의 육탄전에 관한 상세한 이야기를 전합니다.

퍼킨스가 작품 구성에 도움을 주었다면 피츠제럴드는 퍼킨스에게 다양한 작가들을 소개합니다. 그중에 대표적 작가는 단연 헤밍웨이입니다. 1924년 파리에게 알게 된 신인 작가 헤밍웨이를 피츠제럴드는 퍼킨스에게로 인도합니다.『태양은 다시 떠오른다』『무기여 잘 있거라』『누구를 위하여 종은 울리나』등 헤밍웨이의 대표작이 모두 퍼킨스의 손을 거쳐 나옵니다.

피츠제럴드는 첫 소설『낙원의 이편』으로 눈부신 성공을 거둔 뒤 문단의 신성으로 떠오릅니다. 인세와 영화 판권으로 큰돈을 손에 넣었는데도 곧 퍼킨스에게 선불을 요구한 걸 보면 개츠비만큼 화려한 생활을 과시했던가 봅니다. 빚돈과 빚돈에 대한 부담은 피츠제럴드의 평생을 짓눌렀습니다. 1925년 4월 24일 편지에 그는 뒤늦은 후회를 토로합니다. "1920년에 제대로 살 기회가 왔었는데 놓치고 말았습니다. 그 대가를 치러야 합니다. 그러고 나면 마흔 즈음에는 이 끊임없는 걱정과 방해로부터 해방되어 다시 글쓰기를 할 수 있을지도 모릅니다." 그러나 나이 마흔에도 그런 꿈같은 일은 일어나지 않습니다.

한편으론 그가 롱아일랜드의 그레이트 네크에서 그런 사치를 누리지 않았다면 『위대한 개츠비』는 이 세상에 나오지 않았을지도 모릅니다. 톰과 데이지, 그리고 그들을 좇는 개츠비라는 인물의 탄생은 피츠제럴드가 그레이트 네크에서 부자들의 삶을 가까이서 보고 일부 겪기도 하면서 그들의 위선과 가식을 보았기에 가능한 일이었을 것이기 때문입니다. 1920년대의 흥청거리던 재즈 시대가 끝남과 동시에 대공황이 찾아왔고 그의 개인적 삶도 작가로서의 경력도 내리막길로 접어듭니다. 1925년에 『위대한 개츠비』를 출간한 뒤 마지막 소설 『밤은 부드러워』를 내기까지 무려 9년의 공백이 있었고 그 후론 단편집 한 권이 작품 목록의 전부입니다. 1930년대 '싸구려' 단편만을 써내고 무절제한 음주로 걸핏하면 사고를 치는 피츠제럴드에게 경솔한 사람들은 '저자는 이제 끝났다'고 사망 선고를 내리지만, 퍼킨스는 끝까지 피츠제럴드를 믿고 격려합니다. 퍼킨스는 "『개츠비』를 출간할 때의 그 기쁨이란! 지금껏 내가 미약하나마 힘을 보탰던 그 어떤 책보다 완벽한 책"(1938년 3월 9일 편지)이었다고 말하면서 미완성 유작 『마지막 거물』 집필에 전념할 수 있게 1000달러를 기꺼이 빌려줍니다.

피츠제럴드는 빚에 쪼들린 나머지 급기야 할리우드로 건

너가 영혼을 팔듯 시나리오를 씁니다. 그러다 '공장 노동자'의 삶을 그만두고 다시 소설가로 살기 위해 장편에 매달리지만 끝내 완성하지 못한 채 마흔네 살의 나이로 세상을 뜹니다.

몰락하는 모든 것은 아름답다고, 그래서 매료시킨다고 어느 평론가는 말했지만, 20년의 세월을 아우르는 이 위대한 작가와 편집자의 편지를 번역하는 동안 저는 내내 아팠습니다. 말년의 피츠제럴드는 행복하지 않았습니다. 그간 쌓은 명성은 덧없이 사라지는 듯했고, 건강은 좋지 않았으며, 언제나처럼 빚에 허덕였고, 무엇보다 재능의 고갈로 괴로워했습니다. 하지만 적어도 그의 곁에는 그를 한 번도 꾸짖는 일 없이 섣부른 훈계 따위는 늘어놓지 않는 한결같은 퍼킨스가 있었습니다. "지난 5년 힘든 시기를 보낼 때마다 … 변함없는 친구" 퍼킨스는 언제나 그 자리에 서 있는 한 그루 나무였습니다. 그로 인해 피츠제럴드는 분명 덜 아팠을 것이고 덜 외로웠을 겁니다.

피츠제럴드와 퍼킨스가 평생에 걸쳐 주고받은 것은 단순한 글, 종이쪽지가 아닙니다. 세월의 더께에도 바래지 않는 우정과 신의를 주고받은 것입니다. 20년여 서로를 믿고 의지했던 스콧과 맥스의 시간이, 삶이 이 책에 담겨 있습니다.

피츠제럴드가 퍼킨스에게 보낸 마지막 편지의 마지막 문장은 이렇습니다. (절판된 첫 소설에) "새 생명을 위한 기회가 온 것 같습니다." 살아생전에 그런 기회는 그에게도, 그의 첫 책에도 오지 않았습니다. 그러나 사후 피츠제럴드와 그의 책들은 영원한 생명을 부여받게 됩니다. 글로써 엮인 그의 아버지 퍼킨스의 예언처럼 말입니다.

아들처럼 때론 어리광을 부리던 피츠제럴드의 목소리가 들리는 듯합니다.

맥스, 보고 싶습니다. 제발 편지 좀 쓰십시오.

응답하듯 들리는 차분하지만 따뜻한 아버지 퍼킨스의 목소리.

스콧, 할 수만 있다면 눈과 귀를 닫고 앞으로 나아가십시오.

친애하는 스콧, 친애하는 맥스. 영원히 안녕하시길.

2018년 5월
오현아

- 일러두기

1. 이 책은 F. 스콧 피츠제럴드와 그의 편집자 맥스웰 퍼킨스가 21년 동안(1919~1940년) 주고받은 서신 모음으로 스크리브너스사에서 출간된 『Editor to Author: The Letters of Maxwell E. Perkins』(1950) 『The Letters of F. Scott Fitzgerald』(1963) 『Dear Scott, Dear Max』(1971)를 참고했다.
2. 원서의 이탤릭체 표기는 굵은 글씨로 강조했다.
3. 옮긴이 주는 글줄 상단에 맞추어 표기했고 자세한 설명이 필요한 사항은 미주를 덧붙였다.
4. 편지에서 생략된 부분은 가운뎃점 3개(…)로 표기했다. 편지 날짜와 장소는 필요한 경우 스크리브너스사의 『Scott Fitzgerald』(1962)를 참고하여 [ ] 안에 적었다.
5. 외국 인명·지명·독음 등은 외래어표기법을 따르되 관용적인 표기와 동떨어진 경우 절충하여 실용적 표기를 따랐다.
6. 국내에서 번역된 책은 번역된 제목을 따랐고, 아직 번역되지 않은 책은 원어 제목을 독음대로 적거나 필요한 경우 우리말로 옮기고 원어를 병기했다. 『낙원의 이편』『위대한 개츠비』『아름답고 저주받은 사람들』은 피츠제럴드의 표현을 살려 각각 『낙원』『개츠비』『아름답고』로 줄여 표기한 곳도 있다.
7. 신문, 잡지, 공연, 영화 등의 제목은 〈 〉로, 단편은 「 」, 장편과 책 제목은 『 』로 묶었다.

차례

옮긴이의 말   7

친애하는 스콧, 친애하는 맥스   20
『낙원의 이편』으로 시작된 인연

개츠비가 마음속에서 떠나지 않았습니다   110
『위대한 개츠비』의 탄생

재즈 시대의 종말   260
대공황 속 침체기

실패한 재기   370
할리우드에서 보낸 말년

주   429

제가 선생을 강요했다면 참으로 부끄러운 일입니다.
어떤 경우이건 작가는 제 목소리를 내야 하는 까닭입니다.

친애하는 스콧, 친애하는 맥스

(사진) F. 스콧 피츠제럴드(1921)

미네소타 세인트폴 서밋가 599번지
1919년 7월 26일[1]

친애하는 퍼킨스 씨

지난 넉 달간 낮엔 돈 될 글을 쓰고, 밤엔 고통만 따를 뿐 열정이라곤 없이 대중문학을 흉내 낸 글을 쓰던 끝에, 마침내 양자택일을 해야겠다고 결심했습니다. 그래서 결혼하기를 포기하고 집으로 돌아갔습니다.

'인격의 교육'이라는 제목의 소설 초고를 어제 완성했습니다.

사나운 운명에 부딪히고 만 『낭만적 에고티스트Romantic Egotist』[2]를 개작한 것은 결단코 아니지만, 거듭 고치고 다듬은 이전 원고를 일부 포함한 터라 가족 유사성은 있을 것입니다.

하지만 이전 원고가 지루하고 서로 겉도는 잡탕이었다면, 이번 원고는 좋은 작품을 내기 위한 고심의 산물입니다. 뮤즈를 길들이길 그만둔 순간, 뮤즈가 고분고분하게 제 주위를 잰걸음으로 돌며 양처까진 아니어도 변덕스러운 애인이 된 걸 보면 분명 성과를 냈다고 믿습니다.

편집자님께 여쭐 게 하나 있습니다. 8월 20일까지 원고를 보내고, 편집자님께서 위험 부담에도 출간을 결정하신다면 (그리해주시리라 굳게 믿습니다) 10월에는 책이 나올 수 있을는지요? 아, 출간 날짜를 결정하는 데 필요한 게 무엇이 있을까요?

아직 원고를 보지도 않은 상황에서 이런 질문을 드린다는 게 이상하다는 건 압니다만, 편집자님께서 지금껏 제 글에 관대하셨던 터라 한 번 더 송구함을 무릅쓰고 여쭙니다.

피츠제럴드 드림

*

1919년 7월 28일

친애하는 피츠제럴드 씨

'인격의 교육'(훌륭한 제목이라고 봅니다)에 관한 선생의 편지는 원고를 읽고 싶다는 강렬한 호기심을 불러일으켰습니다. 그러나 한 가지 확실한 게 있습니다. 책의 가능성을 심각하게 훼손하지 않고 10월에 책을 낼 수 있는 출판사는 없다는 것입니다. 가을철 판짜기는 이미 수개월 전에 시작되었고 서적상들은 그때 나올 책에 자본을 투자한 터라 지금 주문한다 하더라도 인색할 것이고 철이 바뀔 때보다 훨씬 적은 권수를 주문할 것입니다. 책을 위해서라도 1월 1일 이후에 출간하는 것이 좋겠습니다. 선생이 신인 작가인 데다 홍보를 세심히 준비해 활용해야 하기에 더욱 그렇습니다. 시중에 나오기 전에 책에 대한 공론이 형성되어야 합니다. 서적상들이 미리 책을 보는 것도 좋겠군요. 자명한 사실입니다. 출간은 2월 혹은 3월로 하고 판매는 크리스마스 이전에 시작하는 게 바람직해 보입니다.

   일단 원고를 보았으면 합니다. 첫 원고를 읽은 순간부터 저희는 선생이 해낼 것이라고 믿었습니다. 선생의 지난번 단편을 매우 마음에 들어 했다고 브리지스 씨Rober: Bridges, 당시 〈스크리브너스〉 편집장께서 편지에 쓰셨던가요? 게재 직전까지 갔다는 것도요?

퍼킨스 드림

*

미네소타 세인트폴 서밋가 599번지
1919년 8월 16일

   친애하는 퍼킨스 씨

   편지를 두 통이나 보내주셔서[3] 고맙습니다. 원고를 받고 실망하시지 않으리라 확신합니다. 이번 원고는 깊이 고심하고 다듬은 **완전체**인 터라 몇 년간 출판된 어떤 책보다 (좋은 의미에서) **꽉 차 있다**고 생각합니다. …

   낙원의 이편
   현자의 세계에 위안은 없어라

루퍼트 브룩Rupert Brooke의 위 시 구절에서 따와 제목을 다음처럼 바꾸었습니다.

낙원의 이편

두 장은 이전 원고에서 가지고 왔지만 내용을 완전히 바꿔 고쳐 썼으며, 나머지 장은 모두 새로운 내용입니다.
다음 페이지에 장 제목을 적어두었습니다.

    1권 낭만적 에고티스트
        1장 비어트리스의 아들, 에이머리
        2장 첨탑과 이무깃돌
        3장 에고티스트, 상념에 빠지다
    막간 1917년 3월~1919년 2월
    2권 인격의 교육
        1장 사교계의 새내기
        2장 회복기의 실험
        3장 젊은 아이러니
        4장 거만한 희생
        5장 에고티스트, 인격자가 되다

    1권 수록 단어 수   3만 5000개

막간 수록 단어 수	4000개
2권 수록 단어 수	4만 7000개
총 수록 단어 수	8만 6000개

출판에 대하. 이른 출판이 가능한지 여쭤본 것은 두 가지 이유 때문이었습니다. 첫째, 문학적으로도 재정적으로도 새로이 시작하고 싶었고, 둘째, 내용이 얼마간은 시의적절한 데다 대중이 『위험한 나글』메리 로버츠 라인하트의 소설과 『램지 밀홀랜드』부스 타킹턴의 소설 같은―오, 맙소사!―고상한 책에 열광하는 것으로 보이기 때문입니다.

지금껏 보여주신 호의에 다시 한 번 감사드리며

피츠제럴드 드림

1919년 9월 16일

친애하는 피츠제럴드 씨

선생의 책 『낙원의 이편』을 출판하기로 결정했음을 알려드리게 되어 개인적으로 매우 기쁘게 생각합니다. 이전에 보내주신 원고와 본질적으론 같은 원고로 봅니다만—단어가 바뀌고 내용이 확장되었지만 어떤 의미에선 하나의 원고이지요—몰라보게 내용이 좋아졌습니다. 첫 원고처럼 이번 원고 역시 힘과 생명력이 넘치고, 구성도 아주 탄탄합니다. 첫 원고를 거절했을 때 선생이 보수적인 우리 출판사와 영영 관계를 끊으면 어쩌나 걱정했습니다. 그러지 않으셔서 정말 다행입니다.

선생의 책은 기존 책들과 달라서 얼마나 팔릴지 예상하기 힘들지만, 힘껏 지원할 터이니 열심히 해봅시다. 인세는 첫 5000부에 대해선 10퍼센트, 그 이후부터는 15퍼센트를 지급해드리겠습니다. 퍼센트가 산출되는 소매가가 많이 올랐으니, 예전보다는 인세 수입이 많을 것입니다.

답장 기다리겠습니다.

퍼킨스 드림

추신 출간 일자는 이른 봄으로 예상하고 있습니다. 출간을 우리에게 맡기고 시간이 된다면 사진을 비롯한 이용할 수 있는 홍보 자료를 보내주셨으면 합니다. 얼마간 광고업계에서 일하셨으니 이런 일련의 작업을 잘 아시리라 봅니다.

*

미네소타·세인트폴 서밋가 599번지
1919년 9월 18일

친애하는 퍼킨스 씨

편집자님의 편지를 받고 어찌나 기분이 좋던지 온종일 구름 위를 걷는 기분이었습니다. 출판이 안 될까 걱정해서가 아니라 마침내 사람들에게 보여줄 게 생겼기 때문입니다. 세인트폴에서는 이미 충분히 광고가 된 터라 7000부는 팔릴 것이고, 프린스턴대학도 책을 꽤 사지 않을까 싶습니다. (저는 오랫동안 양쪽 지역에서 잊을 만하면 떠오르는 유망주로 통해왔습니다.)

인세 등의 부분은 편집자님께 맡기겠습니다만, 그럼에도 여전히 포기할 수 없는 게 하나 있습니다. 크리스마스 시즌에 맞춰 책을 내는 게 정말 불가능할까요? 아니면 2월이라도? 책의 성공 여하에 너무나 많은 것이—물론 여자 문제를 빼놓을 수 없습니다—달려있습니다. 돈을 벌고 싶어서가 아니라, 책이 성공하면 삶의 새 지평이 열리는 것은 물론 저 자신을 비롯한 주변 사람 모두에게 심리적으로 큰 변화가

생길 것이기 때문입니다. 일분일초를 다투는 터라 시간에 맞서 행복을 지키는 싸움에서 매분이 마치 몽둥이찜질처럼 느껴지는 그런 단계에 와 있습니다. 출간일이 판매량에 얼마나 영향을 미치는지, 그리고 '이른 봄'이 언제를 가리키는지 좀 더 자세히 알려주실 수 있는지요?

이렇게 휘갈겨 쓰는 것을 양해해주시기 바랍니다. 오늘 좀 초조하군요. (지난달에) '악마 연인'이라는 제목의 야심작을 시작했는데 1년쯤 걸릴 것 같습니다. 단편들도 작업 중입니다. 글쓰기를 즐긴다는 것, 그것은 언제나 제가 할 수 있는 최선입니다. 모름지기 젊은 작가라면 새뮤얼 버틀러의 『노트북』을 읽어보아야 합니다. …

행복한 하루와 수많은 호의를 선사해주셔서 감사드립니다. 이른 출판이 가능한지도 알려주시면 좋겠습니다. 또한 스크리브너 씨와 출판 결정 위원회에 계시는 모든 분께 감사의 말씀 전해주시기 바랍니다.

내달이나 11월에는 동부에서 뵐 수 있을 것 같습니다.

피츠제럴드 드림

미네소타 세인트폴 서밋가 599번지
[1919년 11월 15일]

친애하는 퍼킨스 씨

편지 주셔서 정말 고맙습니다. 작가들에 이렇기 큰 관심을 보이는 출판사를 만난 게 얼마나 다행인지 모릅니다. 문학작품이라는 게 때론 실망스러운 결과를 가져오기도 하니 말입니다. … 집필 계획을 바꾸었습니다. 아니 확장했다고 할 수 있지요. 저 자신의 의지에 따라 매 단어를 다치 이 세상에서 쓰는 최후의 단어인 것처럼 책 한 권 한 권을 쓸 것입니다. 제가 토기엔 웰스가 그런 작가인 것 같습니다. 내년 4월이나 5월에 보낼 원고는 그런 까닭에 벼락 같은 뜨거운 글이 될 것입니다!

피츠저럴드 드림

저는 이제 자신을 소설가와 단편 작가는 물론 시인이자 극작가로 여길 것입니다! 이 얼마나 악의 없는 유머입니까!

[1919년 12월]

친애하는 피츠제럴드 씨

이전 편지에 썼는지 모르겠지만, 보내주신 사진과 홍보 자료는 잘 도착했습니다. 여러모로 잘되었습니다. 「네 개의 주먹」이 소설 출간 전에 발표될 예정이라 선생의 자료를 홍보에 사용하라고 잡지사에 보냈습니다. 「네 개의 주먹」은 매우 독특한 방식으로 쓴 훌륭한 이야기입니다. 단연 눈에 띄는 작품이더군요. 다른 작품들도 매력적이지만 잡지사의 요구에 부합하지 않는다고 판단한 모양입니다. 발표 지면을 찾는 데 어려움을 겪지는 않을 것입니다. 단편 작가로서의 입지를 확고하게 해줄 작품들로 보입니다. 가장 큰 매력은 작품들이 하나같이 살아 있다는 것입니다. 이야기의 90퍼센트가량이 삶에서 출발해 문학이라는 정제 수단을 거쳐 나옵니다. 선생의 이야기는 삶에 곧장 가닿는 것으로 보입니다. 언어와 문체에 대해서도 같은 이야기를 할 수 있습니다. … 많은 작가가 불편할 텐데도 즐겨 사용하는 과거의 인습 같은 것이 선생의 작품에는 없습니다. 작품이 어디에 발표되었는지 알려주시기 바랍니다. 모두 살펴보고 싶습니다.

퍼킨스 드림

1920년 1월 6일

친애하는 피츠제럴드 씨

책이 나왔으니 곧 교정쇄를 보내드리겠습니다. 표지 그림은 힐이 그렸습니다. 저희들 보기엔 퍽 훌륭한데, 특히 여자 그림이 좋습니다. 계약서에 명시된 사항이 아닌데도 힐이 책을 꼼꼼히 챙겨 읽더니 극찬을 했습니다. 인물들을 파악할 정도만 읽어도 족했을 텐데 재미있었는지 끝까지 읽더군요. 선생을 궁금해 하기에 선생 단편에 대해 말해주었습니다. 책의 장정에 대한 의견을 기다리겠지만, 저희는 상의 끝에 이대로 출판하는 건 위험할 것 같다는 결론에 도달했습니다. 수필집 같기도 하고 너무 난해해 보이기도 합니다. 좀 더 대중적으로 보였으면 하는 바람입니다. 책 표지는 준비되는 대로 보내겠습니다.

선생께서 슬럼프에 빠졌다는 비관적인 편지를 보냈다고 브리지스 씨가 말씀하시던데, 크게 걱정하지 않습니다.

퍼킨스 드림

[미네소타 세인트폴 서밋가 599번지]
[1920년 1월 10일]

친애하는 퍼킨스 씨

편지를 받고 얼마나 기뻤는지 모릅니다. W. E. 힐이 제 책을 좋아하고 표지 그림까지 그렸다니 날아갈 것만 같습니다. 정말 존경하는 화가입니다. 표지를 보고 싶어 견딜 수가 없습니다.

술에 취한 채 무언가 초조한 기분으로 집에 돌아와서는 지난 4월에 잡지 연재를 끝낸 단편 두 편[4]을 다시 손보았습니다. 나흘에 걸쳐 수정 작업을 한 뒤 레이놀즈Paul Reynolds. 당시 피츠제럴드의 판권 대리인에게 보냈습니다. 결핵에 걸릴까 봐 남부로 가고 싶었는데, 충분한 여비가 되면 좋겠습니다. 지난 월요일에 레이놀즈가 〈포스트〉에서 받았다며 1000달러 수표를 건네주더군요. 내일 밤 뉴올리언스로 떠날 계획입니다. …

몇 가지 여쭐 게 있습니다. 소설을 연재한 뒤 가을에 책으로 묶어 내려면 원고를 언제쯤 탈고해야 할까요? 첫 책과 같은 소설이 잡지에 연재될 가능성이 얼마나 있을까요? 장편소설을 쓰고 싶지만, 중도에 파산해서 원상태로 되돌아간 다음 단편을 다시 써야 하는 상황은 정말 싫습니다. 좋아하는 일도 아니고, 단지 돈을 벌기 위해 하는 일이니까요. 단편집은 별 볼일 없잖아요, 그렇죠? 『존 오메이』맥스웰 스트러더스 버트의 단편소설집는 몇 브나 팔렸나요?

단편 쓸 힘이 바닥났다는 것 이외에는 모든 게 좋습니다. 〈스마트 세트〉에 게재 중인 희곡 「도자기와 분홍」을 무대에 올리자는 제안을 두 군데서 받았고, 얼마 전에는 〈메트로〉에 1000달러어치 영화 시나리오들을 보냈습니다. 브리지스 씨께 보낼 단편 두 편은 중간에 막혀버렸고, 〈포스트〉에 보낼 두 편은 첫 단락에서 도무지 나가질 않습니다. …

힐의 표지 그림이 진짜 '로절린드'[5]처럼 보일지 궁금해 죽겠습니다. 침실 장면이나 부드러운 이별 장면을 그렸을 것만 같습니다. 이 지긋지긋한 감기가 떨어지면 3월에는 뉴욕에 갈 수도 있겠군요. …

피츠제럴드 드림

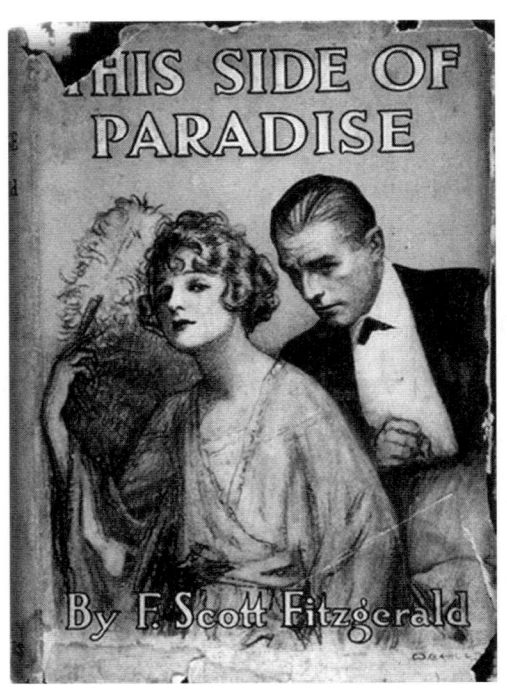

『낙원의 이편』 초판본(1920)

1920년 1월 17일

친애하는 피츠제럴드 씨

뉴올리언스 주소는 잘 받았습니다. 『낙원의 이편』 교정쇄를 여러 부 보냅니다. 이삼일 이내에 책 표지도 발송할 것입니다. 나머지 교정 작업도 빠르게 진행될 것입니다. 소설 연재에 대해 말씀드리면, 잡지사 전반인지 아니면 저희 출판사 잡지만 생각하시는 건지 모르겠습니다. 저희 출판사를 염두에 두고 계신다는 가정 아래, 집필 중인 소설이 있다면 어느 것이든 일단 보여주셨으면 합니다. 다만 그 전에 말씀드릴 점은, 저희 잡지사는 1년에 소설 한 편만 연재하고 보통 다음 연재소설로 이미 두서너 편을 논의하고 있기 때문에 대기 시간이 작가의 예상보다 길어져서 훌륭한 작품이라도 저희 바람과 달리 연재를 못하고 놓치는 경우가 종종 생긴다는 것입니다. 어떤 이유로든 선생의 작품을 연재할 수 없다면 다른 잡지사를 알아봐드리겠습니다. … 잡지사가 어떤 소설을 논의하고 있느냐에 따라 달라지기 때문에 탈고 시기는 뭐라 말씀드리기가 어렵습니다. 통상적으로 연재를 결정하고 몇 달 안에 연재가 시작되지는 않습니다. 긴 소설이라면 연재를 마치는 데 여섯 달에서 여덟 달 정도가 소요됩니다. 이런 상황을 고려하건대 가을에 책을 출간하려면 빠른 시일 내에 소설을 완성하는 게 좋을 듯합니다. 원하시는 것보다 조금 늦어지겠지만 늦어도 11월 1일에는 책을 출판할 수 있을 것입니다. 이것은 곧, 11월 호에 연재를 마치려면 4월 호부터는 연재를 시작해야 함을 뜻합니다. 연결 고리에 한 치의 오차도 없을 때, 말하자면 모든 일이 착착 진행될 때 그렇게 된다는 말씀입니다. 저희가 소설에 대해 거의 아는 바가 없는 상황에서 이런 이야기를 나누는 게 사실 큰 의미가 없긴 합니다. 최선은 소설을 가급적 빨리 끝내고 연재 문제를 논의하는 것입니다.

단편에 관해 말씀드리면, 단편소설집이 잘 팔리는 책이 아닌 것은 사실입니다. 그러나 선생도 아시다시피 데이비스, 키플링, 헨리처럼 예외인 경우도 있습니다. 선생은 작품도 꽤 많이 발표했고 이름도 널리 알려졌으니 선생의 단편집은 예외가 되지 않을까 싶습니다. 선생의 작품에는 단행본으로 묶어도 판매될 만한, 대중의 흥미를 돋우는 요소가 있습니다. 이런 점을 생각해서라도, 또한 선생에게 명성을 가져다줄 작품이기에, 그리고 그 자체로도 가치가 있는 작품이기에 기꺼이 단편을 쓰셨으면 하는 바람입니다. 그러면서도 한편으론 장편 집필에 방해가 되지 않길 바랍니다.

퍼킨스 드림

루이지애나 뉴올리언스 프리타니아가 2900번지
1920년 1월 21일

친애하는 퍼킨스 씨

수정 작업을 끝낸 교정쇄 1교를 보냅니다. 가능하다면 한 가지 변경하고 싶은 사항이 있습니다. '에이머리에게 입맞춤을'이나 '대모험에 앞서' 같은, 장마다 중간중간에 나오는 부제 양식과 관련된 것입니다. …

부제 양식을 다르게 바꾸고 싶다는 강한 생각이 듭니다. 사소한 문제일지 모르나 애초에 그 아이디어를 따온 것은 쇼의 서문에서였습니다. 제대로 된 양식을 썼느냐에 따라 큰 차이가 생기는 법이지요. 부제는 제목이라기보다는 **해설**, 그러니까 일종의 **기발한 해설** 역할을 하는 것입니다. 거기에 부합하는 양식은 책의 첫 두 단어에 쓰인 양식입니다. 1장을 열어젖히는 '에이머리 블레인'이라는 단어에 쓰인 양식이 바로 제가 원하는 것입니다. 편집자님께서 그 양식을 무어라 부르실지는 모르겠지만, 그 양식에 쓰인 대문자는 부제에 쓰인 것보다 살짝 큽니다. 중요한 단어의 첫 알파벳은 모두 조금씩 더 큽니다.

진작 설명드렸어야 했는데, 그 양식은 마치 여백에 주석을 단 듯한 효과를 냅니다. 교정쇄의 이 작고 밋밋한 부제는 그런 효과를 상당 부분 감소시킵니다.

물론 제 불찰인 줄 알지만, 꼭 그렇게 갔으면 하는 마음에 크게 어려운 게 아니라면 수정해주셨으면 좋겠습니다.

피츠제럴드 드림

추신 모든 게 좋아 보입니다. 편지 고맙습니다. 오 헨리는 뉴올리언스를 이야기의 도시라고 했지요. 하지만 너무 의식적으로 그래 보입니다. 휴 월폴Hugh Walpole의 인물이 너무 의식적으로 인물인 것처럼.

뉴올리언스 프리타니아가 2900번지
[1920년] 2월 3일

친애하는 퍼킨스 씨

오늘 밤은 우울함의 바닥을 치는 기분입니다. 『매들린Madeline』이 지금 집필 중인 새 소설 '달링 하트Darling Heart'를 완전히 박살내버렸습니다. 2장에서 여자를 유혹하는 게 중요 장면으로 나오는 소설인데 말입니다. 『수잔 레녹스』데이비드 그레이엄 필립스의 소설 때문에 두려움에 떨고 드라이저 때문에 초조했는데, 최후의 일격을 당한 겁니다! 이제 뭘 어떻게 해야 할지 모르겠습니다. 한 무더기의 여자들이 진실을 말하는 걸 가로막는 이 상황에서 그럴듯한 소설을 쓰려고 애를 쓴들 무슨 소용이 있겠습니까!

얼마 전부터 한 작가에 푹 빠져 있는데 그 덕분에 세계관이 바뀔 정도입니다. 편집자님께는 익숙한 인물이겠지만, 저는 최근에야 발견했습니다. 프랭크 노리스Frank Norris 말입니다. 제가 보기엔 『맥티그McTeague』와 『밴도버Vandover』 모두 훌륭합니다. 지난 11월에 프랭크의 동생인 찰스가 쓴 소설 『소금』을 읽었다고, 소설이 아주 끝내주더라고 편집자님께 말씀드렸었지요. 참 이상한 일입니다! 『낙원』에는 이를테면 술에 취한 장면처럼 노리스가 썼다고 해도 전혀 이상하지 않을 부분이 나옵니다. 사실주의에 기인하는 것이겠지요. 제가 사실주의를 끝까지 견지하면 좋겠습니다! 제가 발견한 또 다른 사실은 H. L. 멩켄Henry Menken이 현대문학의 한 부분을 차지한다는 것입니다. 실은 제가 지난여름만큼 확신에 차 있는 건 아니지만, 어쨌건 콘래드는 꽤 괜찮은 작가로 보입니다.

제 책과 관련해 네이선George Nathan의 이름을 아예 쓰지 않는 게 낫겠다 판단했습니다. 전반적으로 빈약하다는 느낌이 드는 게 사실입니다. 대신 출판사 홍보팀에서 쓰는 건 어떨까요?

부제 문제가 해결되어서 다행입니다.[6] 표지를 손꼽아 기다리겠습니다.

〈포스트〉에 보낸 단편들은 2월 21일에 게재될 예정입니다. 〈스마트 세트〉 이달 호에 「델리림플 잘못되다」와 「성체강복식」이, 1월 호에는 단막극 한 편이 실렸는데 무대에 올리자는 제안을 여러 군데서 받았습니다. 시간 되면 한번 읽어보시길. 「도자기와 분홍」이라는 작품인데 썩 괜찮습니다. 제 글이 실리는 잡지는 〈스마트 세트〉〈스크리브너스〉〈포스트〉 세 곳밖에 없습니다.

『낙원』 앞부분을 세 편의 단편으로 쪼개서 〈스마트 세트〉에 팔 계획입니다. 한 편당 40달러밖에 못 받겠지만, 받아주는 다른 곳이 있을 것 같지는 않습니다. 더욱이 책이 나왔을 때 멩켄과 네이선이 호의적인 반응을 보였으면 합니다. 〈스마트 세트〉와 일이 끝나면 곧장 브리지스 씨께도 단편 두세 편을 코낼 생각입니다. 적어도 연재물 형식으로 '달링 하트' 쓰는 것을 포기한다면, 실제로는 포기한 것이나 다름없습니다다만, 어쨌건 8월에 탈고할 수 있게 6월부터 새 소설에 들어간다면, 지금 계획은 한 달에 세 편의 단편을 써서 〈스마트 세트〉와 〈스크리브너스〉 〈포스트〉에 각각 한 편씩 파는 것입니다 〈포스트〉가 지급하는 편당 원고료가 600달러인데, 첫 소설이 나오는 대로 결혼할 것이 거의 확실한 터라 거부할 수 없는 유혹입니다.

혹시 출간 날짜는 정해졌는지요? 단편이 언제 실리는지도 알 수 있을까요?

피츠제럴드 드림

이스트 39번가 143번지 앨러튼 하우스
[1920년 2월 21일]

친애하는 퍼킨스 씨

연필로 쓰는 걸 양해해주시기 바랍니다. …

지난주에도, 오늘 점심때에도 말씀드리려고 했지만, 언제나 친절을 베풀어주시는 편집자님 앞에서 차마 말씀을 꺼내지 못했습니다. 하지만, 편집자님, 제 책이 내달에도 나오지 않는다니, 심란하기만 합니다. 재정적, 감정적, 가정적 이유를 설명드렸습니다만, 그중 가장 중요한 건 역시 제게 미치는 심리적 영향입니다. 오늘 〈새터데이 이브닝 포스트〉에 실린 단편「머리와 어깨」을 보고 기운이 좀 나긴 했습니다. 작품이 이따금 지면에 발표되고 비평을 받는 것이 작가에게는 꼭 필요한 일이지요. 빌어먹을 작품이 발표될 때까지 얼마나 마음을 졸이는지. 그런 까닭에, 3월 출판이 가능하다면 부디 그렇게 해주시길 바랍니다. …

오늘 오후 앨러튼으로 숙소를 옮겼습니다. 숙소는 별로 마음에 들지 않습니다.

낙원의 이편에서 가장 성가신 존재 피츠제럴드 드림

[뉴저지 프린스턴] 카티지 클럽
[1920년 3월 10일]

친애하는 퍼킨스 씨

도저히 글이 써지지 않아 소설이고 뭐고 다 때려치우고 청소부가 될까 고민 중입니다. 여전히 〈스마트 세트〉에 보낼 단편에 매달리고 있습니다.

대학에 있는 모든 사람이—말 그대로 모든 사람이—「머리와 어깨」를 읽은 것 같습니다. 그래서 책이 출간되고 이틀 동안 〈더 데일리 프린스토니안〉에 다음과 같은 광고 문구를 실었으면 좋겠습니다.

1917년 동문 F. 스콧 피츠제럴드의

첫 소설

낙원의 이편

프린스턴 사내의 이야기

찰스 스크리브너스 선스 1.75달러 프린스턴대학교 서점

17일에 뵙겠습니다.

1920년 3월 26일

친애하는 피츠제럴드 씨

오늘 책이 나왔습니다. 출판사 창가에 피라미드 모양으로 쌓인 선생의 책은 장관입니다. 서점에서 선생의 책 두 권이 팔리는 걸 제 눈으로 보았습니다. 문학 담당 기자들에게 두루 이야기를 해놓았으니 조만간 신문에도 서평이 크게 실릴 것입니다. 신문사에도 보냈으니 서평 전문 기자들이 곧 보게 될 것입니다. 어떻게 될지 이제 지켜보면 됩니다. 하지만 결과가 어찌 되건 우리 출판사는 지금까지처럼 선생을 전적으로 지지할 것입니다.

퍼킨스 드림

뉴욕시 코모도어 호텔
1920년 4월 29일

친애하는 퍼킨스 씨

단편 11편을 보냅니다. 그중 단편집으로 묶기에 적당해 보이는 일곱 편을 골랐습니다. 목차에서 알 수 있듯이 시 여섯 편을 함께 보냅니다. 그중 〈세컨드 북 오브 프린스턴 버스〉에 실린 세 편은 꽤 많은 관심을 끌었습니다. 나머지 시 세 편은 미발표작입니다. 단편은 모두 발표되었거나 6월 1일 이전에 발표될 예정입니다. 수록 단어 수는 평균적으로 8000개입니다.

표제작 「아가씨와 철학자」 이하 제가 선택한 순서대로 나열하면 다음과 같습니다.

우리는 일곱, 정식, 일품 요리, 여행과 여행의 끝, 달곰쏩쏠, 쇼트케이크

단편집에 시를 빼는 대신 다른 단편을 배열이나 제목을 달리해 싣는 게 낫겠다 싶으면 그렇게 하셔도 좋습니다.

피츠제럴드 드림

1920년 6월 29일

친애하는 피츠제럴드 씨

반 위크 브룩스Van Wyck Brooks의 『마크 트웨인의 시련』한 부를 보냅니다. 이 책을 읽는 동안 선생께서 종종 말씀하셨던 이야기가 떠올랐기 때문입니다. 브룩스는 총명하고 매력이 넘치는 친구입니다. 책이 마음에 든다면 언제 브룩스와 함께 점심을 들면 좋겠군요.

웨스트포트[7]에서 지내는 시간이 보다 즐거워지기를.

퍼킨스 드림

*

코네티컷 웨스트포트
1920년 7월 7일

친애하는 퍼킨스 씨

『낙원』의 영국판[8]과 관련해 한 가지 부탁드릴 게 있습니다. 학구열이 대단한 영국 땅에 **어림잡아 100개의** 오자와 오기가 있는 책을 내놓을 수는 없는 노릇입니다. …

전화로 미리 말씀드렸듯이 영국판을 펴내게 되어 기쁘게 생각합니다. 9월 15일에는 새 소설[9]을 끝낼 것 같으니 곧바로 편집자님께 보내겠습니다. 〈메트로〉가 그 후 소설을 연재할 터라 혹시 관심이 있다면 봄에는 책으로 펴내는 게 가능할 것 같습니다.

『마크 트웨인의 시련』을 얼마나 재미있게 읽었는지 말로 다 표현할 수 없을 정도입니다. 더없이 창의적인 책이라 새로운 삶의 기운을 받은 기분이었습니다. 지금껏 쓴 것 중 최고의 단편을 이제 막 털고했고, 새 소설은 제 인생의 걸작이 될 겁니다.

『낙원』과 관련해 새 소식은 없나요? 그러니까 새로운 쇄를 또 찍지는 않았나요? 멩켄이 〈스마트 세트〉 다음 호에 매우 우호적인 서평을 쓸 겁니다. 9월 15일에 소설을 끝내면 연재 원고료와 그때쯤 받게 될 『낙원』 인세를 합쳐 10월 15일 경에 해외여행을 떠날 계획입니다. 원고료 7000달러에 인세로 못해도 3000달러를 받으면 여섯 달은 체류할 수 있겠지요. 나라 사정을 좀 더 잘 보게 되고 시야도 넓어질 것으로 기대합니다. …

피츠제럴드 드림

1920년 10월 13일

친애하는 피츠제럴드 선생

신문기사 수집 대행사에서 받아보지 못하셨을 것 같아 『아가씨와 철학자』[10] 서평을 동봉합니다. 수록작 중 어떤 작품이 최고인지 의견이 분분한 게 흥미롭습니다.

골즈워디의 『시골집 The Country House』과 그 속편 중 하나인 『법원에서 In Chancery』를 함께 보냅니다. 〈스크리브너스〉 1월호에 골즈워디의 셋째 작품을 연재할 계획입니다. 골즈워디는 이 방대한 책들에서 자신의 주제를 일관되게 이야기합니다. 더욱이 세 권에 모두 같은 인물을 내세웁니다. 제가 보기엔 정말 놀라운 문학적 성취입니다. 선생께서 이 책들을 살펴볼 시간이 된다면 재미있게 읽을 거라고 봅니다.

퍼킨스 드림

뉴욕시 웨스트 59번가 38번지
[1920년 11월 7일]

친애하는 퍼킨스 씨

괜찮겠지요. 날짜가 언제인지 생각이 나질 않는군요. 편지로 알려주실 수 있는지요?[11]

다른 문제가 하나 더 있습니다. 『낙원의 이편』이 3월 24일에 출간되었지요. 명세서 발급일은 9월 24일, 인세 지급일은 1월 24일이고요. 지금까지 받은 돈이 정확하지는 않지만 3000달러쯤 되는 것 같습니다. 지급일까지 두 달 반이 더 남아 있지만, 1500달러를 지급해주셨으면 좋겠습니다. 그래도 7쇄까지 찍은 인세 7500달러에는 미치지 못하는 금액입니다.

도저히 불가능하다 싶으면 출판사에 말씀하지는 마십시오. 하지만 소설을 다시 엎고 싶지는 않습니다. 더욱이 지금 저희 가족에게 절실한 것은 텔외투입니다. …

한결같이 편집자님께 빚지고 있는 피츠제럴드 드림

웨스트 59번가 38번지
1920년 11월 10일

친애하는 퍼킨스 씨

1500달러를 보내주셔서 정말 고맙습니다. 4만 1000부를 인쇄한 터라 판매 부수가 3만 3796권보다는 많을 거라고 생각했는데, 5000권은 재고로 남아 있고 2000권은 여기저기 돌리거나 원가로 판매한 모양이지요.[12]

소설은 잘되고 있습니다. 지난 사흘간 1만 5000단어를 썼는데, 빨리 쓰는 편인 제게도 이건 매우 빠른 속도입니다. 지금까지 최고 기록은 1만 2000단어입니다. 아침 8시에 「낙타의 뒷부분」을 시작해 그날 저녁 7시에 끝마친 다음, 그때부터 다음 날 새벽 4시 반까지 옮겨 적고는 5시에 우편으로 부쳤습니다. 오 헨리상 주최 측에서 수상작품집 2판부터 써먹고 있는 일화입니다.

아트 클럽 연설 날짜를 도무지 모르겠습니다. (아마도) 18일 목요일에 연설해달라는 클럽 측 편지를 받고 수락한 것으로 기억합니다. 그런데 수첩에는 11일로 기록되어 있고, 편집자님 편지에는 17일로 쓰여 있습니다. 필요하다면 두 번 갈 수 있지만, 날짜가 완전히 뒤죽박죽입니다.

피츠제럴드 드림

뉴욕시 웨스트 59번가 38번지
1920년 12월 2일

친애하는 퍼킨스 씨

인세 지급일이 아직 한 달도 더 남았지만 1000달러를 가불해주시기를 부탁드립니다! 그러면 남은 정산금은 2600달러가 되겠지요.

영화사 요청으로 도로시 기시Dorothy Gish를 위한 시나리오를 쓰는 데 2주가 꼬박 들어갔습니다. 이걸로 돈을 좀 벌어야 할 텐데요. 어쨌거나 그런 까닭에 소설은 1월 1일까지 미뤄야 할 것 같습니다.

벌써 몇 번째인지 모를 선인세를 받을 수 있을까요?

피츠제럴드 드림

*

1920년 12월 6일

친애하는 피츠제럴드 선생

기꺼이 1000달러 수표를 동봉합니다. 도로시 기시의 시나리오가 좋은 결과를 맺길 바랍니다.

그나저나 이번 주말에 보스턴에 갈 예정인터, 빅스John

Biggs. 피츠제럴드의 프린스턴대학교 친구를 한번 만나보면 좋겠다는 생각이 들었습니다. 선생께서 말씀하신 책의 저자 말입니다. 케임브리지에서 만날 수 있을 것 같은데, 여러 가능성에 대해 얘기한다면 빅스도 관심을 보이지 않을까 싶습니다. 저도 빅스를 만나보고 싶습니다만, 그 문제는 전적으로 선생의 손에 맡기겠습니다. 선생께서 가장 잘 아실 테니까요. 괜찮은 생각인 것 같으면 목요일에 출발하기 전까지 알려주시면 좋겠습니다.

퍼킨스 드림

*

뉴욕시 웨스트 59번가 38번지
[1920년 12월 8일]

친애하는 퍼킨스 씨

한 달도 안 된 지금, F. 스콧이라 불리는 자가 재정적 문제에서 헤어날 수 있게 해주십시오. 이제 인세가 1400달러밖에 남지 않았지만, 거기서 1000달러를 받는다면 크리스마스 선물은 어떻게 해결될 것 같습니다.

소설이 완성 단계에 있습니다. 빅스의 책이 마음에 들기를 바랍니다.

(아! 너무나 단조로운 목소리로) 피츠제럴드 드림

뉴욕시 웨스트 59번가 38번지
1920년 12월 31일

친애하는 퍼킨스 씨

오늘 오후 은행이 신용 대출을 해줄 수 없다는군요. 한 시간 동안 마루를 오가며 어떻게 해야 할지 고민했습니다. 2주면 소설이 완성될 테고. 고지서는 600달러어치나 밀려 있고, 그 이상 나가지 않는 단편으로는 650달러나 레이놀즈에게 당겨썼고. 어제오늘에 걸쳐 단편 여섯 꼭지를 시작했는데, 사교계 아가씨 얘기를 또 써야 한다면 미쳐버릴 겁니다. 물론 이게 그들이 원하는 바이겠지만 말입니다.

이제야 스크리브너스와 셈이 끝났건만 계속 그럴 수 있다면 얼마나 좋겠습니까. 벼랑에 내몰린 기분입니다. 7월에야 정산하는 크리스마스 판매 부수에 대한 선인세가 아닌, 신작 소설에 대한 선금으로 이것을 해결할 수 있는 방법이 없을까요? 스크리브너스사가 돈을 빌릴 때와 똑같은 이율을 적용받을 수 있을까요? 혹은 앞으로 나올 제 책 10권을 담보로 스크리브너스사에서 한 달 빚돈을 쓸 수는 없을까요? **1600달러**가 절실합니다.

근심 어린 피츠제럴드 드림

뉴욕시 웨스트 59번가 38번지
1921년 2월 13일

친애하는 퍼킨스 씨

버니 윌슨Edmund Wilson. 피츠제럴드의 친구로 당시 〈베니티 페어〉의 편집장이 2부를 읽고 있습니다. 3부는 작업 중입니다. 레이놀즈에게 650달러를 갚아서 단편에 매달리지 않아도 됩니다. 하지만 소득세 납기일이 다가오는 터라 또다시 돈이 부족합니다. 『아가씨와 철학자』로 1000달러를 더 받을 수는 없는지요?

예의 한결같은 비렁뱅이 드림

*

1921년 2월 17일

친애하는 피츠제럴드 선생

『낙원의 이편』 마지막 쇄부터, 그리고 다섯 달 조금 전의 일인 『아가씨와 철학자』 출간 이후부터 정산한 인세 보고서를 동봉합니다. 보시다시피 아직 2602달러가 남아 있으니 돈이 필요하면 주저 없이 말씀하시기 바랍니다.

일요일에 선생의 소설 2부와 3부를 읽을 수 있다니 더없이 기쁩니다.

퍼킨스 드림

앨라배마 몽고메리 플레전트가 6번지
1921년 3월 30일

친애하는 퍼킨스 씨

남아 있는 1400달러 중 1000달러를 33번가와 5번가 교차로에 위치한 채텀 피닉스 은행 계좌에 입금해주실 수 있는지요?

완성한 소설을 남부로 가지고 왔지만, 타자수들에게서 마지막 장을 건네받고는 그대로 의자에 앉아 원고를 다시 손보기 시작했습니다. 곁말을 바꿨습니다. 주인공이 미쳐버리는 건 너무 뻔한 결말이니까요.

표지 말입니다. 힐을 만나기 전까지는 아직 작업에 들어가지 않았으면 좋겠습니다. 너무 '아가씨'처럼 보이지 않을까, 혹은 저번 표지처럼 너무 가벼워 보이지 않을까 내심 걱정됩니다. 독자에게 잘못된 인상을 주고 싶지는 않습니다. 6일에 뉴욕에 도착할 겁니다.

피츠제럴드 드림

1921년 4월 21일

친애하는 퍼킨스 씨

오늘 소설 1부가 편지와 함께 〈메트로폴리탄〉에 배달되고 2부는 내일, 3부는 월요일에 전달될 예정입니다. 토요일부터 **늦어도** 일주일 이내로, 곧 **4월의 마지막 날까지** 결과를 알려달라고 부탁할 참입니다. 아무래도 〈메트로〉는 연재를 하지 않을 것 같지만 〈코스모폴리탄〉은 가능성이 있습니다. …

표지는 좋습니다.

예매한 증기선 승선권[13]을 내일 찾으러 가야 하는데, 600달러를 가불해주실 수 있는지요? 편집자님께도 〈메트로폴리탄〉에도 더 이상 가불받을 수 없는 상황이니, 연재 계획이 변경된다면 일주일 후에 갚도록 하겠습니다.

소설 내용이 많이 좋아졌습니다. 월요일에 가지고 가겠습니다.

피츠제럴드 드림

1921년 5월 2일

친애하는 피츠제럴드 선생

계약서『아름답고 저주받은 사람들』를 두고 가셨더군요. 보관하셔야 할 것 같아 편지와 함께 동봉합니다. 이 자리를 빌려 선금 문제를 서면으로 정리하고자 합니다. 선금에 합의하는바, 저희가 치러야 할 셈 이내에서 합리적인 수준이라면 언제든지 출판사에 오셔도 됩니다. 곧, 비록 지급일이 도래하지 않았다 해도 선생의 책이 벌어들인 수익에 상응하는 인세뿐만 아니라 앞으로 선생의 책이 거둬들일 합리적 예상액에 대해서도 기꺼이 선금으로 내어드리겠습니다. 다시 말해 선금을 내어드리지 못하는 경우는 그 금액이 저희가 처리하기에 무리가 될 때뿐입니다. 선생과 맺은 지난 인연을 생각하건대, 선생께 지급할 금액 이내에서, 혹은 그를 조금 웃도는 수준에서 선금을 내어드린다는 합의가 전혀 불편하지 않고 만족스럽기 때문입니다.

선생이 한번 만나보았으면 하는 바람에 골즈워디에게 보내는 편지와 여러모로 도움이 될 킹슬리 씨Charles Kingsley, 〈스크리브너스 런던〉 대표께 보내는 편지도 함께 동봉합니다.

선생과 부인 모두께 즐거운 여행이 되기를 기원합니다.

퍼킨스 드림

베네치아 로열 다니엘리 호텔
[1921년] 5월 26일

친애하는 퍼킨스 씨

영국에서 멋진 시간을 보낸 뒤, 프랑스는 형편없었습니다만, 지금 베네치아에서 기쁨을 만끽하고 있습니다. 골즈워디의 초대로 저녁 식사를 함께했습니다. 세인트 존 어바인도 그 자리에 있었습니다. 스콧과 젤다가 즐거운 시간을 보냈다는 건 말할 필요도 없겠지요. 오늘 제 책 『낙원의 이편』이 영국에서 출간됩니다.

… 자, 으레 그랬듯이 황금을 주십사 부탁드리고자 합니다. 〈메트로〉에서는 남은 인세를 7월에야 받을 수 있습니다.

어려운 일이 아니라면 다음처럼 해주셨으면 좋겠습니다.

33번가에 위치한 채텀 피닉스 은행 계좌로 200달러, 신원 확인 절차를 거쳐 찾을 수 있게 아메리칸 익스프레스 로마 지점으로 800달러 전신환 송금. 선금이라 부를 수 있겠지요. 11월까지는 더 이상의 부탁이 없을 겁니다. 이렇게 해주실 수 있는지요?

영화 시나리오를 하나 쓰고 있습니다. 7월에는 새 소설에 들어갈 생각입니다. 킹슬리를 만나 오래된 리치먼드 궁전 근처 그분 자택에 가서 차를 마셨습니다. 좋은 분이더군요.

소식 또 전하겠습니다.

피츠제럴드 드림

1921년 6월 13일

친애하는 피츠제럴드 선생

선생과 부인께서 즐거운 시간을 보내고 있다는 26일 편지를 받고 참 기뻤습니다. 여행 중 일어난 일에 대해 글을 쓰고 싶은 생각이 있으면 주저 없이 하시기 바랍니다. 그보다 흥미를 끌 만한 일은 없을 것이기 때문입니다. 더욱이 여행담을 신중하고도 효과적인 홍보 자료로 활용할 수 있을 것입니다. 선생의 여행 소식을 벌써 두 번이나 내보냈습니다.

오늘 아침 로마로 800달러를 송금했고 200달러 수표는 오늘 오후나 내일쯤 채텀 피닉스 은행으로 입금하겠습니다.

퍼킨스 드림

추신 새 작품 집필에 들어가신다니 기쁩니다. 만나는 사람마다 『아름답고 저주받은 사람들』에 대해 얘기하고는 지금 선생이 무슨 작업을 하고 있는지 물어봅니다.

앨라배마 몽고메리 플레전트가 6번지
1921년 7월 30일

친애하는 퍼킨스 씨

몇 달 동안 이 편지를 쓰려고 했는데 여러 이유로 지금까지 미뤄왔습니다. 가장 큰 이유는 이 문제를 놓고 제 손으로 먼저 편지를 쓰는 게 무례한 비판으로 들릴까 싶어서였고, 둘째 이유는 지금껏 스크리브너스사에서 너무나 많은 친절과 호의를 받았기에, 초보수적이라 할 만한 출판사의 홍보와 편집 정책에 한마디 하는 것이 사람으로서 할 도리가 아니라는 생각이 들었기 때문입니다. 그러나 많은 회사에서 직원 건의함을 설치해 놓고 심지어 조직 외부의 고언까지 경청하는 지금, 마음속 이야기를 꺼낸다 해도 크게 분개하지 않으리라 믿습니다.

이 편지를 쓰게 된 것은 〈트리뷴〉 D면[14]에서 오려낸 스크랩 때문입니다. 『몽상가Mooncalf』의 판매 부수가 5만 부에 미치지 못한다는 것을 2주 전에 우연히 알게 되었습니다. 〈북맨〉 월별 순위에서 알 수 있듯이 그 책이 도서관에서도 제 책만큼 인기가 많지 않다는 것은 이미 주지의 사실입니다. 그런데도 제 소설 광고를 출간하고 **6개월**이 지난 다음에는 신문에서 단 한 번도 본 적이 없습니다. 〈타임스〉에도, 〈트리뷴〉에도, 시카고 신문에도 말입니다. 노프 출판사는 그보다 **두 배나 되는 기간** 동안 『몽상가』 광고를 대중에게 노출했습니다. 제 책이 처음에 어떤 유명세를 치렀건, 혹은 지금 어떤 유명세를 치르고 있건 그 모든 것은 광고의 도움을 거의 받지 않은 채 이루어진 것입니다. 그나마 나온 광고도 눈에 띄지 않게 작고, 기껏해야 대학 잡지나 〈스크리브너스 매거진〉에 국한되었습니다. 광고 문구 제안을 여남은 개 했지만, 그중 유일하게 사용된 것도 ('철학자를 위한 아가씨 이야기'는 예외지만) 블랙의 '피츠제럴드 크리스마스를 만드세요' 같은 형편없는 것이었습니다. 사무실에 붙은 광고는 작은 데다 여기저기 흩어져 있는 까닭에 연속성도 없고 반복 효과도 없습니다. 그렇다고 출판사가 제 책을 소홀히 대한다는 말씀은 아닙니다. 오히려 휘트니 대로스크리브너스 판매 및 홍보 책임자와 로저스를 비롯한 모든 직원이 어떤 책보다 제 책에 개인적 관심을 쏟고 있다는 사실을 잘 압니다. 그럼에도 다음과 같은 사실을 말씀드릴 수밖에 없습니다.

1. 『몽상가』는 자체적으로 **앨라배마 몽고메리**에서도 광고가 이루어졌습니다. 반면에 『낙원의 이편』은 젤다의 명성으로 50부 이상 팔렸음에도 **단 한 번도** 광고되지 않았습니다. 『몽상가』는 세인트폴에서도 **두 달** 동안이나 광고되었습니다. 『낙원의 이편』이 신문 광고에 실린 것은 고작 **세 번**이었습니다. 제 책이 팔린 것은 주로 고향에서 동향을 다룬 단신을 통해서였습니다. 이런 상황은 시카고에서도 크게 다르지 않습니다. 제 책이 상위권에 올라 있던 몇 주 동안 〈시카고 트

리뷰〉과 함께 서류로 철해 놓은 〈시카고 데일리 뉴스〉 광고란에서 찾아낸 광고는 11개에 불과합니다. 그곳에서 제 책은 18주 동안이나 베스트셀러에 올라 있었습니다. 그 기간 동안 **못해도** 2주에 한 번씩은 두 신문에 광고가 실렸어야 한다고 생각합니다. 광고에 대한 제 부족한 경험에도 불구하고 그 정도는 압니다. 『몽상가』는 시카고 신문들에, 보통은 두 신문 모두에 여덟 달 동안 거의 매주 광고가 실리고 있습니다. (출간 초기 제 책의 10분의 1도 안 되게 주목받았지만 여전히 잘 팔리고 있는 『룰루 벳Lulu Bett』조나 게일의 소설과 『순수의 시대』는 말할 것도 없습니다.) 노프사는 그럴 만한 가치가 있다고 **믿으면** 1만 부가 팔리지 않을 수도 있는 책 (이를테면 『젤Zell』헨리 G. 에이크만의 소설과 같은 소설) 광고를 거의 매일 〈트리뷰〉에 내보냅니다. 제 책의 으뜸가는 셀링 포인트, 곧 책 표지에 인용된 멩켄의 추천사는 (평론가 펠프스의 지극히 객관적인 평과 함께) 이대로 잊히고 말았습니다. **한 가지** 예외, 곧 **광고**가 있었는데도 말입니다. 노프사는 그것을 활용해 『몽상가』가 여전히 사람들 입에 오르내리도록 합니다. 〈트리뷰〉에 실린 싱클레어 루이스Sinclair Lewis의 '스콧 피츠제럴드에서 우리는 어느 유럽 젊은이에도 필적할 만한 작가를 본다'라는 평은 제대로 사용되지도 못한 채 **폐기**되고 말았습니다.[15]

1921년 8월 3일

친애하는 피츠제럴드 선생

휴가를 앞둔 터라 광고에 관한 편지를 이제야 받아보았습니다. 금요일 밤 떠나기 전에 처리해야 할 일이 많아 정신이 없군요. 선생께 급하게 답장을 쓰는 까닭입니다. 하지만 어떤 불만이든 기탄없이 표현해주시길 바라는 제 마음은 진심임을 알아주시기 바랍니다.

다음에 나올 책에는 선생의 제안을 기꺼이 고려함은 물론 수용할 것임을 약속드립니다. 『낙원』과 관련해 선생께서 매우 훌륭한 제안을 해주셨음은 익히 알고 있는 사실입니다. 또한 특정일까지는 광고 날짜며 공간, 문구까지 모조리 합의할 수 있도록 한 달 정도 앞서서 홍보 계획을 짜도록 하겠습니다. 광고 계획을 구상하는 데 선생께서 도움을 많이 주실수록 저희는 좋습니다.

선생께서 생각하는 것보다는 광고를 더 많이 한 것으로 알고 있지만, 눈에 띌 정도로 충분히 효과적이지 않았던 모양입니다. 하지만 노련하면서도 열정적으로 홍보 일을 볼 수 있는 경험이 풍부한 인재를 최근 영입했습니다. 몽고메리나 세인트폴에서 보다 광범위하게 광고하는 것이 옳았습니다만, 지금 세부적인 말씀을 드릴 수는 없군요. 언제든 자유롭게 비판의 말씀 해주시길 바랍니다. 저번 편지를 쓰시는 게 고역은 아니었는지 걱정됩니다.『아름답고 저주받은 사람들』의 경우는 선생께서 세부사항을 파악할 수 있게, 그리고 책도 홍보도 만족하실 수 있게 선생과 함께 모든 작업을 구상하겠다는 말씀을 드립니다. …

퍼킨스 드림

미네소타 화이트 베어 레이크 델우드
1921년 8월 25일

친애하는 퍼킨스 씨

연필로 쓰는 걸 양해해주시기 바랍니다. 오늘 밤 삶에 지치고 왜 이리 기운이 없는지 잉크 찍을 힘도 없습니다. 잉크, 생각의 거대한 파괴자, 감정을 추잡한 것으로 바래게 하는 것. 글로 남은 정신의 배출. 잘못 쓰인 쓰레기!

소설에 관해—지루하기 짝이 없는 편지들을 읽으신 후 제 소설이 아예 존재하지 않았더라면 하고 바라실지도 모르겠습니다. 미국과 영국에서 동시에 출간되면 참으로 좋을 텐데요. 스크리브너스사에 판권이 있는 게 맞지요? 혹시 출판 계획이 없다면 『낙원』과 똑같은 10퍼센트 조건으로 넘기실 수 있나요? 콜린스와 얘기를 해보거나 레이놀즈를 통해 다른 출판사로 넘길 수 있게 말입니다.

뉴햄프셔에서 즐거운 시간 보내고 계시는지. 아마도 그렇겠지요. 다섯 달 동안 빈둥거리고 있는 저는 매분이 지옥입니다. 다시 글을 쓰고 싶습니다. 하릴없이 빈들거리고 있자니 이 끈적거리고 불쾌한 우울감이 떨어지질 않습니다. 세 번째 소설은, 글을 쓸 수 있다면 말입니다, 죽음처럼 어둡고 침울할 겁니다. 마음에 맞는 친구 대여섯과 둘러앉아 죽을 때까지 술을 마시고 싶지만, 한편으론 삶도 술도 문학도 다 지겹습니다. 젤다만 없다면 한 3년 흔적도 없이 사라지고 싶습니다. 뱃사람이 되거나 혹은 몹시 고된 일을 하거나. 우리 세대와 함께 허우적거리는 이 무기력하고 절반쯤은 지적인 나약함이 지겹고 또 지겹습니다.

1921년 10월 10일

친애하는 피츠제럴드 선생

페이지 조판 교정쇄 1교를 보냅니다. 얼마 전에 선생께서 앤서니가 어느 기숙사에서 살지 물어보셨을 때 맥락을 크게 살피지 않고 클래벌리라고 답했지요.[16] 넉넉한 집안의 학생이라면 클래벌리에서 살겠지만, 그것은 어디까지나 그런 학생이 위치할 사회적 공간이고, 선생께서 원하는 인물은 중심에서 벗어나 사회제도에 대해 아직 모르는 인물일 겁니다. 그런 까닭에 클래벌리를 벡 홀로 바꾸는 게 어떨까 싶습니다. 벡 홀은 한 세대 전만 해도 인기 있는 곳이였지만 지금은 쇠락해가는 곳입니다. 사회제도에 대해 아는 바가 없는 인물이 기숙할 곳으로 벡 홀이 제격일 것입니다.

퍼킨스 드림

*

새 주소 → 세인트폴 웨스턴가 코모도어 호텔
1921년 10월 14일

친애하는 퍼킨스 씨

벡 홀에 대한 말씀 고맙습니다. 그렇게 바꾸도록 하겠습니다. …

말씀드리고 싶은 세 가지는

1. 제가 받은 교정쇄 앞쪽에는 '작품 목록'이 없습니다. 하나 있었으면 좋겠습니다.

2. 힐이 표지 그림을 그리는지 궁금합니다. 배경은 주황색 대신에 연푸른색으로 갔으면 합니다.

3. 이 책으로 이미 1400달러를 가불받았지요. 2주 후에 젤다가 아이를 낳으면 돈이 많이 들어갈 터라 1000달러를 더 가불해주셨으면 좋겠습니다. 가불이 가능하다면 채텀 피닉스 은행으로 바로 입금해주실 수 있는지요?

출간일이 아직 정해지지 않은 걸로 압니다. 연재가 2월 14일에 끝납니다. 2월, 아니 이를테면 3월 1일에는 책이 나올까요?[17]

〈브렌타노〉 에세이[18]가 도착했습니다. 고맙습니다.

피츠제럴드 드림

영구적인 새 주소! 미네소타 세인트폴 굿티치가 626번지
[1921년 12월 1일]

친애하는 퍼킨스 씨

그 망할 단편 「네 개의 주먹」을 항상 미워하고 부끄러워했습니다. 「해변의 해적」보다 싼 글이라서가 아니라—결코 그렇지 않습니다—그저 하나의 식물처럼 도덕적인 이야기에 생동감이라곤 찾아볼 수 없기 때문입니다.

중요한 사실은—영국판 『아가씨와 철학자』에 콜린스가 「네 개의 주먹」 대신 올해 오 헨리상 수상작품집에 수록된 「낙타의 뒷부분」을 넣었으면 하는 것입니다. 편집자님 생각은 어떠세요? 「낙타의 뒷부분」을 콜린스에 보내 그쪽에서 결정하게 하는 건 어떨까요? 또한 영국판에는 철자를 잘못 쓴 그 끔찍한 실수가—「얼음 궁전」의 '그냥 냈두자'—수정되기를 하느님께 간절히 기원합니다. 제가 직접 편지를 쓸까요? 실제로 평론가들이 모조리 그것에 한마디씩 하는 것 같습니다. 새로 펴내는 책이 최소한 철자에 관한 한 완벽하다니, 하느님 감사합니다.

얼마 전에 단편 하나[19]로 〈새터데이 이브닝 포스트〉에서 1500달러를 받았습니다. 지금까지 원고료 중 최고액입니다. 유럽 인상기는 조금 있다가 써먹어도 무방할 듯한데, 지금은 〈브렌타노의 북 채트〉에 발표한 그 신랄한 (우스꽝스럽기도 한) 감정의 폭발 이외에는 뾰족하게 떠오르는 얘깃거리도 없

습니다. 그래도 다시 시도해봐야겠지요. …

피츠제럴드 드림

추신 그 장을 마구 쳐냈는데 좀 나아진 것 같은가요?

*

1921년 12월 6일

친애하는 피츠제럴드 선생

『아름답고 저주받은 사람들』에서 수정한 부분이 모두 좋아진 것 같지만, 성경에 관한 구절[20]은 예외입니다. 교정쇄에 표시를 해두었고, 더 이상 덧붙일 것은 없습니다. 선생께서 무엇을 말씀하시고자 했는지는 알겠으나, 전달이 잘될지 모르겠습니다. 사람들이 완전히 틀린 얘기를 할 때에도 열정과 진정성을 가지고 있다면 그들을 존중할 수밖에요. 이를테면 칼라일을 순 쓰레기 같은 놈으로 생각할 수 있겠지만, 그에게 감탄하는 건 어쩔 수 없습니다. 적어도 그에게 강한 감정을 느끼게 되지요. 모리가 말하는 바는 캐릭터와 조화를 이루는데, 이것이 선생의 의도가 아니었을까 싶으면서도 제가 보기엔 무리인 것 같습니다.

콜린스 문제는 선생께서 직접 편지를 쓰는 게 좋을 듯합니다. 무엇보다 출판사와 개인적으로 연락을 취하는 게 선생께 도움이 될 것입니다. 제 생각엔 콜린스가 「네 개의 주먹」을 포기할 성싶지는 않습니다. 콜린스 주소는 영국 런던 S. W. 폴 몰 48번지입니다.

유럽 여행은 사소한 문제라고 생각합니다. 좀 더 큰 일, 곧 새 소설을 시작하는 쪽으로 시간을 내는 게 좋을 듯합니다. 어디선가 들었는데, 네이선에게서 들은 것 같습니다만, 선생께서 희곡을 쓰고 계신다고요. 단편 한 편으로 1500달러를 받는 작가가 또 있을까요? 정말 대단한 일입니다. 『아름답고 저주받은 사람들』 출간 즈음, 혹은 그보다 조금 전에 희곡을 지면에서 볼 수 있기를 바랍니다.

광고에 대한 말씀 고맙습니다. 제안한 내용을 적극 활용하겠습니다. 다만 그 우스갯소리는 저희 역시 반대하진 않지만 다른 것만큼 효과적일 것 같지는 않습니다. 할이 표지 그림을 멋지게 뽑았습니다. 첫 판을 받는 대로 보내겠습니다.

퍼킨스 드림

미네소타 세인트폴 굿리치가 626번지
[1921년 12월 10일]

친애하는 퍼킨스 씨

성경 부분에 대한 편집자님의 편지를 지금 막 읽고 조금 흥분했습니다. 이렇게 말씀하셨지요.

'사람들이 완전히 틀린 얘기를 할 때에도 열정과 진정성을 가지고 있다면 그들을 존중할 수밖에요.'

이 문장 속에 편집자님이 반대하는 근본적 이유가 들어 있다고 봅니다. 다만 '그들을 존중하다' 대신 '**그들에게 두려움을 느낀다**'로 바꾼다면 말입니다. 룻의 이야기인 「아가The Song of Solomon」 같은 간주곡에 일말의 종교적 중요성이 있다고, 혹은 (**초기 기록자들 마음속에**) 있었다고 믿는 사람은 세상에서 신앙심이 가장 두터운 사람들뿐일 겁니다. 로마 교회는 「아가」에서 신부는 교회이고 연인은 예수그리스도라고 주장하지만, 진짜로 그런 의도가 있었는지는 회의적입니다.

그래서 저는, 제 글이 **구약** 성서와 여호와, 곧 아나톨 프랑스는 물론이고 마크 트웨인 같은 수많은 작가들이 격렬하게 비난했던 히브리인의 그 잔인한 하느님을 다루고 있다는 사실을 많은 이가 알 것으로 믿습니다.

개인적 측면에서 볼 때, 모든 **사고**의 변화라는 것이, 처음에는 놀랍지만 시간이 지나면서 차차 평범한 것이 되는, 어떤 **주장**들에 의해 이루어지는 것이 아닐까요? 쇼의 『안드로

클레스와 사자Androcles and the Lion』 서문을—큰 감흥을 일으키지는 않았던—보셨겠지요. 사실 까다로운 평론가들 눈에 그것은 진부해 보이기까지 할 겁니다. 더욱이 성경이라는 아름다운 서사시보다 오히려 예수를 토론의 여지가 없는 것으로 그리는데도 글에서 경외심 같은 걸 찾아보긴 힘듭니다. 표현이 문제라면 '전능하신 하느님' 대신에 '하느님'을 쓸 것이며, '외설스러운'이 아닌 다른 단어를 찾아내 보다 고상한 글로 만들겠습니다. 하지만 그 구절이 자체로 매력적인 까닭에 통으로 잘라내는 것은 원치 않습니다. 멩켄과 젤다는 그 부분을 읽어보더니 퍽 마음에 든다고 합니다. 『저건Jurgen』과 마크 트웨인의 『신비스러운 이방인』, 아나톨 프랑스의 『천사의 반란』에서 한결같이 찾아볼 수 있는 내용입니다. 성경에 경배하기를 거부하고 이것이 하느님이다, 하고 말하는 것은 마크 트웨인의 많은 글에서 확인할 수 있는 내용입니다. 페인의 마크 트웨인 전기앨버트 비글로 페인의 『마크 트웨인』에서도 일관되는 내용이지요.

사실 반 위크 브룩스는 『마크 트웨인의 시련』에서 클레멘스마크 트웨인의 본명가 윌리엄 딘 하우얼스William Dean Howells와 클레멘스 부인의 요구로 어조를 많이 완화했다며 오히려 클레멘스를 비난합니다. 이것이 문학적으로 큰 의미가 없는 부차적인 일이라고 저 스스로 느낀다면 당연히 편집자님의 의견을 따라야겠지요. 하지만 그 구절은 소설 속 장면에 아름답게 녹아 있으며, 의도를 드러내는 데에는 실패했습니다만, 어쨌건 그 장면을 아름다운 배경 그 이상으로 만들려면 꼭 필요한 요소입니다. 이렇게 말씀하셨지요.

'사람들이 완전히 틀린 얘기를 할 때에도 열정과 진정성을 가지고 있다면 그들을 존중할 수밖에요.'

사람들이 갈릴레오와 멩켄, 새뮤얼 버틀러, 아나톨 프랑스, 볼테르, 버나드 쇼, 조지 무어에게도 똑같은 말을 했을 겁니다. 죄송합니다만, 옛날이라면 이런 식으로 말했을지도 모릅니다.

'자네, 필경사와 바리새인을 싫어하는구만. 자네는 그들을 위선자라 부르겠지만, 사람들이 완전히 틀린 얘기를 할 때에도······.'

편지만 받았을 뿐, 아직 편집자님 의견이 달린 교정쇄는 보지 못했습니다. 하지만 이 사안에 대해서는 제가 옳다고 봅니다. 『낙원』에서 보였던 모습과 똑같은 모습을 보여야 한다고는 절대 생각하지 않습니다. 한 가지 바람은, 제 글이 지적 엘리트의 지지를 받아 콘래드처럼 사람들에게 **강요되는** 것입니다. (물론 저는 제 작품이 진정성과 노련함에서 나날이 좋아지고 있다고 생각합니다.) 이 대목을 잘라낸다면 그것은 오로지 두려워하기 때문입니다. 아직 그 일을 못했기 때문이고, 그 일을 해야 할 날을 두려워하기 때문입니다.

제가 편집자님께 했듯이 편집자님도 솔직히 말씀해주십

시오. 그리고 그것이 편집자님의 의견인지, 아니면 스크리브너스의 의견인지, 혹은 대중의 의견인지 알려주십시오. 모든 게 혼란스럽습니다. 답장 기다리겠습니다.

피츠제럴드 드림

다음 장을 보십시오.

추신 이야기 구성에 대해 한 말씀 드리자면. 모리가 비관주의에 빠지는 과정을 보여줘야 했습니다. 그래서 **대중**이 현자의 말을 믿지 않는 것에서 한 단계 더 나아가는 이야기를 생각해냈습니다. 곧 대중은 감상적이고 자기 충족적인 교리를 정당화하는 데 현자의 지혜를 왜곡 사용하는 것이지요. 이런 상황에서 좌절하지 않을 사람은 없을 겁니다.

*

1921년 12월 12일

친애하는 피츠제럴드 선생

부디 제 판단에 **따르지** 마십시오. 중요한 부분에서는 더더욱 그렇습니다. 제가 선생을 강요했다면 참으로 부끄러운 일입니다. 어떤 경우이건 작가는 제 목소리를 내야 하는 까닭입니다. (반 위크 브룩스가 정당했다고 가정하면) W. D. 하우얼스가 선생의 마크 트웨인에게 한 짓을 저는 똑같이 하고 싶지 않습니다.

제가 이의를 제기하는 건 그 대목의 **내용** 때문이 아닙니다. 어떤 사람이건, 즉 이 책을 읽을 어떤 사람이건 마흔 아래라면 그 내용에 대해서는 동의할 겁니다. 동의하지 않는다 하더라도 크게 반대하진 않을 겁니다. 새로운 관점이라며 오래지 않아 깜짝 놀라는 반응을 보일 것이고, 이것은 보다 실질적인 가치를 주는 것이기에 경박함으로 인한 반대를 줄여줄 것입니다. ('경박'이라는 단어를 싫어합니다. '존중'이니 '경박'이니 하는 단어를 써야 하는 상황이 싫습니다. 저를 종종 화나게 하는 단어들이지만, 그 속에 어떤 의미가 담겨 있긴 합니다.) 구약 성서를 현대사에서 크게 중요하지 않다는 식으로 다루어서는 안 됩니다. 마치 너무 사소한 것이라서 경멸적으로 저만치 치워버리듯 해서는 안 된다는 말씀입니다. 선생의 그 구절은 바로 그런 느낌을 들게 합니다. 그것은 부분적으론 모리가 이야기를 하고 있기 때문에, 그것도 배역에 꼭 맞게 이야기하기 때문입니다. 사람들은 보통 능력이 허락하는 선에서, 혹은 사물의 모든 면을 충분히 인지하고 있을 때에도 그렇게들 이야기합니다. 바로 이 지점에서 독자의 문제가 개입됩니다. 독자는 캐릭터가 즉흥적으로 이야기한다는 사실을 고려하지 않습니다. 대신 F. 스콧 피츠제럴드가 고심 끝에 그 글을 쓰고 있다고 생각하지요. 심지어 톨스토이도 그랬고, 셰익스피어도 그랬습니다. 물론 선생께서는 모리를 통해 선생의 생각을 표현하고 있습니다. 그러나 그것을 선생의 의견으로 저술하고자 한다면, 좀 다르게 해야 합니다. 갈릴레오 말씀을 하셨지요. 갈릴레오와 브루노는 자신들이 허물어뜨린 이론에 종교조으로 큰 의미가 있다는 점을 분명히 했습니다. 그들은 사람들의 잘못된 믿음을 가벼이 경멸할 마음이 없었습니다. 아나톨 프랑스도 늙은 빌라도의 이야기에서 예수를 그렇게 다루지 않았습니다. 비록 성경처럼 중요한 대상에 적용된 단어는 아니지만 '위선자'는 매우 경멸적인 표현입니다.

요점은, 경멸의 느낌을 줌으로써 구절의 효율성을—그 구절을 사용한 목적 자체의 효율성까지—저해했다는 것입니다. 따라서 내용에 동의하는 사람들조차 등을 돌리는 일이 없도록 그 부분을 수정하는 게 어떨까 싶습니다. '전능하신 하느님'을 지우고 그 자리에 '하느님'을 넣는다면 큰 도움이 될 것입니다. 그 변화가 의미하는 것과 같은 방법으로 원고를 수정한다면 제가 반대하는 요소는 없어질 것 같습니다.

그 구절이 모리의 연설 속에 있어야 한다는 것에는 동의합니다. 그럼으로써 그 구절에 집중하게 되니까요. 하지만 그런 효과가 나게 하되, 제가 반대하는 부분을 없애는 쪽으로 수정하는 게 좋을 듯합니다.

제 말씀이 잘 전달되기를 바랍니다. 십 분만 만나 뵙고 이야기 나눈다면 제 말씀을 바로 알아듣고 동의하실 텐데요.

퍼킨스 드림

*

[미네소타 세인트폴] 굿리치가 626번지
[1921년 12월 16일]

친애하는 퍼킨스 씨

편집자님의 두 번째 편지가 도착했습니다. 제 편지에 대해 사과드리고 싶습니다. 편집자님의 생각으로 지레짐작했던 것이 틀렸다는 걸 미리 알았더라면. 문제는 경박하다는 것이었군요. 조지 진 네이선의 최악의 경우입니다. 지금 그 부분을 수정했습니다. '전능하신 하느님'을 하느님으로 바꾸고, '외설스러운'을 지우고 몇 군데 단어를 더 손보았습니다. 이제 괜찮아 보입니다.

'트웨인'이니 아나톨 프랑스니 하우얼스니 하면서 억지 인용으로 어리석은 편지를 쓴 까닭은 그 대목을 다 잘라내야 할까 봐, 그래서 편집자님 말씀처럼 그 장면이 두리뭉실해질까 봐 두려웠기 때문입니다.

사과를 받아주시길 바랍니다.

W. E. 힐이 표지 그림으로 그린 여자는 **아름다운가요?** 예전에 말씀드린 대로 배경은 연푸른색인가요? 2년 전 스크리

브너스에서 펴낸 룰루 래그데일Lulu Ragdale의 책처럼 말입니다. 너무 늦기 전에 제가 보낸 마지막 수정 사항도 반영하셨는지요?

결말을 새롭게 바꾸었습니다. 마음에 별로 들지 않는 『낙원』의 한 장면을 반복하는 대신 마지막 단락을 변경했습니다. 결말을 통해 예전과는 다른 이 책 전체의 '맛'을 느끼게 될 것입니다. 무슨 말씀인지 아시겠지요.

그렇게 바보 같은 편지를 보내서 얼마나 죄송하게 생각하는지 말로 다 표현할 수 없습니다. 제안하신 것처럼 '오 주여'도 삭제했습니다. 말씀하신 대로 '오 신이시여'는 공백을 메우기엔 역부족이지만 '오 하느님'은 괜찮아 보입니다.[21]

가장 끝부분을 고친 데다 연설 부분을 손본 터라 소설에 전반적으로—무척 많이는 아니지만—만족합니다. 『낙원』이 출간 첫해 4만 부가량 나갔으니 이번 소설은 첫해 6만 부 정도 나가리라 예상합니다. 이 모든 게 끝나서 얼마나 다행인지 모릅니다.

피츠제럴드 드림

1921년 12월 27일

친애하는 피츠제럴드 선생

… 오늘 아침 오랜 망설임 끝에 '젤다의 생각에 동의'라고 전보를 보냈습니다. 하지만 어떤 결론이 본질적으로 더 나은지에 대해서는 망설임이 없었습니다. 그 부분에서는 젤다가 전적으로 옳습니다. 앤서니의 최후 생각은 소설을 끝맺음하는 데 더없이 좋습니다. 다만 대중적인 면에서—그 관점에서 볼 때 도덕적으로 과연 바람직한지—망설인 것입니다. 하지만 결국 그것의 장점이 예술적 측면을 압도할 만큼 크지는 않다고 생각했습니다. 그런 까닭에 마지막 반 페이지를 잘라낼까요?[22]

퍼킨스 드림

1921년 12월 31일

친애하는 피츠제럴드 선생

… 선생께서 어떤 글을 쓰시건 성공할 날이, 선생 글의 반어와 풍자가 이해될 날이 분명히 올 겁니다. 아직은 아니지만, 그때가 오면 선생이 글로 무엇을 말하고자 하는지 알게 될 겁니다. 상황이 이러하다 보니 선생 책을 어서 출판 목록에 올리고 싶습니다. 그러면 선생 책이 여느 책 못지않게 중요하게 다루어지겠지요.

글로리아와 앤서니가 표류하는 그 뿌리 없는 사회 계층은 분명 이 땅에 존재합니다. 사회 전반에 중요한 영향을 미치는 큰 집단이지요. 그것은 소설로 쓰기에 충분히 가치 있는 이야기입니다. 의도적인 작업이 아니라는 건 알지만, 어쨌든 『아름답고 저주받은 사람들』은 실제로 그런 효과를 거둡니다. 그리하여 선생의 글은 미국 사회에 대한 눈부시면서도 가치 있는 해설로 읽힙니다. 그렇게 해야겠다고 의식적으로 소설을 구상하지는 않았겠지만, 제 말씀이 맞지 않나요? 선생 책은 소설의 일반적인 관습에 맞춰 쓰이지도 않았고, 여느 소설과 관심의 영역도 다릅니다. 일반 독자가 선생 글에 나오는 풍자를 도움 없이 이해하기란 쉽지 않지요. 얼마 전에 어떤 사람과 선생 책에 대해 이야기를 나눴는데, 앤서니가 잃은 게 없다는 말을 하더군요. 앤서니가 수백만 달러를 손에 넣었고 자신을 대단한 사람으로 생각한다고요. 그 사람은 마지막 몇 단락의 그 강렬한 반어를 완전히 놓치고 만 것입니다.

퍼킨스 드림

*

세인트폴 굿리치가 626번지
[1922년] 1월 9일

친애하는 퍼킨스 씨

제 책에 대해 무슨 말씀을 하시고자 했는지 압니다. 저도 전적으로 동의합니다. '미국 젊은이의 반란을 그린 소설'이라는 〈메트로폴리탄〉의 광고에 어찌나 부아가 나던지요.[23]

지지난 편지에서 말씀하신 '뿌리 없는 사회 계층'에 대해. 보헤미안적 삶을 다룬 소설이라는 인상을 주지 않은 채—물론 제 책은 그런 소설이 아닙니다—'뿌리 없는 삶'에 대해 이야기할 수 있다면 최상일 것 같습니다. '철학자를 위한 아가씨 이야기'라는 부제가 어떻게 소비되었는지 기억하고 계시지요? 이번 책은 '뿌리 없는 자들의 소설'로 포장될지 모를 일입니다. 혹은 결실 없는 자들의 소설로 말장난을 치거나 라블레풍의 훨씬 기괴한 의미를 부여받을 수도 있겠지요.

그리고 아가씨 이미지. 이것에 빚지고 있다는 사실은 알

지만 이젠 여기서 벗어날 때라는 말씀에 동의합니다. 극도로 싫어하는 광고 유형이 하나 있는데(일반 독자도 싫어하리라 믿습니다) '봄의 책' 같은 문구를 담고 있는 광고입니다. 물론 스크리브너스사는 이런 범죄를 저지르지 않지요.

쪽지를 보니 3143달러를 가불받았더군요. 장차 더 받아야 하니 실제론 더 될 겁니다. 두 달 동안 희곡에 매달렸는데 3주는 더 해야 할 것 같습니다. 500달러를 더 가불받을 수 있을까요? 존 팍스[24]와 비교되는군요! 하지만 이번이 장담컨대 마지막입니다. 괜찮다면 33번가의 채텀 피닉스 은행 계좌에 입금해주시겠습니까?

피츠제럴드 드림

미네소타 세인트폴 굿리치가 **626**번지
[1922년 1월 18일]

친애하는 퍼킨스 씨

입금해주셔서 고맙습니다. 이번 책이 큰 성공을 거둬야지만 간신히 빠져나갈 것 같은, 그런 끔찍한 우울증에 사로잡혀 있습니다. 속물들의 압박은 거세기만 하고, 풍채 좋은 귀부인들은 차가운 눈초리로 나를 훑어볼 터인데, 이곳에서 사라졌으면 좋겠습니다. 3월 15일에 동부로 갈 예정입니다. 젖을 떼기로 한 날이거든요. 뉴욕을 이렇게 좋아하는지 미처 몰랐습니다. 희곡[25]은 보석 같은 작품이지만 마지막 장에서 당최 나가질 않습니다. 올가을에 나올 단편집 제목으로 '막간 쇼'나 '어떤 막간 쇼' 어떨까요?

아이디어 하나. 신간 표지 귀퉁이에 『아가씨와 철학자』 광고를 넣는다면 이건 어떨까요?

'유명한 단편 「머리와 어깨」 수록.' 지난주 〈타임스〉 사진 섹션에 사진 설명으로 「머리와 어깨」의 한 구절이 인용되었습니다. 많은 독자가 읽은 소설이고, 영화로 광고되기도 했지요. 표지 광고 문구로 제안한 '피츠제럴드의 단편 걸작 여덟 편 수록' 같은 평범한 것보다는 나을 것 같습니다. 출간일이 3월 1일로 확정되었나요?[26] …

피츠제럴드 드림

[미네소타 세긴트폴 굿리치가 626번지]
[1922년 1월 31일]

친애하는 퍼킨스 씨

책 『아름답고 저주받은 사람들』 신간 견본이 도착했습니다. 뒤표지 광고문을 편집자님께서 쓰신 걸로 보이는데 다행입니다. 핵심을 정확히 잡아내셨군요. 어리석은 평론가들에게 판단 근거로 삼을 도덕적 지주를 제시하고, 이 책을 비도덕적으로 여길 많은 이에게 책을 정당화해줄 것으로 보입니다! 고맙습니다.

책이 마음에 듭니다. 분량이 『낙원』의 절반에 지나지 않는 것도 놀랍습니다.

지난밤 표지 색 때문에 전보를 보냈습니다. 제가 받아본 견본은 누렇게 뜬 노란색입니다. 전에 보내주신 표지 색은 붉은빛이 감도는 짙은 주황색이었던 걸로 기억합니다.

생각할수록 표지 속 남자가 이해가 되질 않습니다. 여자는 물론 훌륭합니다. 어떻게 보면 젤다와도 비슷해 보이는데, 남자는 방탕한 저를 그린 것처럼 보입니다. 어찌 되었건 남자는 매력이라곤 없습니다. 힐 정도의 재능과 신중함을 가진 예술가가 주인공의 세부 묘사와 딴판으로 그렸다는 게 납득이 되질 않습니다.

아래의 차이들을 한번 살펴보십시오.

1. 앤서니는 '180센티미터가 조금 안' 됩니다. 표지 남자는

글로리아 키 정도밖에 안 돼 보이고 다리도 무척 짧습니다.

2. 어두운 머리칼. 표지 속 바텐더 같은 사내는 머리칼이 밝은색입니다.

3. 앤서니의 인상은 9쪽에 묘사되어 있습니다. 표지 속 사내는 그 인상에 조금도 부합하지 않습니다. 첫 야회복 재킷을 입은 작달만한 젊은 터프가이로 보입니다.

얘기를 나눠본 사람은 모두 한결같은 반응입니다. 가슴이 쓰립니다. 인상을 남길 그림이 하나밖에 없을 때 삽화가는 신중해야 합니다. 〈메트로폴리탄〉 삽화도 형편없기는 마찬가지였지만, 적어도 그 그림은 조악할지언정 책에 묘사된 앤서니의 체격과 분위기를 재현하려고 노력했습니다.

편집자님도 아시겠지만 저는 성질 고약한 혹평가입니다. 그래서는 안 될 일이지만. 여자는 훌륭합니다. 표지 인물이 젤다와 저를 닮으면 제가 좋아할 거라고 힐이 생각한 모양입니다.

… 편지 내용을 양해해주십시오. 아침에 다시 희곡 집필로 돌아갈 수 있게 억눌렸던 분노를 어떻게든 해소하는 중입니다. 3월 1일자 〈배니티 페어〉에 발표된 저에 대한 월슨의 글[27]은 매우 훌륭합니다. 광고문이 절대 아닙니다. **마침내** 세련된 지성인이 저를 제대로 평가해준 첫 사례입니다. 진심으로 감사한 일입니다—야유든 뭐든.

피츠제럴드 드림

『아름답고 저주받은 사람들』 초판본(1922)

미네소타 세인트폴 굿리치가 **626번지**
1922년 2월 6일

친애하는 퍼킨스 씨

… 지금 두려운 것은 평론가가 아니라 독자입니다. 사람들이 책을 살까요? 출판사도 서점도 4만 부를 처리하지 못하면 어쩌지요? 편집자님께서 혹시 독자를 과대평가한 것은 아닐까요? 『낙원』처럼 2년 동안 7000달러를 벌어들일 수 있을까요? 맙소사! 완전히 실패했다고 상상해보십시오! 편집자님께서 쓰신 광고 문안은 정수를 찌르는 도덕적 지침입니다. 허비Carl Hovey. 〈메트로폴리탄 매거진〉 편집장가 뽑은 '미국 젊은이의 반란' 같은 열광적인 구석은 전혀 없고요. 출판사 홍보 직원이 비상하거나 이 모든 것을 편집자님께서 진두지휘했겠지요. 후자라면 이 기민한 방침에 축하를 드리는 바입니다.

한편으론 별것도 아닌 일에 난리법석을 떨고 또 책이 팔리기 시작할 때까지—만일에 그렇게 된다면—계속 그리할 것을 생각하니 죄책감이 들기도 합니다. 만일에 책이 팔리지 않는다면—성인들이시여, 고통 받는 자들을 위로하시는 예수그리스도께 저를 도와주시라고 간청해주시옵소서.

셀링 포인트 관련 사안은 훌륭해 보입니다. 자부심으로 가슴이 벅차오르는 기분입니다. …

새 책 이야기를 해볼까요. 다음과 같습니다.

제목 '1릴짜리 영화'
목차
판타지―'새로운' 방식의 소설들입니다

 하늘의 다이아몬드(〈스마트 세트〉 게재 예정)
 빨간 머리 마녀(〈메트로〉 2월 21일)
 칩사이드의 타르퀴니우스(〈스마트 세트〉 2월 21일)
 벤자민 버튼의 기이한 사건(〈메트로〉 게재 예정)

나의 마지막 아가씨들
 노동절(〈스마트 세트〉 6월 20일)
 낙타의 뒷부분(〈포스트〉 4월 20일)
 젤리빈(〈메트로〉 9월 20일)

희극
 이키 씨(희곡)(〈스마트 세트〉 1월 20일)
 도자기와 분홍(희곡)(〈스마트 세트〉 3월 20일)
 제미나(〈배니티 페어〉 1월 21일)

기타

사랑의 껍질들(〈시카고 트리뷴〉 11월 20일)
둘에 1센트(〈메트로〉 게재 예정)

일부러 『아가씨와 철학자』에 넣지 않은 두 편과(〈포스트〉의 「마이라, 그의 가족을 만나다」, 〈스마트 세트〉의 「실바에게 미소를」) 인쇄에 돈을 쓰지 않는 〈포스트〉에 얼마 전에 넘긴 (이주에 발표됩니다) 1500달러짜리 단편「인기 많은 여자」을 빼고는 지금까지 쓴 모든 글을 망라한 것입니다.

모든 글이 훌륭하고 『아가씨와 철학자』 수록작보다 훨씬 좋습니다. 다만 오 헨리상 수상작품집에 실린, 재미있지만 싼값에 넘긴 「낙타의 뒷부분」은 예외입니다.

「노동절」과 「하늘의 다이아몬드」[28]는 중편입니다. 「하늘의 다이아몬드」는 곧 〈스마트 세트〉에 발표됩니다. 「둘에 1센트」와 「벤자민 버튼의 기이한 사건」은 올여름에 〈메트로폴리탄〉에 게재될 겁니다. 봄에 작품들을 다시 훑어본 뒤 발송할 생각입니다. 글들은 거의 대개가 독창적이고 『아가씨와 철학자』보다는 많이 팔릴 것으로 예상됩니다. 판타지 소설이 새로운 데다 평론가들이 좋아할 것이기 때문입니다. 새 제목은 어떤가요? '막간 쇼'가 그다지 매력적이지 않다는 데에는 저도 동의합니다.[29]

퍼킨스 부인께 안부 전해주십시오.

피츠제럴드 드림

미네소타 시인트폴 굿리치가 626번지
[1922년 2월 10일]

친애하는 퍼킨스 씨

… 이미 눈치채셨겠지만 제 단편이 현재의 〈포스트〉를 이끌고 있습니다. 기쁘게 생각합니다. 글이 좀 더 좋으면 좋을 텐데요. 삽화도 썩 괜찮습니다. 하지만 재판을 찍을 것 같지는 않습니다.

킬마녹 북스에서 250부 주문했고, 앞으로도 더 주문할 것으로 보입니다. 서점에서 216달러를 투자해 모든 세인트폴 극장에 상영될 광고 영화를 만들 겁니다. 영화에는 제 사진과 『아름답고』가 서점 창가에 높이 쌓인 사진, 책의 근접 사진, 큰 글자로 찍힌 책 제목 사진이 나옵니다. 정말 대단한 일입니다. 마이어 씨가 어떤 홍보 자료든 보내주시면 고맙겠습니다. 이제 스물두 살인 T. A. 보이드소설가이자 평론가가 서점 주인입니다. … 보이드는 또한 〈세인트폴 데일리 뉴스〉의 책 소개란을 이끌면서 허드슨 강 서쪽 지역에서 최고의 서평지로 만들었습니다. 스크랩북을 보니 세인트폴에 온 뒤로 제 이름이 신문에 마흔 번 넘게 나왔습니다. (이 두 문장은 써놓고 보니 좀 웃기군요! 하-하!) 그는 100가지도 넘는 방법으로 저를 홍보하고 있고, 앞으로도 그러할 것입니다. 제 책이 출간되면 출간 소식을 특별 발표하는 한편, 2단 서평도 크게 실겠다고 합니다. 책 광고 두어 편을 일요일에 연달아 이 신문에 실었으면 하는데 가능할까요?

…『포사이트 연대기Forsyte Saga』는 그 구성으로 보건대 확실히 문학적 성취입니다. 편집자님께서 『아름답고 저주받은 사람들』의 **셀링 포인트**로 뽑은 문구는 생각할수록 좋아서 본문에 넣어야겠다는 생각이 들 정도입니다. 경이롭습니다! …

누군가가 며칠 전에 〈메트로폴리탄〉이 폐간할 거라고 귀띔해주더군요. 그곳 소문에 밝은 사람이겠지요. 하지만 레이놀즈는 그렇지 않을 거라며 계속 그곳에 단편을 보냅니다. 지난 9월에 발표 결정을 받고도 원고료를 한 푼도 못 받은 단편이 있건만, 레이놀즈는 얼마 전에 또 한 편을 투고했습니다. 희곡에—완벽한 걸작임에 틀림없습니다—2주는 더 매달려 있어야 하는데, 작품을 끝낼 때까지 어떻게 버틸지 막막합니다. 두려움과 떨리는 마음으로 500달러를 부탁드리는 바입니다. 그러면 『낙원의 이편』과 『아가씨와 철학자』의 인세보다 도합 4500달러를 더 받는 셈이지요. 가불치고는 많다는 걸 잘 압니다만, 책값이 2달러인 걸 감안하면 1만 3000부에 대한 인세에 불과합니다. 4만 부를 찍었으니 출간일까지 2주도 안 남은 지금, 큰 위험은 아닐 것으로 생각됩니다.

33번가 채텀 피닉스 은행 계좌로 500달러 입금이 불가능할 때에만 전보 주시기 바랍니다. (도대체 이 문장을 몇 번이

나 쓰는 것일까요!)

피츠제럴드 드림

*

미네소타 세인트폴 굿리치가 626번지
[1922년 3월 5일]

친애하는 퍼킨스 씨

입금해주셔서 고맙습니다.[30] 곤란한 상황이 생겼습니다. 부도 수표인 줄도 모르고 은행에서 돈을 찾았습니다. 다행히도 〈메트로폴리탄〉이 원고료를 조금씩 주기 시작해서 위기는 모면했습니다.

『정신의 형성The Mind in the Making』에 대해 편지를 쓸 때 실은 두 장밖에 읽지 않았습니다. 이제야 다 끝마쳤는데 책에 대한 생각이 바뀌었습니다. 정말 훌륭한 책입니다. 진보에 대한 희망을 놓지 못하는 현대를 전체적으로 조당한 책이더군요. 웰스나 쇼의 최근작처럼, 그리고 삶에 대한 희망과 환희에 넘치고 과학과 이성에 대한 믿음으로 무장한 채 90년대를 열어젖힌 저 용감한 무리의 책들처럼 우울하긴 합니다. 이 모든 걸 견뎌낼 자는 토머스 하디입니다. 업튼 싱클레어Upton Sinclair의 『창녀 언론The Brass Check』을 읽고 나서 자유가 태양 아래 가장 큰 폭압자를 만들어냈다는, 미국에 대한 최후 결정을 내렸습니다. 저는 여전히 사회주의자이지만, 국민이 허명무실한 지배를 이어갈수록 상황은 더욱 악화되는 건 아닐까 때론 두려움을 느끼기도 합니다. 강한 자는 너무 강하고 약한 자는 너무 약합니다. 1년 동안 새 장편을 쓰진 않겠지만, 다음 소설은 현실적인 내용은 아닐 것 같습니다. 지금 생각은 그렇습니다.

『아름답고 저주받은 사람들』의 성공 가능성을 생각할수록 편집자님의 광고문이 책을 살릴 거라는 확신이 강하게 듭니다.[31]

네이선이 이렇게 편지에 썼더군요. "매우 잘 쓴 책입니다. 멋진 부분이 많습니다. 빠르게 성장하고 계시는군요. 이렇게 멋진 책이 일부 저에게 헌정되었다니 기쁩니다.[32] 최고의 작품을 내셨습니다."

하지만 네이선이 그런 일에 대해서는 우스운 면이 있기 때문에 이걸 써먹진 않을 겁니다.

… 세인트폴 주문 부수에 현혹되었다고는 생각하지 마십시오. 대부분 '판매 중'이라는 사실을 잘 아니까요. 내년 1월에는 근사한 논픽션 책을 편집자님께 선보일 수 있을 것 같습니다. 희곡이 대성공을 거두면 책으로 펴내는 게 가능할까요? 아니면 기다렸다가 희곡 세 편을 모아 함께 묶어내는 게 나을까요? 오닐Eugene O'Neill이 쇼와 배리, 골즈워디의 뒤를 이어 한 것처럼 말입니다.

'1릴짜리 영화'를 좋아하셔서서 다행입니다. 단편을 다 볼 때까지 기다려주십시오. 아직 반밖에 읽지 않으셨습니다. 『크롬 옐로Chrome Yellow』올더스 헉슬리의 소설를 일독해보시길. 로저[33]에게 제격일 겁니다. …

피츠제럴드 드림

*

1922년 4월 17일

친애하는 피츠제럴드 선생

『아름답고 저주받은 사람들』은 선생께서 출판사에 오셨을 때와 비슷한 양상으로 팔리고 있습니다. 지금껏 3만 3000부가량이 판매되었습니다. 지금으로 봐서는 대성공을 기대하긴 힘들 것 같으나, 실망스럽다는 갈씀[34]은 맞지 않습니다. 말하자면 이번 책은 선생의 위치를 공고하게 했고, 시드니 하워드가 말했듯이 『낙원의 이편』이 처음이자 끝이 아니라는 사실을 모든 이에게 확실히 각인시켰습니다. 물론 10만 부 이상 팔리기를, 매 단락에 넘쳐나는 그 독특한 문체의 기쁨으로 그런 일이 일어나기를 간절히 바랐습니다. 비극으로 끝나는 테다 본질적으로 불편할 수 있는 내용이라, 그런 주된 요소 때문에 유희만을 좇는 많은 독자에게 호소할 만한 종류의 책은 아니었지만 말입니다. 그렇지만 결국 꽤 높은 판매고를 기록할 것입니다. 재고도 곧 모두 소진될 것이고요. 심미안이 있는 사람들 사이에서는 큰 감흥을 일으켰고, 그런 까닭에 상업적인 면만 떼어서 보는 게 아니라면 성공을 거둔 셈입니다. … 저희는 선생의 긴 경주를 지지할 것이며, 어느 때보다 선생의 승리를 확신합니다.

퍼킨스 드림

굿리치가 **626번지**
[1922년] **5월 11일**

친애하는 퍼킨스 씨

피츠제럴드 가족과 두 명의 서적상, 그리고 몇몇 친구들과 신중히 고려해본 결과, 제목을 '재즈 시대'로 가는 게 좋겠다는 결론에 도달했습니다.[35] 이유는 다음과 같습니다.

1. 이번 책이 장편소설이라면 판매팀의 의견이 전적으로 옳다고 봅니다. 아가씨니 재즈니 하는 단어는 한물간 것으로 들리니 판매에 전혀 도움이 안 되겠지요.

2. 단편집은 원래 많이 팔리지 않습니다. 『아가씨와 철학자』는 예외였던 것이 첫 단편집이었고 제목도 시의적절했기 때문입니다.

3. 이번 단편집에 대해 4000~5000부 이상의 예약 판매를 기대하지 않습니다. 그래서 도합 9000달러나 1만 달러 이상에는 미치지 못할 것입니다. (첫해에 말입니다.)

4. **제 개인적 독자**, 곧 수많은 아가씨들과 저를 무슨 현인으로 생각하는 대학 친구들이 이 책을 살 것입니다.

5. 재즈냐 재즈가 아니냐의 문제는 스킬라냐 카리브디스냐의 문제입니다. '반#인분'이나 '우연한 만남' 같은 제목을 붙이면 아무도 안 살 겁니다. 그저 또 한 권의 단편집에 지나지 않게 되지요. 한 번도 유명한 적이 없었던 것보다는 한때라도 유명했던 제목과 그런 제목과의 연관성을 가지고 있

는 게 낫지 않을까요? 아가씨가 너무 크게 파닥인 통에 파동이 쉽게 가라앉지 않으니, 바깥쪽 물에는 여전히 물결이 일고 있습니다.

6. 재즈와 관련 없으면서 잘 팔릴 만한 제목을 생각해낼 수 있다면 당연히 그것을 쓰겠지만, 도무지 떠오르는 게 없습니다. 그러니 호소력 있는 안전한 쪽으로 가는 게 낫겠지요. 단편소설집만큼 제목 붙이기 힘든 책도 없을 겁니다. 단박에 눈길을 사로잡으면서 호기심을 유발해야 하고, 시의적절하면서도 함축적이어야 하며, 또한 오 헨리처럼 재탕해서도 안 되고 무기력하게 감성적이거나 모호해서도 안 됩니다.

7. 어쨌든 서적상에게는 책을 싸게 파는 게 현명하리라 봅니다. 편집자님의 침묵으로 미루어보건대 『아름답고 저주받은 사람들』을 떠맡을 서적상이 얼마 안 될 것 같고, 『아가씨와 철학자』가 지금도 조금씩은 팔리고 있다 해도 세인트폴의 서점 두 곳에는 여전히 재고가 많이 남아 있습니다.

8. 생각할 수 있는 다른 제목으로는 '리츠 호텔만 한 다이아몬드'가 유일합니다. '막간 쇼'나 '1릴짜리 영화' '해피엔드' 같은 제목은 싫습니다. 그런 제목은 마치 단편집을 내놓는 것에 대한 구실이나 사과처럼 들립니다. … 그럼에도 '재즈 시대'에 여전히 반대하신다면, 앞표지 절반 이상을 가득 메울 그 제목이 매력적으로 보일 것이라고 거듭 말씀드립니다.

편집자님 생각을 바로 알려주시기 바랍니다.

목차[36] 때문에라도 서평이 많이 쏟아질 것으로 확신합니다. 필요하면 전보를 주십시오.

피츠제럴드 드림

미네소타 화이트 베어 레이크 요트 클럽
[1922년 6월 20일]

친애하는 퍼킨스 씨

'나의 마지막 아가씨들'에 속하는 첫 네 편을 며칠 전에 보냈습니다. 뒤의 네 편 '판타지'도 오늘 오후나 내일 아침에 부치겠습니다. 나머지 세 편 '기타'는 24일(토)에 보내면 화요일에는 도착할 것입니다. 늦어져서 죄송합니다. 술 말고는 딱히 다른 이유는 없습니다. 물론 그게 이유는 못 되지만요. 하지만 여행담은 끝내겠다고 맹세한바, 하느님, 감사합니다, 마침내 끝을 보았습니다. … 광고문과 관련해 몇 가지 말씀 드립니다.

1. 유명작 「도자기와 분홍」 수록—욕조 이야기의 고전—「벤자민 버튼의 기이한 사건」 외 아홉 편 수록. 피츠제럴드는 생존하는 그 어떤 미국 작가도 따라올 수 없는 풍자적 유머 감각을 구사한다. 찬란하고 강렬한 상상력의 여유로운 향연.

2. 재즈 시대 이야기

가장 주목받는 신진 작가가 색소폰으로 연주하는 풍자 노래. 피츠제럴드는 '나의 마지막 아가씨들'을 끝내고 곧장 더 참신하고 환상적인 2부 이야기로 나아간다. 이 작가의 작품을 싫어할 수는 있어도 지루함을 느끼지는 않을 것이다.

3. 재즈 시대 이야기

'이키 씨'를 만나본 적이 있는가? '벤자민 버튼'의 기이한 삶을 뒤쫓아 본 적이 있는가? 욕조와 다이아몬드 산과 피츠제럴드의 아가씨들과 젤리빈의 메들리.

10막의 재치 넘치는 소극과 또 한 편.

우스꽝스럽지만 이 책을 '『낙원의 이편』의 작가 피츠제럴드의 단편 걸작 11편'이 아닌 재미있는 책으로 홍보했으면 합니다.

1000달러를 보내주셔서 정말 고맙습니다. 〈필라델피아 레저〉에 실린 사진도 잘 받았습니다. 『아름답고 저주받은 사람들』은 아직 4만 부를 넘지 않았나요? … 마지막 단편을 보낸 뒤에는 새 장편소설을 시작할 수도, 혹은 못 할 수도 있겠습니다. 배경은 1885년 중서부와 뉴욕입니다. 지금까지보다는 덜 예쁜 여주인공이 나올 텐데 사건이 일어나는 시간은 짧습니다. 가톨릭 요소도 가미될 것이고요. 이 소설을 시작할 수 있을지 아직 모르겠습니다.[37] 다음 주에 편지로 자세히 말씀드리겠습니다.

피츠제럴드 드림

1922년 8월 2일

친애하는 피츠제럴드 선생

… 한 가지 여쭐 문제가 있습니다. 「칩사이드의 타르퀴니우스」를 빼는 건 어떨까요? 지금껏 안 읽다가 이제야 읽었는데, 많은 사람이 충격을 받을 것 같습니다. 소설 속 범죄 때문이 아니라 범죄를 저질렀다고 비난받는 사람의 정체[38] 때문입니다. 강간이라는 범죄는 폭력을 수반하는 데다 인사불성 상태에서 저지르는 경우가 태반이고 더욱이 흑인을 연상시키기 때문에 특히 혐오스럽습니다. 이야기의 예술적 완성도가 높다 하더라도 큰 차이는 없습니다. 제가 생각하기엔 그렇습니다. 또한 서술이 결말에 부합하지 않는 면도 있습니다. 철학적으로 시작하는 소설 속 시는 그런 상황 속에서 작가의 심리를 보여주는 것 같지도 않습니다. 여하튼 제 의견이 이렇습니다. 선생께서 고려해주신다면 말이지요.

퍼킨스 드림

미네소타 화이트 베어 레이크 요트 클럽
[1922년 8월 12일]

친애하는 퍼킨스 씨

일주일 동안 교정쇄에 매달려 있었더니 두 번 다시 단편 쓸 마음이 들지 않습니다. …

「칩사이드의 타르퀴니우스」에 대해. 프린스턴대학교의 〈나소 리터러리〉에 처음 발표된 그 단편은 〈더 데일리 프린스토니안〉에 서평을 쓴 캐서린 플러턴 제럴드가 '아름다운 글'이라고 찬사를 보낸 작품입니다. 대중적으로 호평을 들은 첫 작품이지요. 멩켄이 〈스마트 세트〉에 그 글을 실은 뒤에는 시인 조지 오닐과 조 아킨스에게서 찬사의 편지를 받았습니다. 이야기 구성이 거의 완벽하며 「해변의 해적」 다음으로 아끼는 작품입니다.

젤다와 저는 삭제하는 것을 반대하지만 편집자님이 원한다면 그리하겠습니다. 올해의 단편집에 실려 오브라이언Edward O'Brien[39]에게서 별점도 받았고, 지난 오 헨리상 수상작품집의 서문에는 블랑시 콜튼 윌리엄스가 이 작품을 언급하기도 했습니다. 편집자님 생각을 알려주십시오.

… 아직 명세서를 받지 못했습니다. 몹시 힘든 상황입니다. 1000달러 정도 남아 있는 것으로 생각됩니다. 이 편지를 받는 대로 1000달러를 입금해주실 수 있는지요. 그만큼이 남아 있지 않다면 부족한 금액을 『재즈 시대 이야기』 인세

에서 가불로 받을 수 있을까요? 희곡이 무대에 오르면 영원히 부자가 될 것이고, 이런 문제로 편집자님을 성가시게 하지 않아도 될 겁니다. …

피츠제럴드 드림

*

1922년 8월 15일

친애하는 피츠제럴드 선생

8월 1일자 인세 보고서를 동봉합니다. 어제 전보로 말씀드렸듯이 은행에 1000달러를 입금했습니다. …

「칩사이드의 타르퀴니우스」는 소설집에 넣기로 했습니다. 염려하는 대로 선생의 이름에 해를 끼치지 않는다면 독자들은 틀림없이 좋아할 것입니다. 제가 반대한 까닭은 어떤 의미에선 이야기와는 별개입니다. 셰익스피어가 점잖은 사람이 아니라는 것을 사람들이 잘 알면서도 그를 경배하기 때문에 드리는 말씀이었습니다.

퍼킨스 드림

앨라배마 몽고메리 플레전트가 6번지
[1923년 3월]

친애하는 퍼킨스 씨

책1923년 5월에 스크리브너스사가 출판한 피츠제럴드의 희곡 『야채The Vegetable』에 대해 새로운 의견이 있는지 궁금해 죽겠습니다. 휘트니 대로든 누구든 책을 읽은 사람이 있거든 알려주십시오. 일주일이나 혹은 열흘가량 이곳에 머물 예정입니다. 『낙원의 이편』 '처리' 작업영화 각색에 매달려 있습니다. 1000달러를 이미 받았고, 9000달러를 더 받을 것입니다. 영화가 개봉되면 더 받을 수 있어 우선 이 작업부터 해결해야 합니다.

가능하다면 매니저들에게 보낼 희곡 교정쇄 두 부가 필요합니다.

3막을 조금 수정했습니다. 시적 산문도 삽입할까 합니다. 이곳 날씨는 화창하건만, 저는 불행하고 우울하기만 합니다. 젊었을 때 소용돌이치던 감정이 하나의 감정으로 치달아 폭발하는 이곳에 있으려니 저 자신이 늙고 지치게 느껴집니다. 인쇄할 만한 가치가 있는 글을 또 쓸 수 있을지 자신이 없습니다.

피츠제럴드 드림

그레이트 네크
[1923년 11월 5일]

친애하는 맥스

모든 게 엉망으로 꼬였습니다. 편집자님도 아시겠지만, 지난 한 달간 낮에는 리허설피츠제럴드의 연극 〈야채〉을 보기 위해 도심 극장을 찾았다가 밤에는 숙소로 돌아와 마지막 장, 아니 1장과 2장까지 수정했습니다. 이윽고 연극이 제 꼴을 갖추었고 리허설을 본 모든 사람이 대성공을 거둘 거라고 한목소리로 말합니다. 3주 전에 장편을 내려놓고 단편을 한 편 써내려갔는데 스트레스를 너무 과하게 받아 내용이 형편없는지 허비가 사려고 하질 않습니다. 허비에게 보여줄 단편을 하나 더 쓰려고 시간을 쥐어짜다 보니 토요일에 열리는 하버드 프린스턴 대항전도 못 갈 형편입니다. 대항전은 월요일부터 일주일간 애틀랜틱시티에서 열립니다.

어제 아메리칸 플레이 컴퍼니에 가서 연극이 리허설 중이라는 사실을 근거로 내세우며 돈을 좀 미리 줄 수 있느냐고 물었습니다. 그러자 그쪽에서 끙 소리를 토하며 한숨을 내쉬더니 극장 정책에 위배한다고 잘라 말하더군요.

벼랑 끝에 내몰린 기분입니다. 이 영원불멸의 표현이 말하는 바 그대로입니다. 스크리브너스사에 빚진 돈이 『아름답고 저주받은 사람들』 중판 인세에서 제하고도 3500달러나 된다는 사실을 잘 압니다. 출판되기 전에도 그 이상의 금액을 빚지고 있었지만, 그것은 어디까지나 그 책이 출판사 수중에 있었기에 가능한 일이었습니다.

이렇게 할 수 있을까요. 출판사에 빚진 돈을 다 변제할 때까지 연극에서 나오는 첫 수익금을 출판사에 양도하는 게 가능할까요? 장편을 미루고 어떻게든 돈을 벌면 빚을 갚을 생각이었습니다. 그에 반해 적어도 이 방법은 담보를 제공하는 셈입니다.

이 끔찍한 구렁텅이에서 벗어나기 위해 우선 필요한 돈이 650달러입니다. 그러면 허비에게 다음 단편을 보여줄 15일까지는 어떻게든 버틸 수 있을 것입니다. 돈을 더 빌려달라고 부탁할 수 있는 유일한 근거는, 이자를 포함해 채무액을 다 갚을 때까지 연극 수익금을 출판사에 넘기겠다는 것입니다.

수요일 아침까지 은행 계좌에 650달러가 입금되지 않으면 가구를 저당 잡혀야 합니다. 수익금을 출판사에 양도한 채 일주일에 500달러에서 1100달러 사이로 갚아나가면 1월 15일에는 모두 변제할 수 있을 것입니다.

얼굴을 보고는 이 얘기를 도저히 못하겠습니다. 부디 이 구렁에서 벗어나게 해주십시오.

공포에 떠는 당신의 벗

개츠비가 마음속에서 떠나지 않았습니다

(사진) 맥스웰 퍼킨스(1910년경)

[롱아일랜드] 그레이트 네크
[1924년 4월 10일][1]

친애하는 맥스

오늘 오후 나눈 대화에 덧붙여 몇 말씀 더 드리고자 합니다. 6월에 장편을 끝낼 희망 어린 계획을 갖고 있지만, 이런 일이 어떻게 되는지 잘 아실 겁니다. 열 배나 더 오래 걸릴지라도 내가 할 수 있는 최선이 아니라는 생각이 들면 도저히 손을 놓을 수 없지요. 혹은 내가 할 수 있는 것보다 더 좋은 작품이 나왔다는 생각이 들 때에도 그런 일이 생깁니다. 지난여름에 쓴 소설은 전반적으로 나쁘지 않지만, 작업 흐름이 하도 끊기는 바람에 누더기나 다름없습니다. 새로운 각도에서 접근해 바라보니 버릴 것투성이였습니다. 한번은 1만 8000단어를 쳐냈습니다. (그중 일부를 다듬어서 〈머큐리〉에 단편으로 발표할 겁니다.1924년 6월에 발표한 「면죄Absolution」) 지난 넉 달을 보내고 나서야 깨달았습니다. 『아름답고 저주받은 사람들』 출간 이후 3년 동안 내가 얼마나—그러니까 **악화되었는지**. 물론 지난 넉 달 동안 글을 안 쓴 건 아닙니다. 하지만 그 전 2년, 아니 그 이상 동안 발표한 작품은 정확히 희곡 **한 편**, 단편 **여섯 편**, 에세이 서너 편이 전부입니다. 평균 잡아 하루에 **100단어** 정도 쓴 셈이지요. 이 기간 동안 책을 읽거나 여행을 가거나 했다면—최소한 건강이라도 챙겼다면—사정은 달랐을 겁니다. 하지만 이 시간을 헛되이 보냈습니다. 공부도 명상도 안 하고 오로지 술만 퍼마시면서 걸핏하면 난동을 부렸지요.『아름답고 저주받은 사람들』을 하루에 100단어씩 썼다면 **4년**은 족히 걸렸을 겁니다. 이 간극이 정신적으로 어떤 해악을 끼쳤는지 상상이 갈 겁니다.

글에 대해 좀 더 인내심을 갖고 기다려주시길, 그리고 마침내, 아니 지난 몇 년 만에 처음으로 최선을 다하고 있음을 믿어주시길 부탁드리는 바입니다. 수많은 악벽을 버리려고 노력 중입니다.

1. 게으름
2. 모든 걸 젤다 탓하기―최악의 습관. 소설이 끝날 때까지는 누구 탓도 해서는 안 된다
3. 단어 의식―자기 의심

기타 등등등등

지금은 힘이 솟는 게 느껴집니다. 어떤 의미에선 예전보다 기운이 더 충만한 것 같습니다. 하지만 너무 오랫동안 **떠들기만 하고** 스스로에게 충실하지 않았던 터라 자기 신뢰가 없으니 그 기운이라는 게 유령이 출몰하듯 발작적으로 찾아옵니다. 더욱이 스물일곱 살에 나만큼 자기 경험을 다 써버린 사람도 없을 겁니다. … 그리하여 새 소설은 순전히 상상력만으로 승부를 보고 있습니다. 단편에서 쓴 것 같은 쓰레기 상상력이 아니라 진실하면서도 찬란한 세상을 그려내는 한결같은 상상력 말입니다. 그런 까닭에 천천히, 조심스

레 한 걸음씩 내딛고 있으며 동시에 상당한 심적 고통을 느낍니다. 이번 작품은 의도적으로 예술성을 꾀할 것이며, 또한 앞선 책들과 달리 예술적 요소에 의존해야 할 것입니다.

혹여 한가로이 쉴 권리가 다시 생긴다면 지나간 시간처럼 낭비하는 일은 결단코 없을 것입니다. 최선을 다하고 있다는 말을 부디 믿어주십시오.

스콧

*

1924년 4월 16일

친애하는 스콧

길게 쓰고 싶어 답장 쓰기를 미뤘습니다. 편지를 받고 기뻤습니다. 하지만 온갖 일에 치여 긴 편지를 쓸 시간이 나지 않았습니다. 긴 편지는 지금도 못 쓸 것 같습니다. 다만 한두 가지 문제에 대해선 답장하기를 더 이상 미룰 수 없었습니다.

예컨대 선생이 해야 하는 일이 어떤 것인지 이해가 갑니다. 경험이 고갈되는 것 같은 피상적인 문제는 사실 하등 중요하지 않습니다. 선생 자신이 원하는 대로—달리 말해 상황의 요구에 맞춰—일생의 걸작을 집필하고 있다는 이 중요한 사실에 비춰보면 더욱 그렇습니다. 우리가 보기에 선생은 스스로의 보폭에 맞춰 앞으로 나아가고 있습니다. 계획대로 책을 끝낸다면 시간이 오래 걸린다 해도 큰일을 해내는 겁니다.

미래에 대해 나는—특히 선생의 편지를 받고—낙관과 자신감으로 충만합니다.

다만 한 가지. 아직 확정할 필요는 없지만 괜찮은 제목이 있으면 곧 사용할 수 있도록 표지 등을 준비해 놓는 것도 한 방법입니다. 그러면 올가을 책을 낼 수 있다고 판단될 때 몇 주를 벌 수 있습니다. 여러모로 유용할 것입니다. 해될 것은 없지요. 다른 제목으로 바꾸어 책을 낸다 해도 손해 볼 것은 없습니다. '위대한 개츠비'가 제목으로 암시적이고 효과적일 거라고 늘 생각했습니다. 물론 책 내용에 대해 아는 바가 많지 않지만 말입니다. 여하튼 선생이 집필에만 전념하는 것이 우리의 가장 큰 바람입니다. 나머지 문제를 지금 그대로 둘 수 있다면 더 이상 바랄 게 없겠습니다. 그 외 다른 일은 모두 부수적일 뿐 책이 가장 중요합니다.

맥스

1924년 6월 5일

친애하는 스콧

… 밀턴과 바이런에 푹 빠져 있다니 기쁩니다. 트리벨리언 George Trevelyar은 두 작가에 대한 매우 흥미로운 책을 썼습니다. 아마 선생도 읽어보았을 겁니다. 난 대학에서 그 책을 처음 접했습니다. 셸리의 심장이 타지 않은 것[2]은 어떤 신체적 특이점 때문이었고, 트리벨리언이 셸리에게 남자는 모름지기 수영을 할 줄 알아야 한다고 했을 때, 연못 바닥으로 가라앉은 것은 다름 아닌 셸리의 자신감이었다고 트리벨리언은 말했습니다. 보통 사람이라면 깊이 1미터도 안 되는 물에서 가라앉지는 않을 테니까요. 제임스 호그James Hogg의 책 중에도 셸리에 관한 재미있는 책이 있습니다. 아, 나는 셸리의 열렬한 팬이었고, 한 번도 거기에서 벗어난 적이 없습니다. 지금은 많은 사람이 셸리를 대수롭지 않게 여기지만 말입니다.

〈머큐리〉에 실린 선생의 단편을 읽었습니다. 기존 작품과 다른 것이 아주 좋았습니다. 좀 더 안정적이고 완전한 장악력을 보여준다그 할까요. 대단한 원숙함이 묻어난다고 하는 게 더 맞는 표현이겠군요. 여하튼 그 작품은 선생의 잠재력에 대한 선명한 청사진을 제시했습니다. 소품문 「3만 6000달러로 사는 법」[3] 이외에는 잡지에서 선생의 단편을 읽은 게 없기 때문일 수도 있겠습니다. 놀라운 힘과 저력을 보여주는 작품입니다. 인상 깊게 읽었습니다.

『전쟁과 평화』를 받았는지요? 읽어야 한다는 의무감을 느낄 필요는 없습니다. 자신의 의사를 따르는 게 더 중요하고 시간은 소중하기 때문입니다. 지금 그 책 이야기를 꺼내는 까닭은, 사환들이 호언장담했음에도 책이 증기선[4]에 실리지 않아 우편으로 부쳤기 때문입니다.

링 라드너Ring Lardner의 집으로 간 것은—말하기 민망합니다. 라드너와 진지한 이야기를 나눌 셈이었으나, 늦게 도착한 데다 이미 술상이 차려져 있더군요. 그날 밤 일 얘기는 전혀 못했습니다. 재미있는 친구입니다. 책[5]이 나왔습니다. 곧 한 부 보내겠습니다. 호평 일색이고, 일단 서평가들 눈에는 제목이 딱 들어맞는 모양입니다. 멩켄 같은 서평가들의 의견을 들어본 다음 기사를 잔뜩 오려 보내겠습니다. 지금까지는 판매 성적이 좋지 않지만, 일련의 광고 작업이 조만간 성과를 내리라 믿습니다. …

맥스

프랑스 생라파엘 발레스퀴르 빌라 마리
1924년 6월 18일

친애하는 맥스

따듯한 장문의 편지를 보내줘서 고맙습니다. 링의 단편집이 호평을 받는다니 기쁩니다. 하지만 그가 다시 술을 마시고, 또 판매 성적도 좋지 않다니 마음이 아픕니다. 출간 즉시 1만 5000부에서 2만 부 정도 나가리라 예상했는데.

셸리는 한때 내게 신이었습니다. 욕심 끊은 이기주의자 브라우닝에 비교하면 얼마나 훌륭한 사람입니까! … 도대체 누가 셸리를 **대수롭지 않게** 여긴단 말입니까?

우리는 이곳에 평화롭게 정착했고, 소설도 잘 진행되고 있습니다. 한 달 후에는 완성될 겁니다. 『낙원』 정도의 분량이 되려면 1만 6000단어를 더 고민해야 해서 장담할 수는 없습니다. 하긴 그때가 돼도 알 수 없기는 마찬가지이지만.

「면죄」가 마음에 들었다니 다행입니다. 알다시피 이번 장편의 프롤로그였다가 전체 이야기 구성에 어울리지 않아 뺐던 부분입니다. 이미 가톨릭 신자 두 명에게서 항의 편지를 받았습니다. 〈허스트〉에 실린 「베이비 파티」와 〈우먼스 홈 컴패니언〉에 발표한 에세이 「당신의 아이를 가질 때까지 기다려라」를 꼭 읽어보십시오.

… 『전쟁과 평화』가 도착했습니다. 고맙고 또 고맙습니다. 책에 적힌 글도 고맙습니다. 서평 기사도 잊지 마십시오.

9월에 세금을 줄여야 합니다.

스콧

추신 스트러더스 버트[6]가 이곳에 오면 그의 주소를 알려 주십시오.

프랑스 생라파엘 발레스퀴르 빌라 마리
[1924년 7월 10일]

친애하는 맥스

링은 죽었나요? 세 권이나 편지를 보냈는데 구소식입니다. 가을에 나올 그의 책은 어떻게 되었나요? … 링의 단편집은 **훌륭합니다.**「알리바이 아이크」「그들처럼 차가운」「나의 루니」는「금빛 밀월」에 버금가는 수작입니다. 멩켄의 서평도 좋았고요. 다른 서평도 보내주십시오. 책은 좀 팔리고 있나요?

… 원고가 편집자님 책상에 놓일 때까지 소설에 대해서는 함구하겠습니다. 모든 게 잘돼갑니다. 내 책이 한 권도 안 팔렸어도 회계 직원이 3월 명세서를 보내주면 좋을 텐데요. 거트루드 스타인의 소설[7]은 어떤가요? 어젯밤 『전쟁과 평화』를 시작했습니다. 그러니 근사한 장문의 편지를 보내주십시오.

스콧

1924년 8월 8일

친애하는 스콧

어제 오후 그레이트 네크에서 마치 꿈에서 깬 듯한 기이한 경험을 했습니다. 만남이 거듭될수록 선생의 호감을 사는 링 라드너 때문이 아니라, 그가 점심때 데리고 간 두란트의 식당 때문이었습니다. 1년 전 그날 밤에 호수로 이어지는 가파른 비탈을 달려 내려갔다고 생각했는데, 어제 가보니 가파른 비탈도 호수도 없었습니다. 링과 나는 앞쪽 발코니에 앉았습니다. 땀이 뚝뚝 떨어질 정도로 더웠고 두란트는 백합이 핀 야트막한 연못가로 경찰견을 데리고 내려갔습니다. 개는 연못을 찰박거리며 건너갔습니다. 요 몇 달 동안 내가 호수로 부른 곳을 말입니다. 하지만 우리 같은 사람들이 물가로 내려가는 걸 막기 위해 울타리를 세워 놓았더군요.

링이 9월에 예르에서 선생을 만난다고 얘기하더군요. 링은 안색이 별로 좋지 않은 게 계속 기침을 했습니다. 거의 먹지도 않고 줄곧 담배만 피워댔습니다. 그러곤 하이볼을 주문했습니다. 나는 안 마시겠다고 했는데도 링이 자신은 마시겠다고 고집하기에 나도 나중에는 한 잔 주문했습니다. 참아봤자 소용없다는 걸 나도 아니까요. 꽤 여러 잔을 마셨습니다. 그러더니 링은 외국 여행을 잘 다녀오려면 일을 좀 해야 한다면서 내일부터 술과 담배를 끊겠다고 말했습니다.

연재만화는 끊지 않겠지요.[8] 만화가라는 작자는 머릿속에 아무 생각도 없고 링어 게 빌어먹기만 합니다. 심지어 그 관계에 힘입어 집까지 짓는답니다. 링의 통신사 기고문을 훑어보았는데 아주 좋습니다. 링이 〈리버티〉와 〈허스크〉에도 발표한 글이 있다고 알려주더군요. 이 글들을 모아 책을 내는 게 어떻겠느냐고 제안했습니다. 내가 선별하면 라드너가 승인하는 식으로, 혹은 반대로 할 수도 있겠지요. 라드너는 이 제안에 긍정적으로 반응했습니다. 그러나 이것은 어디까지나 1925년의 일. 일단 가을에 낼 책부터 진행하고 8월 중순에는 광고 계획을 세워야겠습니다. 돌아오는 일요일에 〈타임스〉에 멋진 광고가 날 겁니다. 보내드리겠습니다.

또한 도란과 밥스메튤 출판사 책[9] 판권을 인수해야겠다고도 말했습니다. 가능하면 솔직하고 솜씨 좋은 편지를 보내서 말입니다. 그런 다음 서문을 쓰고 출판 목록에 올려서는 다섯 권짜리 전집을 동시에 출간하는 겁니다. 선생이 처음 제안했듯이 잡지 구독과 묶음으로 판매하는 것도 좋겠습니다. 링의 반응도 나쁘지 않았습니다.

잠시 뒤 내가 말했습니다. "링, 혹시 돈 문제라면 소설을 위해서라도 우리가 기꺼이 돕겠습니다. 5000달러 정도는 흔쾌히 드릴 수 있습니다." 당연히 그는 돈 문제가 아니라고 했습니다. 어쨌거나 출판사가 그를 지원한다는 사실을 알리고 싶었습니다.

피츠제럴드 부부가 없어도 그레이트 네크는 그레이트 네크다웠습니다. 링은 새로 이사 온 이웃이 있는데 약장사로 돈을 버는 친구라고 하더군요. 마약 말고 진짜 약 말입니다. 이 양반이 링이 퍽 마음에 들었나 봅니다. 하루는 아침 일찍 한 사내와 젊은 여자를 데리고 찾아왔더래요. 링은 옷도 제대로 갈아입지 않은 채였고요. 링은 면도도 안 하고 서둘러 내려갔답니다. 링은 **젊은 여자만** 소개받은 다음, 꼴이 이래서 미안하다고, 면도를 하면 기다리게 할 것 같아 그냥 내려왔다고 말했습니다.

그때 이 약장사 친구가 다른 사내에게 눈짓으로 신호를 보냈고, 그 사내가 차로 가더니 검은 가방에서 면도기며 가죽숫돌 따위를 챙겨와 남들 다 보는 데서 링의 수염을 깎아주더랍니다. **사내는** 약장사 친구의 개인 이발사고, 여자는 개인 손톱 관리사였습니다. 혼자 있을 때에는 말동무도 되어준다고 합니다. 링은 실제 있었던 일이라고 맹세했습니다! …

선생에 대한 대중의 의견은 어느 때보다 좋습니다. 어디서나 선생의 단편 이야기를 하는 사람들을 만납니다. 장편소설이 곧 나온다면 시의적절할 겁니다. 허비가 〈허스트〉를 떠난다는데 연재에 어떤 변화가 생길까요? 아무래도 선생이 연재를 해야 할 것 같습니다.

젤다에게 안부 전해주십시오.

맥스

프랑스 생라파엘 발레스퀴르 빌라 마리
[1924년 8월 25일]

친애하는 맥스

1. 소설은 다음 주에 끝납니다. 그렇다고 원고가 10월 1일 전 미국에 도착한다는 뜻은 아닙니다. 젤다와 몇 주 완벽한 휴식을 취한 뒤 조심스레 수정 작업에 들어갈 예정입니다.

2. 신문 기사는 절대, 도착하지 않았습니다.

3. 셀데스Gilbert Seldes, 언론인이자 평론가가 여기 함께 있었는데 '고양이를 위해'라는 제목이 링의 책에 잘 어울린다고 합니다. 또한 내게 그의 신간에 대한 멋진 생각이 떠올랐는데 링이 9월에 이곳으로 오면 함께 이야기할 생각입니다.

4. 링의 단편집은 얼마나 팔렸나요?

5. 회계 직원이 8월 1일자 인세 보고서를 보내지 않았습니다.

6. 내게 주려고 했던 그 표지를 절대, 그 누구에게도 주지 마십시오. 그 표지 내용을 책에 썼습니다.[10]

7. 이번 소설은 미국 최고의 소설이 될 것입니다. 지명이 다소 거칠고 5만 단어밖에 되지 않지만, 문제가 되지 않기를 바랍니다.

8. 쾌적한 여름날입니다. 개인적으론 불행하지만 작품은 그 영향을 별로 받지 않았습니다. 이제 철이 들었나 봅니다.

9. 어떤 책이 회자되고 있나요. 베스트셀러를 말하는 게 아닙니다. 〈포스트〉에 실린 허거스하이머의 소설 『발리샌드Bal-

isand』은 정말이지 끔찍합니다.

10. 〈트랜스애틀랜틱 리뷰〉에 연재되는 거트루드 스타인의 소설을 읽어보십시오.

11. 레이몽 라디게Raymond Radiguet의 걸작이(열여섯 살에 『육체의 악마Le Diable au Corps』를—번역 불가—쓴 젊은 작가입니다) 이곳에서 대성공을 거두고 있습니다. 이 작품을 썼을 때가 열여덟 살입니다. 『도르젤 백작의 무도회Le bal du Comte d'Orgel』라는 소설인데, 아직 절반밖에 읽지 않았지만 내가 편집자님이라면 작품 소식에 귀를 기울일 겁니다. 프랑스적이라기보다는 인류 보편적인 내용이라 번역만 잘하면 미국에서도 엄청난 성공을 거둘 것 같다는 직감이 듭니다. 모든 사람이 파리를 갈망하니까요. 한번 살펴보십시오. 그리고 최소한 한 가지 의견만이라도 들어보십시오. 서문은 다다이스트 장 콕토Jean Cocteau가 썼지만, 책은 전혀 다다이즘적이지 않습니다.

12. 링의 다른 책들을 입수하셨나요?

13. 늦어도 10월 1일에는 이곳을 떠날 것 같으니 9월 15일 이후부터는 우편물을 보증위탁회사 파리지국 앞으로 보내주십시오.

14. 시간이 나면 서점에 들러 해블럭 엘리스Havelock Ellis의 『삶의 춤Dance of Life』을 부쳐달라고 말씀해주십시오. 책값은 내 이름 앞으로 달아놓으면 됩니다.

15. 스트러더스 버트에게 저녁을 함께 먹자고 했는데 아기가 아프다고 합니다.

16. **모든** 질문에 **빠짐없이**, 답해주십시오.

미치도록 보고 싶습니다.

*

1924년 9월 10일

친애하는 스콧

… 선생의 질문에 대해. 링 라드너의 신문 기사는 분명히 얼마 전에 도착했을 겁니다.

셀데스의 책[11]을 꽤 읽었는데 재미도 있고 예리한 면도 상당하더군요. 링 라드너 부분을 읽으려고 그 책을 더 구했는데, 그 부분을 스크리브너 씨에게 보여주기도 했습니다.

『단편소설 작법』은 1만 2000부가량 판매되었습니다. 인쇄 부수는 1만 5000부입니다.

표지가 선생 이외에 다른 사람에게 전달될 가능성은 전혀 없습니다. 원고가 어서 도착했으면 좋겠습니다. 미국 최고의 소설이 될 거라는 데 이견이 없습니다. 〈머큐리〉에 실린 단편을 인상 깊게 읽은 사람들이 많습니다. 필라델피아의 전도유망한 젊은 작가를 만나러 갔는데 내가 먼저 말을 꺼낸 것도 아니건만 선생 단편에 대해 이야기를 하더군요. 선생을 늘 선도자로 여겼다고, 이따금 당혹스러울 때도 있지만, 이번 단편에서는 어떤 갱생과 진보의 느낌을 받았다고 합니다.

회자되는 작품에 대해. 〈아메리칸 머큐리〉는 누구나 다 읽는지 광범위한 담론을 이끌어냅니다. 에드나 퍼버Edna Ferver의 소설 『그토록 큰So Big』은 가장 인기 있는 책이고, 최고의 소설 가운데 하나입니다. 무슨 이유에서인지 목가풍의 세련된 작가 반 베크턴Van Vechten의 값싼 소설 『문신을 새긴 공작부인The Tattooed Countess』이 큰 인기를 끕니다. 영리하지만 저급하고 얄팍한 책입니다. 보수적 성향의 진지한 독자들은 E. M. 포스터의 『인도로 가는 길』 이야기를 많이 하지만, 나는 3분의 1만 읽고 말았습니다 『매력적인 사람들These Charming People』마이클 알런의 소설은 선생이 이곳에서 보고 싶어 할 사람들 사이에서 인기가 높습니다. 또 다른 소설 『초록 모자The Green Hat』는 이 작가를 별로 좋아하지 않던 사람들까지 사로잡는 모양입니다.

레이몽 라디게의 책을 구해서 지금 읽고 있습니다. 『삶의 춤』을 부치긴 하겠지만, 개인적으론 매우 실망스러운 책이었습니다. 무엇을 밝히겠다는 초반 선언으로 기대만 잔뜩 높여놓고는 정작 본문에서는 그 기대를 전혀 충족시키지 못했기 때문입니다. 개별적으로 하나씩 읽으면 모두 그럴싸한 이야기지만, 전치로 보면 구성이 무너져 내립니다. 그 책을 읽으며 나 역시 무너져 내렸습니다. 거트루드 스타인 소설의 한 장이 게재된 〈트랜스애틀랜틱 리뷰〉 한 호밖에 구하지 못했습니다. 스크리브너 씨가[12]

프랑스 생라파엘 발레스퀴르 빌라 마리
[1924년 10월 10일]

친애하는 맥스

예상보다 인세가 많았습니다. 이 편지의 목적은 어니스트 헤밍웨이라는 젊은 작가를 소개하기 위함입니다. 파리에 살면서(미국인입니다) 〈트랜스애틀랜틱 리뷰〉에 글을 발표하기도 하는 미래가 아주 밝은 친구입니다. 에즈라 파운드가 에고티스트 프레스 같은 파리 출판사에서 그 친구의 단편집을 출판했습니다.[13] 지금 가지고 있지는 않지만, 보십시오, 정말 놀라운 책입니다. 곧 그를 찾아볼 생각입니다. 진짜 물건입니다.

장문의 편지와 함께 원고가 닷새 이내로 갈 겁니다. 링은 일주일 후에 도착합니다. 요새 개처럼 일하는 터라 편지를 갈겨쓸 수밖에 없습니다. 스톨링스Laurence Stallings의 책『플룸가 사람들Plumes』이 실망스럽게도 형편없었습니다. 멋지게 울기란 천재나 할 수 있는 일인가 봅니다. 스트러더스 버트를 보려고 했지만 바쁜 듯합니다. 나중으로 미뤄야겠습니다.

1924년 10월 18일

친애하는 스콧

감질나서 견딜 수가 없습니다. 편지를 읽을 때마다 다음 주에는 원고가 오겠거니, 그때가 되면 원고를 읽을 수 있겠거니 하고 기대하게 됩니다. 그렇다고 서두르지는 마십시오. 하지만 이왕이면 방해받지 않고 읽을 수 있게 원고가 주말께 도착했으면 좋겠습니다. …

어니스트 헤밍웨이가 외국에 있지만 그의 작품을 곧 구해볼 생각입니다. 추천의 말씀 고맙습니다. 거트루드 스타인의 책을 읽고 있습니다. 매력적입니다. 하지만 **문학**에 관심이 없는 사람이, 혹은 있다 하더라도 조금밖에 없는 사람이 그녀의 방법을 인내할 수 있을지 의구심이 듭니다. 그 방법이 아무리 효과적이라 할지라도 말입니다. 그 독특함이 『세 가지 삶Three Lives』보다 더욱 두드러집니다. 『플룸가 사람들』에 대해서는, 초기 플룸가 사람들이 나오는 몇 페이지는 재미있게 읽었습니다. 빠른 전개와 인물 묘사가 인상적이었지요. 하지만 뒷부분은 더 이상 읽을 수가 없었습니다. 스톨링스의 연극 〈영광의 대가What Price Glory〉는 모든 이가 훌륭하다고 합니다. 꼭 한번 봐야겠습니다.

라드너 부부와 함께 계시겠군요. 링의 책을 도두 입수했다고, 미국으로 돌아오건 전집 구성 문제를 의논하자고 링에게 편지를 썼습니다. 링이 선생과도 이야기를 해보면 좋겠습니다. 여러 매체에 계속 내고 있는 광고 여러 편을 동봉합니다. …

뉴캐넌에 집을 샀다는 얘기를 얼마 전에 했을 겁니다. 그리스 신전 같은 외관에 넓디넓은 코네티컷 농장의 면모를 갖춘 집입니다. 배관공과 목수, 도장공, 지붕 수리공의 대규모 공습을 받으며 조금씩 회복 중입니다. 과연 회복을 할 수 있을까 의심하기도 했습니다. 항상 플레인필드를 떠나고 싶었습니다. 습하고 우중충한, 그 지긋지긋한 싸구려 아파트를. 거기에 비하면 **이곳**은 거의 모든 면에서 좋습니다. 더 나쁜 점은 하나도 없습니다. 엘리너 와일리Eleanor Wylie. 시인이자 소설가가 이곳에 삽니다. 남자 셋을 저세상으로 보낸 여자의 얼굴은 아직 못 봤습니다. 그 여자를 본 누군가는 두 남편에 대해서는 이해를 하겠는데, 셋째 남편이 자살한 이유는 도저히 모르겠다고 하더군요. 루이즈 퍼킨스의 부인 루이즈 손더스는 그녀가 매력적이라고 합니다. 흥미로운 면이 분명 있을 겁니다. …

스크리브너 씨가 볼 때마다 선생 안부를 묻습니다. 우리 모두 선생의 전화를 기다리고 있습니다. 진심입니다.

좋은 책 한 권을 보냅니다. 시드니 하워드의 첫 책[14]입니다.

맥스

프랑스 생라파엘 발레스퀴르 빌라 마리
1924년 10월 27일

친애하는 맥스

별봉하여 세 번째 소설을 보냅니다.

『위대한 개츠비』

(온전히 내 것이라 부를 수 있는 작품을 마침내 해낸 기분이지만) '내 것'이라 하는 것이 얼마나 좋은지는 두고 볼 일입니다.

아래의 내용대로 계약을 했으면 합니다.

5만 부 이하는 15퍼센트
5만 부 이상은 20퍼센트

5만 단어가 살짝 넘는 분량이지만, 내가 보기엔 휘트니 대로가 책값에 대한 심리 분석을(하층민들이 영화를 보러 가는 지금, 책 구매 계층에 대한 분석도) 잘못한 것 같습니다. 책값으로는 2달러를 책정하고 **표준 판형**으로 갔으면 합니다.

물론 장정은 지금까지의 책과 통일을 이루었으면 좋겠고―각인도 마찬가지로―표지는 앞서 상의를 했습니다. 이번 책은 표지에 서명이 들어간 광고문을 넣지 않았으면 좋겠습니다. 멩켄도 루이스도 하워드도 그 누구의 것도 넣지 않은 채로요. 『낙원의 이편』의 저자라면 이제 지긋지긋합니다. 새롭게 시작하고 싶습니다.

연재에 대해. 〈허스트〉에 소설을 보여줘야 한다는 계약에 묶여 있지만, 터무니없이 높은 원고료를 부를 생각입니다. 롱Ray Long. 〈허스트 인터내셔널〉 편집장은 나를 싫어하는 데다 연재하기에 적당한 책도 아닙니다. 그런데도 연재를 하겠다고 하면—그럴 일은 없겠지만—출판을 가을로 미뤄야겠습니다. 그렇지 않으면 봄에 책을 낼 수 있을 겁니다. 〈허스트〉가 연재를 거절하면, 4월 15일 전까지 10주 동안 주 1회 연재 조건으로 〈리버티〉에 1만 5000달러를 제안할까 합니다. 그쪽도 반응이 신통치 않으면 아예 연재하지 않을 겁니다. **롱이 연재하지 않을 것으로 확신합니다.**

또 다른 제목 후보는 '황금 모자를 쓴 개츠비'입니다. 원고를 읽고 제목이 어떤지 말씀해주십시오. 편집자님의 의견을 들을 때까지는 한숨도 못 잘 겁니다. **이 책의 첫인상**이 어떤지 진실만을 말씀해주십시오. 눈에 거슬리는 것까지 하나도 빠짐없이.

스콧

프랑스 생라파엘 콘티넨탈 호텔
[1924년 11월 7일]

친애하는 맥스

지금쯤이면 원고를 받았겠군요. 책 중간쯤 흡족하지 않은 부분이 있습니다. 6장과 7장. 교정쇄에 아예 새롭게 쓸 수도 있을 것 같습니다. 전보를 받아보셨기를.[15]

원고에 써놓은 제목으로 마음을 굳혔습니다. '웨스트 에그의 트리말키오.'

그 이외에 적당해 보이는 제목은 '트리말키오'나 '웨스트 에그로 가는 길'이 전부입니다. '황금 도자를 쓴 개츠비'와 '높이 뛰어오르는 연인'도 생각했지만 너무 가벼워 보입니다.

스콧

뉴캐넌으로 이사했다니 궁금합니다. 멋질 것 같습니다. 이따금 한시라도 빨리 집에 가고 싶어질 때가 있습니다.

그런데 거트루드 스타인에 대한 말씀은 당혹스럽습니다. 대중을 교화해 독창적인 작품으로 이끄는 것이 평론가와 출판인의 일이 아닌가요. 과감히 콘래드의 작품을 지지한 최초의 사람들은 상업적 모험심으로 그랬던 것이 아닙니다. 혁신적인 작품이 대중에게 널리 받아들여지는 진화의 과정이 20년 전에 멈췄나요? …

1924년 11월 14일

친애하는 스콧

경이로운 작품입니다. 집으로 가져가 한 번 더 읽은 다음 인상을 온전히 써서 보내겠습니다. 하지만 지금으로도 놀랍도록 생동감과 **화려함**이 넘치고, 그러면서도 한편으론 예사롭지 않은 속뜻이 담겨 있습니다. 『낙원』에서 보였던, 그러나 그 이후 작품에선 쉽게 찾아보지 못한 어떤 신비로운 분위기도 이따금씩 감지됩니다. 오늘날 삶의 극심한 부조화를 멋지게 조합해 하나의 작품으로 빚어냈습니다. 문장만 봐도 놀라움 그 자체입니다.

자, 이제 제목 문제로 돌아와서—많은 출판사 직원이 제목에 부정적입니다. 사실 나 말고 좋아하는 사람이 없습니다. 내가 보기엔 단어들의 낯선 부조화가 책의 느낌과 부합하는 것 같습니다만, 어쨌건 반대자들이 나보다 더 실용적인 사람들임에는 틀림없습니다. 제목을 변경하는 문제를 최대한 빨리 생각해주십시오.

제목을 바꾸지 않는다면 표지에서 그 문구는 빼야 할 것입니다. 그 문구가 있음으로써 너무 많은 것이 희생되니까요. 표지가 언제나 훌륭하긴 했지만, 특히 이번 표지는 이 작품을 위한 걸작으로 보입니다. 제목만 따로 떼어놓고 볼 때 제목이 가지는 가치를 생각해보십시오. 그리고 혹시 마음이 바뀌거든 최대한 빨리 전보로 알려주십시오.

축하를 보내며

맥스

*

1924년 11월 20일

친애하는 스콧

선생은 이 책을 자랑스러워 할 모든 이유를 갖고 있습니다. 이 놀라운 책은 세상의 모든 생각과 감정을 함축하고 있습니다. 속뜻을 전달하기 위한 방법, 곧 화자를 배우가 아닌 관중으로 설정한 방법은 적중했습니다. 이로써 독자는 등장인물들보다 높은 곳에 서서 멀리 조망하는 관찰자의 입장을 견지하게 되지요. 선생의 반어를 그토록 효과적으로 전달할 다른 방법은 없을 것이고, 독자 또한 이 거대하고 무자비한 우주에서 인간 환경의 낯섦을 그토록 강하게 느낄 수는 없을 것입니다. 에클버그 의사의 두 눈에서 독자들은 제각기 다른 중요성을 보게 됩니다. 하지만 두 눈의 존재는 책 전체에 매우 큰 영향을 미칩니다. 표정 없이 깜빡이지 않고 인간 세상을 내려다보는 커다란 두 눈. 정말 멋집니다!

책의 다양한 요소와 의미를 음미하며 끝없이 칭찬할 수

있지만, 지금은 비평이 보다 중요한 시간입니다. 나 역시 6장과 7장에서 긴장도가 떨어지는 것을 느꼈지만, 어떻게 수정해야 할지는 모르겠습니다. 선생이 곧 해결 방법을 찾으리라 믿습니다. 다만 앞뒤와 속도를 맞출 필요는 있어 보입니다.

실질적인 비평은 두 부분에 관한 것입니다.

하나는, 생생하고 살아 숨 쉬는 수많은 인물 속에서—거리에서 톰 뷰캐넌을 만나면 피하고 싶을 겁니다—개츠비가 다소 모호한 느낌이 든다는 것입니다. 개츠비의 윤곽이 희미하니 독자의 눈이 그에게 집중될 수 없습니다. 개츠비를 둘러싼 모든 것이 미스터리, 곧 모호한 것이고 이런 설정에 예술적 의도가 있다고 말할 수 있지만, 그건 좀 무리일 것 같습니다. **개츠비** 역시 다른 인물들처럼 육체적 묘사가 좀 더 선명할 수 없을까요? '형씨' 같은 표현처럼 한두 가지의 특징을—언어적 특징 말고 육체적 특징을—덧붙이는 건 어떨까요? 비록 화자의 입을 빌려 개츠비가 화자보다 나이가 조금 더 많다는 게 드러나지만, 이런저런 이유로 독자들은—스크리브너 씨나 루이즈도 여기에 해당합니다—개츠비가 실제보다 더 늙었다는 인상을 받습니다. 이를테면 첫 등장에 개츠비를 데이지나 톰처럼 생생하게 묘사한다면 이런 오해는 피할 수 있을 것입니다. 그렇게 한다 해도 선생의 계획에 차질이 생길 거라고는 보지 않습니다.

다른 하나 역시 개츠비에 관한 것입니다. 그의 과거는 신비의 영역으로 남아야 마땅합니다. 그런데 끝에 가서 선생은 그가 울프샤임과의 관계를 통해 부를 얻었다는 사실을 분명히 밝힙니다. 이 사실을 훨씬 앞서 암시하기도 하지요. 그러면 거의 모든 독자가 개츠비가 큰 부를 갖게 된 것에 어리둥절해하면서 설명을 요구하게 됩니다. 명확한 설명을 제시하는 건 안 될 일입니다. 문득 개츠비가 수상한 일에 연관되어 있다는 걸 암시하는 문장이나 사건 같은 다양한 종류의 미세한 흔적을 여기저기에 배치하는 건 어떨까 하는 생각이 떠올랐습니다. 개츠비를 찾는 전화가 왔다고 합시다. 그런데 정치든 도박이든 스포츠든 그쪽 세계에서 중요해 보이는 사람들과 무언가 수상한 얘기를 나누느라 파티에서 두어 번 개츠비의 모습이 보이지 않는 겁니다. 지금 횡설수설한다는 걸 알지만, 그러다 보면 오히려 내 의도를 이해할 수 있으리라 봅니다. 책 속에서 그렇게 긴 이야기가 펼쳐지는 동안 설명이 **전혀** 나오지 않는다는 것은 결점으로 보입니다. 다시 말해 설명이 아니라 설명의 암시가 없다는 것이지요. 선생과 얼굴을 맞대고 얘기하면 곧바로 내 의도를 이해시킬 수 있을 텐데요. 설령 가능하다 하더라도 개츠비의 과거는 결코 명확하게 밝혀져서는 안 됩니다. 그가 누군가의 손에 놀아난 순진한 꼭두각시였는지, 혹은 얼마만큼 그랬는지는 설명해서는 안 됩니다. 하지만 어떤 일에 관여했는지가 슬쩍 암시될 수 있다면 그 부분에 개연성이 훨씬 높아질 겁니다.

한 가지 더 있습니다. 개츠비가 화자에게 들려주는 식으로 자신의 과거를 의도적으로 드러내는데, 그 부분에서 서술의 방식이 살짝 어긋납니다. 그곳을 빼면 거의 모든 부분이 서술의 흐름에 맞춰—연속적인 사건 속에서, 혹은 사건을 동반한 채로—자연스럽고 아름답게 그려집니다. 그렇다고 개츠비의 과거를 통으로 없앨 수는 없는 노릇입니다. '옥스포드를 다녔다'는 것과 같은 주장의 신빙성을 뒷받침하는 근거나 군대 시절 이야기가 서술 중에 조금씩 묻어나올 줄 알았습니다. 교정쇄를 보내기 전 약간의 시간이 있으니 한번 고려해보길 바라는 마음으로 말씀드립니다.

책의 수준이 전반적으로 워낙 뛰어나다 보니 이런 비평을 가하는 게 부끄럽게 느껴질 정도입니다. 문장 속에 숨겨진 다양한 함의가, 단락에서 느껴지는 크고 강렬한 느낌이 정말 놀랍습니다. 장면마다 생명력으로 퍼덕이는 표현들이 넘쳐납니다. 빠르게 달리는 철도 여행을 즐긴 적이 있다면, 선생의 살아 있는 단어가 보여주는 그 숱한 생생한 그림을 열차 창문 옆으로 스쳐 지나가는 삶의 정경에 비견하고 싶습니다. 실제보다 더 짧은 책을 읽는 느낌이 들면서도 한편으론 그보다 세 배는 더 긴 책에 나올 법한 일련의 경험을 하게 됩니다.

톰과 그의 집, 데이지와 조던의 묘사 그리고 그들 캐릭터의 전개 양상은 내가 아는 한 필적할 것이 없습니다. 아름다운 전원 풍경 옆 잿더미 계곡의 묘사, 머틀의 아파트에서 이루어지는 대화와 사건, 개츠비의 집을 찾아오는 방문객들의 놀라운 목록—한 사람을 유명하게 만들어주는 것들입니다. 이 모든 것에, 이 모든 슬픈 사건에 선생은 시공 속에 머물 자리를 내어주었습니다. 에클버그 의사의 도움을 받아, 그리고 때때로 하늘과 바다와 도시에 시선을 둠으로써 어떤 영원성을 책에 부여했으니까요. 예전에 선생이 **타고난** 작가가 아니라고 내게 말한 적이 있지요. 오, 맙소사! 선생은 소설 작법을 완전히 터득한 사람입니다. 그것을 위해선 솜씨 그 이상이 필요한 법입니다.

맥스

추신 지난 책엔 2만 부 이상은 15퍼센트에서 17퍼센트로, 4만 부 이상은 20퍼센트로 했는데 왜 이번 책에선 더 낮은 인세를 요구하시는지. 광고를 위해 우리에게 더 많은 수익이 나도록 한 것인가요? 어쨌거나 광고는 적극적으로 할 겁니다. 이전 조건대로 하면 가불받은 금액을 금방 변제할 텐데요. 선생 제안대로 하는 게 우리로서는 좋지만, 선생이 저번보다 더 적게 받을 이유는 없습니다.

이탈리아 로마 스페인 광장 오텔 데 프랑스
[1924년 12월 1일]

친애하는 맥스

편집자님의 전보와 편지를 받고 마치 백만장자가 된 기분이었습니다. 돈을 달라고 징징대는 전보처럼 이런 표현밖에 생각하질 못해 죄송합니다. 소설에 오랫동안 갇혀 있다 보니 숨 쉬는 것도 힘들고, 양식을 가져다줄 단편을 시작하는 일도 더디기만 합니다.

편집자님의 비평이 모두 옳습니다.

1. 제목에 대해. 최선을 다하겠지만 실은 어찌해야 할지 모르겠습니다. 아마 '트리말키오'나 '개츠비'. 앞의 것으로 하면 그 문구가 뒤표지로 가면 안 될 이유를 모르겠습니다.

2. 6장과 7장은 어떻게 고쳐야 할지 알겠습니다.

3. 개츠비의 일 관련 부분은 고칠 수 있습니다. 편집자님의 의도가 무엇인지 압니다.

4. 개츠비의 모호성은 **보다 날카롭게 함으로써** 고칠 수 있습니다. 날카롭다는 표현이 과연 좋지는 않지만 기다려보십시오. 개츠비를 명확하게 만들어줄 겁니다.

5. 그러나 8장에 나오는 개츠비의 긴 이야기는 쪼개는 게 어렵습니다. 이 부분이 부조화를 이룬다는 데 젤다도 동의하지만, 문장도 좋고 여기서 어느 한 부분이라도 희생한다는 건 견디기 어려운 일입니다.

6. 교정쇄에 표시할 소소한 수정 사항이 1000개쯤 됩니다. 편집자님이 언급하지 않은 중요한 부분도 몇 군데 고쳤습니다.

편집자님의 비평은 모두 훌륭하고 큰 도움이 되었습니다. 잘 썼다고 칭찬한 부분은 나 스스로도 모두 좋아하는 부분들입니다. 그중 편집자님이 유일하게 언급하지 않은 부분은 개츠비와 데이지가 만나는 장입니다.

두 가지 더. 젤다가 내게 마음의 여유를 주기 위해 카우보이 책 월 제임스의 『남북의 카우보이』을 큰 소리로 읽어주고 있습니다. 꽤 재미있습니다. 비록 그가 미국어를 자신의 귀가 아닌 링에게서 배운 걸로 보이지만 말입니다.

나머지 하나—2장에서 캐러웨이가 『베드로라 불린 시몬』을 읽는 동안 톰과 머틀이 침실로 들어가는 장면. 너무 노골적인가요? 알려주십시오. 나는 꼭 필요한 장면이라고 봅니다.

인세를 적게 한 것은, 일종의 이자를 내는 걸로 생각해서 지난 2년간 가불받은 금액을 조금이라도 보상하기 위함이었습니다. 하지만 계산을 해보니 인세가 너무 적긴 하더군요. 차액이 2000달러에 이릅니다. 4만 부까지는 15퍼센트, 그 후부터는 20퍼센트로 합시다. 두루 공평한 계약으로 보입니다.

똑똑하고 젊은 한 프랑스 여자『위대한 개츠비』를 프랑스어로 번역할 이렌느 드 모르시에Irene de Morsier가 이 책을 번역하고 싶어 한다는 소식을 지금쯤은 들으셨을 겁니다. 지적으로도 언어적으로도 나무랄 데 없는 번역자입니다. 내 책을 모조리 읽었다고 합니다. 작업에 착수하기 전 인세 등을 어찌할지 이 여성분과 의견을 나눌 수 있는지요?

어쨌든 편지에 대해 감사, 감사, 또 감사드립니다. 주변 사람 그 누구를 택하느니 편집자님과 버니를 택할 것이고, 또 버니를 택하느니 편집자님을 택하겠습니다. 편집자님 말씀처럼 책이 훌륭하다면 교정쇄 작업이 끝나는 대로 이 책은 완벽해질 겁니다.

표지가 다른 책들과 통일되게 잊지 말고 천표지를 챙겨주십시오.

제목이 결정되면 곧장 편지나 전보를 보내겠습니다. 책을 좋아해줘서 고맙다고 루이즈에게 전해주십시오. 스크리브너 씨께도 안부를. 스크리브너 씨께 골즈워디가 로마에 왔다고도 전해주십시오.

스콧

*

1924년 12월 16일

친애하는 스콧

제목을 '위대한 개츠비'로 하겠다는 전보를 받고 그대로 따랐습니다. 조금 전에 전보로 알렸듯이 750달러를 입금했습니다.[16] …

드디어 링이 찾아와서는 선생 부부와 함께 있었던 이야기를 들려주었습니다. 그런 다음, 내가 링의 책1925년에 출간된 『그래서 뭐?』에 수록할 셈으로, 〈리버티〉에 곧 발표될 여행기의 교정쇄를 가지고 왔습니다. 그 속에 선생과 젤다가 있더군요. 링이 이렇게 말했습니다. "피츠제럴드 선생은 소설가novelist고, 피츠제럴드 부인은 신기한 사람novelty입니다." 선생이 어떻게 연미복 하나만 가방에 넣은 채 몬테카를로로 가게 되었는지도 말해주었습니다. 여행기는 썩 훌륭합니다. 지금 글들로 멋진 책이 나올 것 같습니다. …

휴식기에 『위대한 개츠비』를 생각하면서 덧붙일 게 있다면 자유롭게 작업하시길 바랍니다. 가장 중요한 부분은 그가 부를 얻게 된 경위입니다. 약간의 암시가 필요하지요. 얼마간은 밀주 판매자였던 것으로 여겨지는데, 내 생각엔 여기저기 암시를 깔아 놓으면 독자가 밀주 판매자가 아니었을까 의심하게 될 것이고, 그러면 그걸로 충분합니다.

『흰 원숭이』존 골즈워디의 소설를 보냈더니 답례로 젤다가 로마에서 멋진 편지를 보내왔습니다. 출간이 늦었는데도 7만 5000부나 팔린 책입니다. 톰의 책토머스 A. 보이드의 『밀밭을 지나Through the Wheat』은 3000부에 그쳤는데, 책의 성질로 볼 때 더 이상 팔릴 것 같지는 않습니다. 거칠긴 하지만 큰 힘을 보여주는 좋은 책이라고 봅니다. 봄에 톰의 단편집을 낼 계획입니다.

며칠 전에 존 빅스와 점심을 들었는데 약혼녀를 데리고 왔더군요. 여성스럽고 야무져 보이는 윌밍턴 출신 여자였습니다. 집 한 채를 사서 수리 중이라고 하니 곧 결혼할 모양입니다. 수리하고도 돈이 남아 있다던 말입니다. 나는 남은 돈이 한 푼도 없습니다.

맥스

*

1924년 12월 19일

친애하는 스콧

일전에 링 라드너가 찾아왔을 때 선생 소설 얘기를 했더니 단박에 "그걸 누가 발음할 수 있어요?"라고 하면서 제목을 문제 삼더군요. 인쇄상의 문제를 떠나 제목을 바꾼 건 현명한 처사였습니다. **근사한** 제목이에요. 책으로 묶을 링의 글을 다 모았는데 첫 글은 유럽 여행기입니다. 곧 선생에게도 연락이 가겠지만, 오버[17]가 오늘 아침 전화로 〈리버티〉가 『위대한 개츠비』를 연재하지 않기로 했다는 소식을 알려줬습니다. 렉스 라드너가 연재하고 싶긴 한데 독자에 비해 작품 수준이 높고 연재소설을 동시에 두 편 올릴 수는 없다고 했답니다. 자, 그러면 우리 작업을 빨리 진행할 수 있겠지요. 교정쇄를 빨리 훑어봐주시길.

얼마 전에 존 필 비숍^{시인이자 소설가. 피츠제럴드의 프린스턴대학교 동문}이 찾아왔습니다. … 초여름 어느 날 늦은 시각에 선생을 파리에서 만났다고 얘기하더군요. 그건 그렇고, 드디어 선생이 말한 헤밍웨이의 책이 세관 보관함에―책장에―있다는 소식을 지금 막 들었습니다. 윌 제임스의 책을 다 봤나요? 선생보고 책을 읽으라는 소리는 아닙니다. 나는 선생이 책을 읽기보다 쓰기를 바라는 사람이니까요. 여하튼 제임스가 꽤 괜찮은 소설―스몰이나 그와 유사한 사건을 소재로 한 카우보이의 오디세이―을 쓸 수 있을 것 같다는 생각이 들었습니다. ··

일주일 내내 집에 있었습니다. 그런데 어젯밤, 새로 올린 부엌 천장이 내려앉았습니다. 이게 웬 날벼락입니까! 천장을 올렸던 일꾼들은 별로 놀라는 기색도 없어 보였습니다. 인당 12달러의 일당만 주면 언제든 새 천장을 올릴 태세입니다. 링 라드너가 비웃듯이 '노동 계급'이라 부를 그들, 그들은 정말이지 대단한 사람들입니다. 그래도 **집**은 우리 가족에 맞춤합니다.

맥스

이탈리아 로마 스페인 광장 오텔 데 프랑스
[1924년 12월 20일]

친애하는 맥스

오늘 밤 조바심이 이는 터라(너무 위험하게는 아닙니다) 장문의 편지를 쓰겠습니다. 팁과 식사를 포함하여 한 달에 525달러를 주고 작고 소박하지만 쾌적한 호텔에 묵고 있습니다. 로마는 딱히 흥미를 끄는 곳은 **아니지만** 이곳 유럽에서 잊지 못할 한 해를 보내고 있습니다. 이른 봄에는 파리로 갈 겁니다. 계획을 말해봤자 무슨 소용이 있을까마는. 종교 예언자들이 지구 종말 예언에 번번이 실패하는 것처럼 계획도 실행 앞에서는 그런 것이니. 새 소설을 구상했습니다. 제목이며 모든 것을. 1년쯤 걸릴 겁니다. 하지만 이번 책이 나올 때까지는 시작하지 않을 겁니다. 돈을 벌어야 하니 단편을 시작해야겠지요. (지금은 단편 한 편에 2000달러를 받지만, 단편 쓰는 게 지옥보다 더 싫습니다.) 그리고 결코 식지 않는 희곡에의 유혹이 있습니다.

자, 이제! 5000달러를 채워주셔서 고맙습니다.[18] 기억하는 한 이미 3000달러 내지는 4000달러를 받은 터라 엄밀히 말하면 그 돈을 받아선 안 된다는 걸 압니다. 하지만 편집자님이 강제로 떠밀다시피 했으니(욕먹어 싼, 혹은 그저 형편없는 농담) 받을 수밖에요. 『개츠비』로 10배로 돌려받을 수 있기를. 가능하리라 생각합니다.

… 편집자님의 도움으로 『개츠비』를 완벽한 작품으로 만들 수 있습니다. 하지단 7장은(호텔 장면) 결코 그 수준에는 미치지 못할 겁니다. 늘 걱정만 할 뿐, 데이지의 반응이 떠오르질 않습니다. 그래도 개선할 수는 있습니다. 부족한 건 상상력이 아닙니다. 그 브분을 거듭 생각하는 게 자동적으로 막힙니다. 돌아오는 길에 그 끔찍한 재앙이 벌어지도록 **모든 인물을 뉴욕으로 데리고 가야 하기 때문에**, 상황을 그런 식으로 끌고 가야 하기 때문에 그렇습니다. 그런 까닭에 자유로운 생각이 종종 가져다주는 참신함을 그 장면에 부여할 가능성은 없습니다.

나머지는 수월합니다. 취해야 할 방향이 너무 선명하게 보여서 특정 부분을 망치게 한 정신의 흐름까지 보일 정도입니다. 이상하게 들리겠지만 개츠비의 모호함은 내게 문제가 되지 않았습니다. 편집자님과 루이즈, 찰스 스크리브너 씨가 부족하다고 한 것은 바로 다음과 같은 것들이지요.

개츠비가 어떻게 생겼는지, 무슨 일에 연루되었는지 나 자신도 몰랐고, 편집자님은 내가 모른단 사실을 알았던 겁니다. 내가 그 사실을 알면서 편집자님에게 숨겼다면, 편집자님은 내가 알고 있다는 사실에 깊은 인상을 받은 나머지 비판의 말씀을 하지 않았을 겁니다. 복잡한 이야기지만 이해하리라 확신합니다. 하지만 이제 그 사실을 알게 되었고, 처음에 바로 알지 못했던 것에 대한 벌칙으로, 바꿔 말해 그 부분을 분명히 하기 위해 더 많은 걸 이야기해야 한다는 것이지요.

개츠비가 나이가 더 많을 줄 알았다는 것은 내게 신비스러울 만큼 중요해 보입니다. 마음속에 그린 그 사내는, 반쯤은 무의식적으로, 나이가 더 든 사내**였고**(특정한 개인으로) 분명한 말 한마디 없이 그 사실을 드러낸 셈이니까요. 애써 찾아낸 말 한마디 쓰지 않고 그 사실을 전달했으니, 쇼 데즈먼드Shaw Desmond, 아일랜드의 시인이자 극작가, 소설가의 쓰레기 같은 주장을 좀 손질해야겠습니다. (쇼 데즈먼드는 편집자님의 실패한 승부수 중 하나였다고 봅니다. 또 다른 하나는 피츠제럴드이고요.)

풀러 매기 사건[19]의 (남자의 심리에 대한) 파일을 꼼꼼히 확인하고 손가락이 아플 때까지 젤다에게 그림을 그리게 했는데, 마침내 내 아이보다 개츠비를 더 잘 알게 되었습니다. 편집자님의 편지를 받고 본능적으로 든 첫 생각은 개츠비를 놓아버리고 톰 뷰캐넌이 책을 지배하게 할까 하는 것이었습니다. (지금껏 만든 인물 중 톰이 최고의 인물이라고 생각합니다. 톰과 『소금』에 나오는 형제, 『시스터 캐리』의 허스트우드가 지난 20년을 통틀어 미국 소설 최고의 인물 셋이라고 봅니다. 아닐 수도 있지만.) 그런데 개츠비가 마음속에서 떠나지 않았습니다. 얼마간은 내 옆을 지키다가 사라지곤 했지요. 다시 개츠비가 내 옆으로 왔다는 걸 이젠 압니다. 머틀이 데이지보다 나은 건 안타까운 일입니다. 조던은 물론 기발한 아이디어였는데(아시겠지만 조던은 이디스 커밍스[20]입니다) 결국 희미해지고 말았습니다. 데이지 처리 문제로 7장이 문제인데, **남자 책**이라는 평판에 누가 될지도 모릅니다.

(『야채』의 실패 이후로 처음으로) 스스로 훌륭한 작가라는 생각이 듭니다. 나 자신을 믿고 계속 글을 쓸 수 있었던 것은 편집자님의 한결같은 편지 덕분이었습니다.

이제 몇 가지 현실적이고 매우 중요한 문제들 모든 문제에 빠짐없이 답해주십시오.

1. 몬테네그로에는 '다닐로 훈장'이라는 것이 있습니다. 그게 어떻게 생겼는지 알 수 있는 방법이 있을까요? 미국인에게 수여되는 의례적인 훈장에는 영어 문장이 새겨져 있나요? 훈장을 그럴싸하게 보이게 하면서도 유치하기 짝이 없는 그런 문장 말입니다.

2. **표지에는 어떤 종류의 광고문도 싣지 마십시오!!!** 멩켄도 루이스도 시드 하워드도 그 누구도. 이젠 그런 광고문의 효과를 **조금도** 믿지 않습니다.

3. 잊지 말고 출판 도서 목록에서 책 제목을 바꿔주십시오.

4. 속표지 수록 시에서 감탄부호를 3행 끝에서 4행 끝으로 옮겨주십시오. **절대!** 중요합니다!

5. 개츠비의 첫 파티에서 〈세계 재즈사〉를 연주하는 에피소드 전체가(두 개의 단락) 형편없다는 생각이 듭니다. 편집자님 생각은? 솔직한 의견을 알려주십시오—**개인적인 반응**.

생각하지 말고! 생각은 누구나 할 수 있습니다. …

링에 대해 알려주세요! 톰도요. 밥은 먹고 사나요? 단편집에 기대 사는 것 같은데, 불쌍한 영혼이여! 빅스에 대해서도—소설은 아직 안 끝났나요? 페기 보이드 소식도 알려주세요. 루이스가 자기 책을 우리에게 보냈을 텐데요!

『흰 원숭이』는 쓰레기입니다. 『남북의 카우보이』도 다시 생각하니 형편없는 작품입니다. 『도르젤 백작의 무도회』는 어떤가요? 링의 전집은 어떻게 됐나요? 링의 신간은요? 거트루드 스타인은? 헤밍웨이는?

백과사전으로 서점에 빚진 돈이 700달러 가까이 되지만, 1월 10일에는 빚을 청산할 수 있습니다. 그때쯤에는 재정 사정이 나아질 터이니 일시에 털어낼 겁니다. 서점에 어니스트 보이드의 책을 보내달라고 말씀 좀 전해주십시오. 그 속에 나의 술 이야기가 나오지 않으면 우리 가족이 봐도 무방할 텐데요. 하지만 그 책을 보는 것보다 안 보는 게 더 불안합니다. 이번 책이 크게 성공하든 실패하든(재정적으로—다른 건 상상하고 싶지 않습니다) 가을에는 단편집을 출간하고 싶지 **않습니다**. 이번 책이 2만 5000부에서 5만 부 사이로 팔리면 멋진 단편집을 선보이겠습니다. 지난 삼사 년 동안 쓴 것 중 가장 긴 편지군요. 과분한 친절을 베풀어주셔서 감사하다고 스크리브너 씨께 전해주십시오.

스콧

로미 오텔 데 프랑스
[1925년 1월 15일]

친애하는 맥스

교정쇄가 아직 오지 않았습니다. 감기로 일주일 동안 내내 침대에 누워 있었습니다. 곧 맹렬히 떨쳐 일어날 것입니다. 중요한 사항이 두 가지 있습니다.

1. 머틀의 아파트에서 **톰과 머틀이 잠시 사라지는** 장면이 눈에 띄게 노골적인가요? 검열에 걸릴 정도로 도드라지나요? 유일하게 그런 문제로 걱정하는 장면입니다. 어떻게 생각하는지 바로 알려주십시오.

2. **표지에는 어떤 평론가의 것이든 인용문을 넣지 마십시오.** 뒤표지에 편집자님의 광고문만 넣을 뿐, 다만 너무 많은 걸 담지 마십시오. 특히 데이지와 개츠비 관련 내용은 빼십시오. (놀라움의 요소를 남기고 싶습니다.) **극히 일반적인** 내용으로 가십시오.

중요한 사항입니다. 짧게라도 편지 주십시오. 편집자님의 새집을 어서 보고 싶습니다. 편집자님과 달리 아직 윌 제임스에 대한 믿음이 생기지 않습니다. 진부한 소재일 뿐 감정이 풍부하지도 감각이 새롭지도 않습니다.

스콧

1925년 1월 20일

친애하는 스콧

시간에 쫓기는 터라 간결하게 답장을 쓰고자 합니다. 조만간 새로운 소식을 전할 기회가 오겠지요.

우선, 〈세계 재즈사〉에 대해. 다소 거슬리긴 했습니다. 교묘한 기술적 장치로 보면 재미있지만 완벽하게 성공적이지는 않았습니다. 첫 반응으로는 반대를 했겠지만, 그 장면에서 특별한 사건이라 할 만한 것이 필요할 수도 있겠다는 생각이 들었습니다. 하지만 그것 말고 다른 게 있다면 그 장면은 빼는 게 낫겠습니다.

머틀의 아파트 장면은 선생이 하도 많이 얘기한 까닭에 나까지 불안해집니다. 어떤 문제가 있다는 생각은 한 번도 안 들었습니다. 전혀 문제될 게 없다고 분명히 말합니다. 그 부분을 문제 삼을 검열관은 없습니다. 그곳 말고도 문제될 곳은 전혀 없습니다.

인용문은 절대 사용하지 않을 것이고, 광고문도 극히 일반적인 내용으로 갈 것입니다. 줄거리를 많이 노출해서는 안 된다는 걸 잘 압니다. 광고문을 어떻게 쓸지는 아직 결정하지 않았지만, 더 길게 말할 필요가 없다는 인상을 주도록 짤막하게 쓸 생각입니다.

교정쇄를 받아보았기를, 그래서 교정 작업에 열중하고 있기를 바랍니다. 교정쇄가 배달되지 않았거든 전보를 주십시오. 1급 우편으로 보냈습니다. 초교는 12월 27일에, 재교는 12월 30일에 발송했습니다.

맥스

*

이탈리아 로마 오텔 데 프랑스
1925년 1월 24일

친애하는 맥스

아주 중요한 편지라 타이핑 작업을 해서 보냅니다. 목숨처럼 간직해주십시오.

1. 교정쇄의 첫 부분을 별봉하여 보냅니다. 편집자님이 앞선 편지에 지적한 전반적인 내용에는 동의하지만 몇몇 부분은 생각이 다릅니다. 머틀 윌슨의 가슴은 **필시** 뜯겨나가야 합니다—바로 그게 필요하니까요. 과한 수정 작업으로 좋은 장면까지 쳐내고 싶지는 않습니다. 울프샤임이 '말했다' 대신 '마랬다'라고 하는 건 의도적인 것입니다. '오르가슴적'은 '오르가슴'의 형용사 형태이고, 그것이 의도하고자 하는 환희를 정확히 표현하는 단어입니다. 전혀 더러운 표현이 아닙니다. 교정쇄 9에서 톰과 머틀이 사라지는 장면이 오히려 더 걱정이 됩니다. 괜찮을 것 같긴 하지만 확신이 서지 않습니

다. 문제가 있을 것 같으면 전보를 주십시오. 그러면 수정해서 다시 보내겠습니다.[21]

2. 페이지 조판 교정쇄에 대해—다음의 조건이라면 페이지 조판 교정쇄를 보내지 않으셔도 됩니다. (물론 시간이 엄청 많다면 모르겠지만요. 그럴 리는 없을 겁니다. 3월 말이나 4월 초 출판을 고대하고 있으니까요.)

조건은 두 가지입니다.

1. 누군가 원고를 **꼼꼼하게 두 번** 읽어 새로 삽입한 모든 문구가 올바르게 들어갔는지 확인할 것. 삽입 문구가 워낙 많아 오류가 있을까 걱정됨.

2. 오자가 자명한 경우를 제외하고는 원고에 **어떠한** 수정도 가하지 말 것. 오자 수정도 편집자님이 할 것. …

3. 입금해주셔서 고맙고 또 고맙습니다. 편집자님에게 전보를 보내고 이틀 후 3750달러에 단편 두 편을 팔았다는 레이놀즈의 전보를 받았습니다. 하지만 그 전에 레이놀즈에게 빚진 게 있는 데다 〈칼리지 유머〉의 1만 달러『위대한 개츠비』연재 원고료 제안을 거절한 터였습니다. 단편이 팔리기 전에 레이놀즈에게 빚돈을 또 쓰게 되면 어쩌나 걱정했습니다. 이번 책이 나올 때까지 편집자님에게 돈을 빌리는 일은 없을 겁니다. 8만 부 정도 나가지 않을까 예상하지만 틀릴 수도 있겠지요. 찰스 스크리브너 씨께 감사의 말씀 전해주십시오. 스크리브너 씨가 또 한 명의 존 팍스를 잡았다고 생각하실

거라 믿습니다. 존 팍스가 있어 다행입니다. 전임자가 없다는 건 참 끔찍한 일입니다.

4. 매우 중요합니다. 광고문에 줄거리를 **절대** 노출하지 마십시오. 개츠비가 **죽는다든지 벼락부자라든지 부정한 행위에 연루되었다든지** 하는 내용이 드러나면 안 됩니다. 책이 끝날 때까지 이 모든 것에 의심을 품게 하는 것이 극적 긴장감의 요소입니다. 잊지 말고 표지에 평론가 인용 문구를 빼셔야 합니다. **이전 책에 대한 언급도 꼭 빼십시오!**

… 빠짐없이 답해주시고, 교정쇄가 올 때까지 편지를 보관해주십시오. 수정한 부분이 괜찮은지도 알려주십시오. 이루 말로 다할 수 없을 정도로 그립습니다.

스콧

추신 속표지 교정쇄를 곧 보내겠습니다. 괜찮아 보이지만, 직감은 제목을 '트리말키오'로 했어야 한다고 말합니다. 하지만 그 모든 충고를 무시하고 내 의견을 밀어붙였다면 어리석은 고집불통으로 보였겠지요. '웨스트 에그의 트리말키오'가 유일한 절충안이었는데. '개츠비'는 『배빗』과 너무 비슷해 보이고, '위대한 개츠비'는 약하게 들립니다. 반어적일지언정 그의 위대함에 대한 강조도 없고, 또 위대한 점도 부족한 까닭입니다. 그러나 이제 다 지나간 일.

새 주소 → 카프리 호텔 티베리오
[1925년 2월 18일]

친애하는 맥스

방해받지 않고 6주간 일한 끝에 교정 작업을 모두 끝내고 최종본을 오늘 오후에 보냅니다. 전반적으로 퍽 만족스러운 작업입니다.

1. 개츠비를 생생하게 그렸다
2. 거부가 된 사연을 설명했다
3. 약한 두 장을(6장과 7장) 수정했다
4. 첫 파티 장면을 좀 더 근사하게 그렸다
5. 8장 개츠비의 긴 이야기를 쪼갰다

오늘 아침 편집자님에게 **4장의 교정쇄를 유보하라**는 전보를 보냈습니다. 수정 내용을—오, 맙소사! 극히 중요합니다. 이전 수정 작업을 보니 개츠비를 너무 야비한 인물로 그렸더군요—동봉합니다. 페이지 조판 교정쇄에 수정할 부분도 함께 보냅니다.

거처를 카프리 섬으로 옮길 겁니다. 미국이 싫습니다. 재정적으로 압박을 받는 터라 단편을 세 편은 써야 합니다. 그런 다음 희곡을 다시 한 번 시도해보고 6월에는 바라건대 새 장편소설을 시작할 겁니다.

… 출간일을 가능한 빨리 잡아주시길 바랍니다.

1925년 2월 24일

친애하는 스콧

1만 달러를 거절하다니 대단합니다. 어떻게 할 수 있었는지 놀랍습니다. 선생이 거절하지 않았다면 출판이 늦봄으로 미뤄졌을 터이니 우리로서는 기쁜 일입니다. … 선생의 수정 작업은 개츠비를 멋지게―손에 잡힐 듯 생생한 인물로―바꾸어 놓았습니다. 중요한 부분을 건드리는 건 위험하다는 선생의 생각은 옳았습니다. 그럴 땐 본능이 최고의 안내인입니다. 교정쇄를 두 번―한 번은 던, 또 한 번은 로저에게―읽힐 것이고, 인쇄업자의 실수라는 게 확실하지 않으면 어떠한 수정도 하지 않겠습니다. 내가 소설 전체를 너무도 잘 알기에 틀린 결정을 내리지는 않을 겁니다. 그래도 의심의 여지가 있으면 아무 결정도 내리지 않겠습니다.

지난주에 링 라드너가 나소에서 돌아왔는데 얼굴이 구릿빛으로 탄 게 보기 좋았습니다. 손에는 신간 『그래서 뭐?』의 페이지 조판 교정쇄가 들려 있었습니다. 곧 한 부 보내겠습니다. 그 책과 『단편소설 작법』 『알리바이 아이크』 『대응』 『걸리버 여행기』가 전집을 구성합니다. 서문은 모두 새로 썼습니다. … 이 모든 책이 다 나오면 링 라드너를 들여다볼 수 있는 근사한 창문이 생기는 겁니다.

헤밍웨이에 대해. 드디어 『우리 시대에』를 입수했습니다.

그는 이 작품집에서 일련의 짧은 사건이 남긴 끔찍한 흔적을 간결하고 강렬하면서도 생동감 넘치게 그리더군요. 헤밍웨이의 눈을 통해 본, 놀랍도록 단단하고 완벽하게 표현한 우리 시대의 **장면**. 앞으로의 계획을 알려줄 수 있는지, 그리고 가능하다면 원고를 보내줄 수 있는지 그에게 편지를 썼습니다. 하지만 헤밍웨이가 그 편지를 받으리라고는 거의 기대하지 않습니다. 책을 손에 넣는 것만으로도 이렇게 어려웠으니 말입니다. 헤밍웨이의 주소를 혹시 아시는지.

자, 얼마 전 출판업자 벤 휩시Ben Huebsch가 셔우드 앤더슨을 위해 마련한 오찬 자리에서 요란한 문학계 가십성 사건이 벌어졌습니다. 온갖 평론가와 시사 해설가들이 손님으로 초대되었고, 그 속에는 스튜어트 P. 셔먼_{당시 뉴욕 〈헤럴드 트리뷴〉 일요일 북스 세션 편집장}과 멩켄도 있었습니다. 그런데 멩켄이 셔먼을 보지 않겠다고 버티는 것이었습니다. 아주 노골적이지는 않았지만 방에 있는 사람 모두 **알** 정도였지요. 긴장감이 누그러들지 않는 상황에서 앤더슨이 연설을 거부하기에 이르렀고, 이어 그 능청스러운 네덜란드인 반 룬Van Loon. 역사학자이자 당시 볼티모어 〈선〉 부편집장이 자리에서 일어나더니 오랫동안 묻고 싶었다면서, 아마 대화 주제를 이끌 수 있을 거라며 앤더슨에게 묻더군요. "벤 휩시사에서 책을 낸 이유가 뭡니까?" 농담이라면, 그것이 농담인지는 아무도 모르지만, 어쨌건 뼈 있는 농담인 셈이지요. 원래의 문제로 돌아가면, 셔먼이 지금껏 글로 멩켄을 난폭하게 공박한 게 한두 번이 아닙니다. 하지만 멩켄은 그런 것에 화를 낼 사람이 아니지요. 멩켄을 끌어낼 목적으로 셔먼이 그를 겁쟁이라고 비난했을 때조차도 그랬습니다. 멩켄이 셔먼을 싫어하는 까닭은 셔먼이 전쟁 중에 썼던 반反 독일계 미국인에 대한 기사 때문일 겁니다. 수요일에 셔먼을 만나는데 자세한 이야기를 들을지도 모르겠습니다. 중요한 얘기라서 그렇다는 건 아닙니다.

요새 동네에서 즐겨 만나는 두 부부가 있습니다. 베넷 부부[22]와 콜럼 부부입니다. 몰리 콜럼은 고양이처럼 민첩한 멋진 여성입니다. 패드리아크는 온화한 성격에 늘 평온한 사람이지요. 엘리너 와일리도 결국은 사람이었습니다 베넷도 참 좋습니다. 여하튼 플레인필드에서는 이런 사람들을 한 명도 만날 수 없었습니다. 자극적인 억지 활동으로 가득 차 있는 경우가 아니면 그곳에서는 어디를 가든 지루함뿐이었습니다. …

맥스

카프리 호텔 티베리오
[1925년 3월 12일]

친애하는 맥스

따뜻한 편지에 무한한 감사를 드립니다. 더욱이 모든 질문에(출납 내역서는 빼고) 답해주셨습니다. 혹시나 싶어 제목 때문에 전보를 쳤습니다.[23] '황금 모자를 쓴 개츠비'로 다시 바꾸고 싶지만 그게 중요한 것 같지는 않습니다. 제목이 유일한 결점입니다. 결국 '트리말키오'가 가장 적합한 제목이 아니었을까 싶습니다.

잊지 말고 링의 책을 보내주십시오. 헤밍웨이는 〈트랜스애틀랜틱 리뷰〉를 통하면 연락이 닿을 겁니다. 파리에 가면 찾아보겠습니다. 셔먼과 멩켄 이야기는 재미있군요. 셔먼은 개념이라곤 없는 작자라 그런 건 문제도 안 될 겁니다. 전쟁 중이었으면 멩켄과 악수도 하지 않으려고 했을지 모릅니다. 조금만 겁을 줘도 비굴한 근성을 드러내겠지만. 〈트리뷴〉에서 백날 한자리 꿰차고 있은들 뭐 하겠어요, 10등급 인간에서 벗어나지 못할 텐데. 불쌍한 인간. 꼬인 인생이여, 드라이저처럼 말입니다. …

1925년 3월 19일

친애하는 스콧

편지가 아니라 일종의 공지문입니다. 모든 수정 사항이 안전하게 도착했고 그에 맞춰 수정이 옳게 이루어졌습니다. 두 군데에 사소한 수정을 해야만 했습니다. 슈피리어 호에는 조류가 없습니다. 렉스 드너가 일러준 데다 직접 확인했습니다. 그로 인해 요트의 위험 요소를 바람으로 바꾸는 작업이 필요했습니다. 다른 하나는 수영장에서 죽은 개츠비를 묘사하며 '트랜셉트 다리'를 언급하는 부분입니다. 교정쇄에서 왜 이것을 못 잡았는지. 트랜셉트는 교회의 십자형 부분을 말하는 것이니 조형적으로 이것을 의미하지는 않았을 겁니다. 선생이 생각한 건 엔지니어의 도구인 트랜짓이 아닐까 싶습니다. 이것은 삼각대 위에 놓여 있기 때문에 꼭 컴퍼스처럼 생기지는 않았지만, 원이 그려진다는 인상을 주기 위해서는 트랜짓이라는 단어를 사용하는 게 심리적으로 옳을 것입니다. 이것이 선생이 의도한 것임에 틀림없어 보이지만, 어쨌건 트랜셉트는 아닐 것입니다. 페이지 조판 교정쇄를 가지고 있을 테니 이 두 가지 사항을 살펴보고 원하는 대로 수정하면 됩니다. 그러면 다음 인쇄에 반영하도록 하겠습니다. 그 이외에는 명명백백한 인쇄상의 오류 몇 개를 발견했을 뿐입니다. 놀라운 책입니다. 이제 개츠비는 매력적이고 호소력

있는, 살아 움직이는 동시에 독창적인 인물이 되었습니다. 4월 10일에 출간합니다.[24]

젤다가 많이 아팠다니 안타깝군요. 이제 다 나았기를 바랍니다. 이 세상에서 고통은 너무나 흔한 일로 통합니다. 고통에 관한 최악의 일이라 할 수 있겠지요.

〈리버티〉에 실린 링 라드너의 멋진 글을 곧 보내겠습니다. 「젊은 이민자들」과 「35세의 증상」을 전집에 넣었습니다.

맥스

*

1925년 3월 25일

친애하는 스콧

프랑스 여인 이렌느 드 모르시에게 페이지 조판 교정쇄 한 부를 보내겠습니다. 링이 주말 동안 보았던 겁니다. 링이, 책이 훌륭하다며—어제 그의 얼굴을 스케치하는 화가 앞 칸막이에 앉아 말하더군요—곧 선생에게 책에 대해 써서 보내겠다고 했습니다. 그러면서 또한 가을에는 단편집을 낼 수 있을 거라고 말했습니다. 가을에 링의 책이 나오면 전작보다 큰 성공을 거둘 겁니다. 웨스트 에그의 선생 집에서 만났을 때 못지않게 안색이 좋아 보였습니다. 담배도 안 피우고 술도 한동안 안 마셨을 때였지요.

『소중한 사람The Apple of the Eye』[25]을 보내지 않았던가요? 어찌된 일인지 모르겠습니다. 무척 감명 깊게 읽은 책입니다. 하디 소설 같은 어떤 불가피성이 느껴집니다. 하디를 많이 알지도, 『테스』를 뛰어난 작품으로 생각하지도 않지만, 하디가 상징하는 바를 말하는 겁니다. 어니스트 보이드의 도움으로 하디와 선이 닿았는데, 그를 싫어하는 사람이 많아도―혀짤배기소리에 점잔을 빼는 말투―옥스퍼드 특유의 억양―나는 느낌이 나쁘지 않았습니다. 지원을 조금만 받았어도 하디의 다음 책을 낼 수 있었을 텐데요 그런 점에서 선생이 더욱 그리웠습니다. (우리 사이 비밀입니다.)

선생의 책에 대해. 마법의 책입니다. 처음부터 다시 읽지는 않았지만, 수정 사항은 맥락에 맞춰 읽어보았습니다. 그 앞에서 **나의** 모든 비판은 사라져버렸습니다. 수정 사항은 모두 전달되었고 던과 르저가 최종 조판 교정쇄를 읽은 뒤 수정한 교정쇄와 비교 대조했습니다. 선생의 새 사진을 보내줄 수 있나요? 인세 보고서를 동봉합니다. 마음이 불편합니다. 개츠비는 자신의 창조자에게 더 많은 걸 해줄 겁니다. … 젤다가 건강하기를.

맥스

카프리 호텔 티베리오
[1925년 3월 31일]

친애하는 맥스

출간일이 다가오면서 긴장감이 높아집니다. 내일이 1일이고, 전보로 10일이라고 알려주셨지요. 25일이나 혹은 조금 더 늦게까지 이곳에 머물 예정이니 책이 잘 팔리면 파리로 떠나기 전에 전보로 소식을 들을 수 있겠군요. 4월 15일 이후 편지는 보증위탁회사 파리지국 앞으로 보내주십시오. 다만 출간하고 이삼일 사이에 무슨 조짐이 있으면 안심할 수 있게 이곳으로 소식을 알려주십시오. 책의 성공이 전보를 꼭 보내야 하는 이유는 아니지만 말입니다.

수마트라와 트란실바니아, 폴리네시아 제도의 여자 사진을 모은 편집자님의 유명한 포르노 소장품에 보탤 수 있게 여자 나신 사진을 한 장 동봉합니다. …

톰 보이드의 책이 근사합니다. 서문에 얼마간 젠체하는 면이 있지만 이야기 자체는 훌륭합니다. 어쨌건 다음에 낼 나의 단편집 제목은 '친애하는 돈Dear Money'으로 할 겁니다. 쓰레기 같은 글 없이 끝내주는 책이 될 겁니다.

떨고 있는 당신의 벗

4월 10일

친애하는 맥스

책이 오늘 나옵니다. 두려움과 불길함으로 꼼짝도 못하겠습니다. 책에 중요한 여자 인물이 한 명도 없다고 여자들이 안 좋아하면, 혹은 순 부자들 이야기이고 『테스』에서 차용한, 곧 아이다호에서 일하는 그런 소작농은 한 명도 없다고 평론가들이 안 좋아하면 어쩌죠? 출판사에 진 빚조차 갚지 못한다면—그러려면 적어도 2만 부는 팔려야 할 텐데요! 그 넘치던 자신감은 흔적도 없이 사라졌습니다. 이 편지가 편집자님 손에 들어갈 때쯤에는 최악의 소식이 알려질지도 모른다는 사실을 알기에 이 말씀을 드리는 겁니다. 이제 이 책이라면 지긋지긋합니다. 못해도 다섯 번은 고쳐 썼고, 강렬해야 할 (호텔 안) 장면이 허둥지둥한 게 별로 도드라지지 않는다는 생각이 여전히 듭니다. 또한 마지막 장 장례식 장면에서 개츠비의 아버지를 포함한 많은 부분이 잘못된 것 같습니다. 1장부터 5장까지, 그리고 7장과 8장의 일부가 지금까지 쓴 글 중 최고라는 걸 감안하면 더욱 안타까운 일입니다.

'『낙원』 이후 최고의 작품.' 맙소사! 이게 얼마나 사람을 낙담시키는 말인지 편집자님은 아십니까. 링이 편지에 책을 칭찬하면서 덧붙인 말입니다. 우리끼리 하는 소린데, 「이발

Haircut」링 라드너의 단편이 실망스러운 건 인정해야 합니다. 사실 수준이 많이 떨어지는 글입니다. 신의 뜻을 보여주는 도구로서 그 정신 나간 소년은 수백 살은 되어 보입니다. 내가 이런 말을 하더라고 링에게 절대 얘기하면 안 됩니다.

수정 사항에 대해. 현재로서는 더 이상 수정할 게 없어 보입니다. 링이 오자 몇 개를 지적하며 그냥 내버려둘 게 아니라면 수정할 것을 제안했습니다. 수정 작업이 가능하다면 말입니다. 다만 209쪽에 낡고 희미한 라 살레 역은 낡고 희미한 유니언 역으로 바꾸어야 합니다. 2쇄에는 적용되어야 할 것입니다. 원래 의도했던 바는 컴퍼스인데 트랜짓도 괜찮겠군요. 페이지 조판 교정쇄는 잘 받아보았고 문제없어 보입니다. 인쇄업자가 7만 개를 어떻게 다 수정했는지 알 수 없는 일이지만. 표지는 너무 늦게 도착했지만 마음에 듭니다. 젤다가 표지에 열광합니다. (곁들여 말하면, 이제 건강을 되찾았습니다.) …

750달러를 입금해주셔서 고맙습니다.[26] 그리하여 빚이 6000달러로 불어나는군요.

단편집은 언제쯤 나올까요?

추신 책의 예비 광고를 본 삼촌이 편지를 보내왔습니다. 이렇게 쓰여 있더군요.

"이전 책과 광고가 많이 비슷하더구나."

물론 막연한 인상일 수 있지만, 강렬한 색의 재즈와 사교 소설에 질린 사람들이 이전 책과 별반 다를 게 없다면서 팽개치지 않게끔 광고할 수 있는 방법은 없을까요. 오늘 온종일 그 문제가 머리에서 떠나지 않았다고 고백해야겠습니다. 내 머리로 생각할 수 있는 거라곤 '뉴욕의 삶을 그린 작품'이나 '현대 사회' 같은 문구는 피하자는 게 전부였습니다. 비록 이 책을 규정하는 본질이 그런 것들이라 피하기가 힘들겠지만 말입니다. 문제는, 그러한 문구 아래 피상적인 쓰레기들이 너무 많이 떠다닌다는 것입니다. 편집자님의 의견이 궁금합니다.

1925년 4월 20일

친애하는 스콧

오늘 판매 문제로 다소 실망스러운 내용의 전보를 보냈습니다. 전보로는 어떠한 단서도 보낼 수 없으니까요. 많은 출판계 종사자들이 선생의 책에 회의적인 반응을 보입니다. 왜 그런지 도무지 알 수가 없습니다. 분명한 한 가지는 책의 장수가 너무 적다는 것입니다. 우리가 넘어섰다고 생각한 낡고 진부한 반대입니다. 선생이 선택했고 앞으로 더 많은 작가들이 동참하게 될 글쓰기 방법은 상당 부분을 암시로 전달하는 것이고, 그래서 길게 쓴 작품에 못지않게 내용적으로는 풍부하다고 설명했지만, 별무소용이었습니다. 오히려 큰손인 유통업자 둘은 막판에 책 분량이 얼마 안 된다면서 주문량을 대폭 줄였습니다. 판매는 결국 대중에게 달려있고 아직 온전히 모든 것이 드러나지 않았습니다. 반면 〈타임스〉에 호평 기사가 눈에 잘 띄게 크게 실렸습니다. 또한 〈트리뷴〉에는 이사벨 패터슨이 찬평 기사를 썼습니다. 윌리엄 로즈 베넷은 〈새터데이 리뷰〉에 이 책이 선생 최고의 작품임에 틀림없다고 단언하는 것으로 서평을 시작했습니다. 그 이외에도 개인적으로 만난 길버트 셀데스나(곧 서평을 쓸 겁니다) 반 위크 브룩스, 존 마퀀드, 존 비숍도 같은 생각입니다. 마퀀드와 셀데스는 열렬한 반응을 보였습니다. 선생의 책을 완전히 이해하는 사람들입니다. 〈타임스〉나 〈트리쿼〉 서평가들도 못한 일입니다.

중요하다 싶으면 어떤 일이든 전보로 보내겠습니다. 이 시기가 선생을 어떤 시험에 들게 하는지 잘 압니다. 나도 견디기 힘든데 선생은 오죽하겠습니까. 개인적으로 이 책을 너무 좋아하고 글 속에 숨겨진 함의를 많이 보아 온 탓에 책의 평가와 성공 여부가 지금 눈앞에 있는 어떤 일보다 중요하게 느껴집니다. 문학만이 아니라 관심 분야 전체를 통틀어서 말입니다. 하지만 이 책의 매력을 느끼는 여러 사람의 말을 종합해보면, 이 책이 생각보다 많은 사람의 이해 능력을 벗어나는 모양입니다.

이번 주에 시간이 나면 광고와 서평을 모아 보내겠습니다. 단정하기엔 상황이 아직 충분히 진행되지 않았지만, 최소한 이것만큼은 알아주었으면 합니다. 선생을 제외하고는 그 누구보다 큰 관심을 가지고 사태를 지켜보겠다는 것을.

맥스

『위대한 개츠비』 초판본(1925)

파리로 가는 길, 마르세유
[1925년 4월 24일]

친애하는 맥스

전보를 받고 우울해졌습니다.[27] 파리에는 좀 더 나은 소식이 오기를 기대합니다. 리옹에서 전보 보내겠습니다. 소식을 더 들을 때까지는 말할 게 없습니다. 상업적으로 실패하면 다음의 두 가지 이유 가운데 하나 때문이거나 혹은 두 가지 이유 모두 때문일 겁니다.

1. 제목이 겨우 중간이다. 오히려 좋은 쪽보다 나쁜 쪽에 가깝다.

2. 가장 중요한 것─책에 중요한 여자 인물이 한 명도 나오지 않는다. 소설 시장을 좌지우지하는 것은 여성이다. 결말이 비극인 것은 크게 문제되지 않는다.

출판사에 진 빚을 청산하려면 2만 부가 팔려야 합니다. 이건 무난히 될 것 같지만─희망 부수가 7만 5000권이었습니다. 이번 주에 판가름이 나겠지요.

젤다는 잘 지내는 편이지만, 병원비에 이 고물차를 프랑스로 끌고 오느라─법적으로 그리해야 한답니다─그나마 개선될 기미를 보였던 재정 상황이 다시 엉망이 됐습니다.

어쨌건 가을에는 괜찮은 단편을 모아 소설집을 한 권 내야지요. 다음 장편을 쓸 때까지 돈을 모아야 하기에 싸구려 단편을 몇 편 쓸 겁니다. 작업을 마무리 짓고 소설집을 내면 기다리면서 상황을 살필 겁니다. 중간에 쓰레기 같은 단편을 쓰지 않아도 될 만큼 생활이 되면 다시 소설가로 살아갈 것이고, 그렇지 않으면 소설이고 뭐고 다 집어치우고 미국으로 돌아가 할리우드에서 영화 쪽 일을 배울 겁니다. 삶의 수준을 낮출 수도 없고, 그렇다고 이 불안한 재정 상황을 더 이상 견딜 수도 없습니다. 최선을 다할 수 없다면 예술가로 살려고 애쓴들 무슨 소용이 있겠습니까. 1920년에 제대로 살 기회가 왔었는데 놓치고 말았습니다. 그 대가를 치러야 합니다. 그러고 나면 마흔 즈음에는 이 끊임없는 걱정과 방해로부터 해방되어 다시 글쓰기를 할 수 있을지도 모릅니다.

한없이 우울한 당신의 벗

1925년 4월 25일

친애하는 스콧

조금 전에 별 의미 없는 전보를 보냈습니다.[28] 실은 무어라고 단정할 만큼 시간이 많이 지나지 않았는데도 말입니다. 어찌할 수 없는 선생의 불안을 잘 압니다. (동봉한) 루스 헤일의 서평과 저자 미상의 〈월드〉 서평이 일찍 실린 까닭에[29] 나 역시 선생처럼 불안한 게 사실입니다. 뭐라고 한마디 보내고 싶어서 전보로 무슨 말을 할 수 있을지 생각해보았습니다. 하지만 마땅히 말할 거리를 찾을 수 없었습니다. 다른 서평들도 동봉합니다. 많은 서평가들이 책을 온전히 이해하지 못한 것처럼 더듬거리지만 대체로 찬평에 가깝고, 더 반가운 것은, 글의 생명력에서 오는 일종의 흥분을 그들이 표현한다는 것입니다. 아직 내로라하는 서평가들은 글을 쓰지 않았지만, 그들이 보일 열정에는 의심의 여지가 없는 터라 서평의 관점에서 보면 상황은 계속 호전될 것입니다. 이 책에 대해 이야기한다면 내용을 완전히 이해하고 음미하는 사람들일 것이기 때문입니다. 지금까지 그런 사람은 아무도 없었습니다.

판매 상황에 대해. 출판업계의 이상한 반감에 부딪혔습니다. 물론 대중 사이에 존재한다고 지레짐작한 반감에 입각한 것이지요. 그 와중에 월래스에게서 고무적인 조짐이 나타났는데, 그의 서점들을 통해 뜨거운 반응이 처음 감지된 것입니다. 윔래스는 첫 주문으로 100권을 가져가더니 그다음 주에는 매일 25권의 주문을 넣었습니다. 이틀 후에는 100권, 어제는 200권을 더 주문했습니다. 중요한 일이다 싶으면 곧바로 전보를 넣겠습니다.

어찌 되었건 확실한 것이 하나 있습니다. 시끄럽게 떠들어 대던 서평가와 가십꾼들의 소동이 가라앉으면 『위대한 개츠비』는 걸작으로 우뚝 솟을 것입니다. 완벽하지 않을 수는 있습니다! 똑같이 재주 좋은 말이지만, 잠에 겨운 잡종의 등에 손쉽게 올라타는 것과 기운 넘치는 순종의 야생마를 길들이는 것은 별개의 것이니까요. 나는 그렇게 봅니다.

맥스

*

보증위탁회사 파리지국
[1925년] 5월 1일

친애하는 맥스

책을 호평한 평론가의 말조차—이를테면 지금까지 유일하게 지적인 서평을 쓴 스톨링스[30]—근본적으로 사유되지 않는 마당에, 오랜 세월 고통 받는 대중에게 분개해봤자 무슨 소용이 있겠습니까. 하지만 똑같은 말을 **지겹도록** 되뇌지 않는 한, 모든 것이 순식간에 잊힌다는 사실을 생각하면 한없이 우울해집니다. 서평가들 대개는 자신도 완전히 이해하지 못한 작품을 놓고 횡설수설하다가 다른 지식인이 의견을 낼 때까지는 정작 **찬성도 반대도** 아닌 애매모호한 입장만을 견지합니다. 물론 내가 보는 서평은 〈타임스〉와 〈트리뷴〉이 전부입니다. 아, 스톨링스가 있어 얼마나 다행인지 모릅니다. 이제는 내 책을 들여다보는 사람이 하나도 없다고 믿기에 이르렀기 때문입니다.

돈에 대해. 어제 1000달러를 부탁했으니(답장해주셔서 고맙습니다)[31] 빚이 1200달러가 되겠군요. 혹은 책이 1만 2000부 팔린다면 4000달러가 되겠지요. 영화 판권이 팔리면 빚을 전부 청산할 수 있을 겁니다. 그렇지 않다면 지금 편집자님에게 드릴 수 있는 거라곤 가을에 펴낼 '모든 슬픈 젊은이들All the Sad Young Men'이라는 제목의 깜짝 놀랄 단편집뿐입니다. 이 가운데 〈포스트〉에 발표된 글은 한 편도 없습니다. 편집자님이 읽어본 건 아마 「면죄」밖에 없을 겁니다. 모든 광고와 인세, 선의에 감사드립니다. 쓰레기를 다시 처리하고 새 소설을 시작하겠습니다.

··· 리브라이트Horace Liveright가 헤밍웨이를 잡았습니다! 라디게는 어떻게 되었나요?

5월 12일부터 1월 12일까지 여덟 달 동안 머물 아파트를 빌렸습니다. 이곳에서 최선을 다할 겁니다. 이탈리아에서 여섯 달을 흘려보내다니! 맙소사!

기적적으로 책이 2만 3000부까지 팔려서 출판사에 진 빚을 싹 청산할 수 있으면 좋겠습니다. 3년 동안 빚이 없었던 적이 없습니다. 시간이 지나면서 빚은 나의 늙어가는 어깨를 더욱 무겁게 짓누릅니다. 그나마 새 소설을 생각하면 행복해집니다. 형식도 주제도 구성도 완전히 **새로운** 것입니다. 오랫동안 조이스와 스타인이 갈구했고 콘래드가 끝내 찾지 못한 모델입니다.

어떤 소식이든 알려주십시오. 출간 이후 편지를 쓰지도 받지도 못했습니다. 유쾌하지만 짜릿한 맛은 없는 영원한 청춘 조니 위버John V. A. Weaver, 평론가이자 시인, 극작가의 편지만 받았을 뿐입니다. 계획으로 머리가 터질 듯합니다. 하지만 그것은 나중의 일. …

12일 이후 주소는 틸싯가 14번지입니다. 거트루드 스타인의 『세 가지 삶』을 갖고 있거든 누가 훔쳐가지 않게 잘 보관해주십시오.

나를 위해, 또 책을 위해 여러모로 애써주신 스크리브너 씨 이외 모든 사람들, 그리고 편집자님에게 무한한 감사를 드립니다.

어쨌건 표지는 대성공입니다.

추신 톰 보이드의 책은 어떻게 되었나요?

1925년 5월 9일

친애하는 스콧

선생의 5월 1일 편지를 받고 기뻤습니다. 이제 마음 편히 주말을 보낼 수 있을 것 같군요. 선생이 절망의 늪에 빠져 있을 줄 알았습니다. 아직 절망할 시간이 아니라고 나 스스로 믿지만, 그렇다고 절망을 떨쳐낼 실제 증거를 보낼 수도 없었습니다. 현재 판매 부수는 1만 2000권, 이는 곧 1차 유통량이 거의 소진되었을 뜻합니다. 지금이 중요한 때입니다. 그러나 어찌 되었건 선생은 제대로 된 평가를 받을 것입니다. 내가 보기에 스틀링스의 서평은 다른 책을 부당하게 평가한 탓에 무결하다 할 수 없습니다. 그에 반해 〈포스트〉 서평은, 선생이 곧 보게 될 것입니다만, 매우 훌륭합니다. 또한 젊은 평론가 셴튼이 선생의 책을 온전히 이해한 것으로 보입니다. 비록 비중이 크지 않은 〈레코드〉에 글이 실리겠지만, 그래도 셴튼의 의견을 널리 퍼뜨릴 수 있을 것입니다. 허거스하이머의 논평을 듣 받아볼 텐데, 자신이 할 수 있는 한 최선을 다하겠다고 말했습니다. 평단의 인정이라는 측면에서는 응당 받아야 할 결과를 얻게 될 것이고, 안목 있는 독자의 눈에 선생의 입지는 드높아져 있을 것입니다.

다른 소설을 구상 중이라니, 더욱이 할리우드 얘기도 다시 꺼내지 않고 천만다행입니다. 빚에 대해서는, 갚아야 할 빚이 남아 있다면 말입니다. 오, 제발, 그 문제로 인해 선생이 지치는 일이 있어서는 안 됩니다. 현실적으로 따져야 한다면 좋은 작가에게 투자한 걸로 합시다. 빚돈을 쓰는 걸 선생이 싫어하는 줄 잘 알지만, 우리에 관한 한 돈 걱정이 선생의 영혼을 갉아먹게 하지 마십시오.

선생이 뽑은 단편집 제목은 근사합니다. 단편을 보낼 건가요, 아니면 방법을 알려주면 우리가 단편을 모을까요? 레이놀즈가 가지고 있나요? 이번 주말에 시간이 나면 긴 편지를 써서 보내겠습니다. 내가 보낸 편지를—선생에게 무슨 도움이 되었을지 모르겠지만—모두 받아보지 못했다니 안타깝습니다. 파리에 한 통씩 도착하지 않을까 싶습니다.

헤밍웨이 일은 정말 유감입니다. 헤밍웨이에게서 멋진 편지도 받았는데요. …

링의 책은 주로 신문에 실렸던 글 가운데 링의 허락을 받은 글을 추린 것입니다. 선생에게 한 부 보냈으니 조만간 도착할 겁니다. 지금까지 5000부가량 판매되었고 순항 중입니다. 올가을에 링의 단편집을 냈으면 하는데, 이미 다섯 편은 썼고 아홉 편은 돼야 할 겁니다. 톰 보이드의 『새뮤얼 드러먼드Samuel Drummond』는 수작입니다. 자세한 얘기는 다음 편지에 쓰겠습니다.

맥스

파리 틸싯가 14번지(영구 주소지)
[1925년 5월 22일]

친애하는 맥스

콜린스[32]에 책을 보낸 걸로 알고 있습니다. 아직 안 보냈다면 한 부 보내주시고 바로 알려주십시오. 실패작이라고 출간을 원하지 않으면 조너선 케이프 출판사를 타진해볼 수 있습니다. 출판사에 진 빚을 생각하면 한없이 우울합니다. 연재 원고료를 받았더라면 최소한 빚은 다 청산했을 텐데요.

멩켄과 윌슨에게서 결정적인 편지를 받았습니다. 윌슨은 자기가 글을 기고하는 〈시카고 트리뷴〉에 서평을 쓸 거라고 하더군요. 단 두 편을 제외하고는 지금까지 나온 서평은 모조리 바보 같은 헛소리뿐입니다. 언젠가 그들은 풀을 뜯어 먹고 살 겁니다, 맹세코! 이런 일련의 일이, 그 영향과 결과의 측면에서 나를 단단하게 만들었고, 지금은 **그 어떤** 미국의 젊은이보다 나 자신이 훌륭하다는 생각이 듭니다.

헤밍웨이는 아주 근사하고 매력적인 친구입니다. 편집자님의 편지와 그 따뜻한 어조에 고마워하고 있습니다. 리브라이트가 신통찮으면 편집자님에게 갈 겁니다. 미래가 창창한 친구입니다. 이제 겨우 스물일곱 살이니까요…

6월 1일이나 10일쯤 『모든 슬픈 젊은이들』을 보내겠습니다. … 부연하자면 내가 외국에 있고, 그로 인해 교정쇄와 서평용 증정본 작업이 순차적으로 늦어지면서 책 발간에 악영향을 미쳤을지도 모릅니다. 따뜻한 편지들과 베풀어주신 친절에 거듭 감사드립니다. 콜린스에서 소식이 오면 알려주십시오.

몇 부나 팔렸는지, 판매가 아예 끊긴 것은 아닌지 알려주십시오.

*

프랑스 파리 틸싯가 14번지
[1925년 6월 1일]

친애하는 맥스

오늘 편집자님에게 쓰는 두 번째 편지군요. 리브라이트 소식을 전한 수기手記 편지가 뉴캐넌에서 도착했을 때 첫 편지는 찢어버렸습니다. 그 소문과 관련해 오늘 편집자님에게 전보를 치겠습니다. 그와 동시에, 편집자님에게 말하지 않으려고 했던 걸 아무래도 말해야 할 것 같습니다.[33]

어제 T. R. 스미스출판사 보니&리브라이트 편집자에게서 다음 책을 묻는 편지가 왔습니다. 스크리브너스에 안 좋은 얘기는 하나도 없이 그냥 책에 대해서만 묻더군요. '혹시 내가 만족하지 못하는 부분이 있으면 기꺼이 돕겠다' 하는 따위의 이야기였습니다. 편집장님은 내 절친한 친구이고, 스크리브너스와 항상 따뜻하고 유쾌한 관계를 이어왔기 때문에 출판사를 바꿀 마음은 조금도 없다고 그 자리에서 답장을 썼습니다. 이 편지가 편집자님의 손에 닿을 때쯤 그 편지도 스미스의 손에 들어갈 겁니다. 어제 답장으로 쓴 **그 확실하고 명백한 편지** 이외에는 여태껏 리브라이트나 여타의 출판사와 **그 어떤 종류의** 연락도 취해본 적이 없습니다.

소문 얘기는 이쯤 하고. 그 소문이 나는 데 얼마간 책임이 있는 톰에게 화가 남과 동시에 내게 그 얘기를 꺼낼 만큼 편집자님이 그 얘기를 믿었을지 모른다는 생각을 하니 우울해집니다. 소문이란 이렇게 퍼지는 법입니다.

스미스: (**타고난 가십꾼**) 피츠제럴드 책이 안 팔린다면서. 지금쯤 스크리브너스사 탓을 할 테니 그 친구를 데려올 수 있겠어.

옆에 있는 남자: 피츠제럴드가 스크리브너스사에 불만이 많은가 봐. 리브라이트가 꼬시는 중이라는군.

세 번째 남자: 피츠제럴드가 리브라이트로 넘어갔대.

자, 그러하니, 편집자님이 내 출판인이라고, 영원히—이 변덕스러운 세상에서 '영원히'라는 단어를 가능한 한 멀리 휘두르며—그럴 것이라고 수백 번도 더 얘기했습니다. 원한다면 앞으로 나올 세 권의 책 계약서를 당장 쓸 수 있습니다. 편집자님을 떠난다는 생각은 **단 일 초도** 머릿속에 들어온 적이 없습니다.

첫째, 젊은 사람이기에 편집자님의 출판 아이디어에(그 아이디어라는 것이 20년에서 40년 전의 영화 이전 시대, 혹은 높은 문맹률 이전 시대의 상황에 맞춰 진화되어왔습니다) 늘 찬동하는 것은 아니지만, 편집자님과 스크리브너 씨의 성품, 그 반듯하고 정중하며 너그럽고 열린 마음, 그것을 언제나 그곳에서 만나왔습니다. 그리고 이렇게 말할 수 있다면, 나와 내 작품에 언제나 각별한 배려를 베풀어주셨습니다. 이 모든 것이 생각의 차이보다 훨씬 컸습니다.

둘째, 작품이 아닌 작가를 지지하는 출판사의 이점에 내가 어떤 생각을 가지고 있는지 잘 알 겁니다. 출판사와 제본이 통일된 책에 대한 생각도 잘 알 테고요.

셋째, 다소 급진적인 작가의 작품이 초보수적 성향으로 통하는 출판사에서 나올 때 갖는 흥미로운 이점.

넷째, (가장 말할 필요가 없지만) 3000달러가 넘는 빚을—실질적 금액이기도 하지만 명예의 문제이기도 합니다—지고 있는데 어떻게 다른 출판사와 일할 수 있겠습니까?

스크리브너 씨가 소문을 듣는다면 이 편지를 보여주십시오. 리브라이트 얘기도 이쯤에서 그만.

편집자님의 편지가 이제 하나씩 도착하고 있습니다. 〈타운&컨트리〉의 커티스와 〈더 네이션〉의 반 베크턴 글『위대한 개츠비』에 대한 두 편의 서평을 읽으니 기분이 좋아졌습니다. 개인 서신들—카벨, 윌슨, 반 위크 브룩스 등의 서신은 최고였습니다. 파리에 있는 이들 중에서는 어니스트 헤밍웨이와 거트루드 스타인이 열광적인 반응을 보입니다. 래스코를 제외하면 비평에 관해서는 완승입니다. … 링의 책은 여기에 있는 사람들에게는 큰 실망이었습니다. 심지어 여행기 말미에서는 연결 어구마저 빼지 않았고, 희곡 다섯 편에서는 하나같이 '그의 엄마—후에는 그의 아내' 운운하며 똑같은 농담을 반복합니다. 내가 편집자님이었다면 새로 펴낼 모음집으로 링을 압박하지 않았을 겁니다. 첫 단편 아홉 편만을 추슬렀다면 나머지 글에 기대지 않아도 됐을 텐데요. **믿었던 작가가 실망스러운 작품을 내놓았을 때 서평가들이 얼마나 잽싸게 공격해 들어오는지 편집자님도 잘 알 겁니다.** 물론 「이발」간 읽은 터라 내가 틀렸을 수도 있습니다. 링이 다시 자신의 글을 믿기를, 그리고 공격을 받아 자신감을 잃는 일이 없기를 바랍니다. 내가 본 『그래서 뭐?』 서평은 셀데스의 것을 어설프게 흉내 내는 한편, 어떻게 해서든 셀데스의 등에 칼을 꽂으려고 하는 글뿐입니다. 맙소사, 이 저질 싸구려 서평가들. 하지만 누구나 먹고살기는 해야 하는 법이지요.

글을 쓰는 도중에 전보가 왔는데 브래디가 최고의 각본가 오웬 데이비스와 『개츠비』를 희곡화하자면서 연극 권리에 대한 제안을 해왔습니다. 말할 것도 없이 수락하겠지만, 실제 계약이 이루어질 때까지는 함구해주십시오. …

언제나 좋은 일이 가득하길.

피츠제럴드 신간 자료

제목

모든 슬픈 젊은이들

(단편 아홉 편)

'단편 아홉 편' 아래 이 책을 추가해서 예전처럼 책 목록 인쇄. 제본은 다른 책과 통일. 표지는 단순하게, (편집자님이 제안한 대로) 그림 대신 글자 삽입.

헌정: 링 라드너와 엘리스 라드너에게

단편들은(지금 수정 작업 중) 7월 15일까지 도착할 겁니다. 교정쇄는 보낼 필요 없습니다.

다른 단편집과 버금갈 것이고, 사람들이 그렇게 얕잡아 보던 〈포스트〉에 실렸던 글은 하나밖에 없습니다. (편집자님이 읽은 글은 한 편뿐입니다―「면죄」) 다른 글들이 하나같이 훌륭해서 두 편 빼고 파는 데 애를 먹었습니다.

책에 실릴 차례대로 나열하자면 대략 다음과 같습니다.

 1. 부잣집 아이   1만 3000 단어
    (막 탈고. 진지한 이야기로 매우 훌륭합니다)
 2. 면죄(〈머큐리〉)   6500 단어
 3. 겨울 꿈   9000 단어
    (『개츠비』의 1차 원고에 해당. 1923년 〈메트로폴리탄〉)

4. 랙스 마틴 존스와 웨일스의 왕자   5000단어

   (환상적 재즈. 너무 훌륭해서 로리머와 롱[34]에게 퇴짜. 〈맥콜스〉)

5. 베이비 파티(근사한 이야기. 〈허스트〉)   5000단어

6. 주사위, 쇳조각, 기타   8000단어

   (초기 작품 스타일로 활기 넘치는 재즈. 〈허스트〉)

7. 분별 있는 일   5000단어

   (젤다와 나에 곤한 이야기. 모두 실제 이야기. 〈티버티〉)

8. 다혈질과 냉혈한   6000단어

   (훌륭한 이야기. 〈허스트〉)

9. 그레첸의 40트의 윙크   7000단어

   (파라, 크리스천 가우스, 제시 윌리엄스가 최고 작품으로 평가. 실제로는 아님. 〈포스트〉)

   도합 대략   6만 4500단어

(그리고 아마도 또 한 편의 단편)

제목은 단편 일곱 편이 우리 세대의 불행한 젊은이를 그리고 있기 때문입니다. 바깥 표지에 언급할 작품은 첫 다섯 편 혹은 첫 세 편입니다. …

제안. **광고 문구**

찰스 스크리브너스 선스
F. 스콧 피츠제럴드
새 단편집 발표

표지 문구 제안: '미국 여자의 새 유형을 만들어낸 초기의 활력 넘치는 청춘 이야기에서 『위대한 개츠비』를 배출한 후기 진중한 작풍으로—이 시기 피츠제럴드는 동시대 미국 작가 중 몇 안 되는 영어 산문의 장인으로 우뚝 선다—넘어오는 과도기를 보여준다. … 이처럼 예상치 못한 발전과 다재다능함, 보폭의 변화를 보여준 작가, 또 그 누구 있을까.'

등등등. 편집자님이 적절한 수준으로 어조를 조절한다면 대략적인 개요는 그렇습니다. '피츠제럴드가 해냈다!'라고 해놓고선 그다음 문장에서 피츠제럴드는 예술가, 뭐 이런 식의 구성은 하지 마십시오. 예술가에 관심 있는 사람들은 '해 낸' 사람들에게 관심이 없습니다. 둘 다 괜찮지만, 하나의 광고에 함께 넣지는 마십시오. 작가의 트집입니다. 모든 작가는 트집 하나씩은 갖고 있게 마련이지요.

하지만 지금껏 편집자님이 잘해왔으니(《프린스턴 주간 동창회보》에 실린 블랙의 그 기념할 만한 배설물을 제외하면 말입니다. '피츠제럴드 크리스마스를 만드세요!' 기억하지요?) 이번에도 편집자님에게 맡깁니다. 10만 부가 팔리지 않으면 미첼 케널리Mitchell Kennerley에게로 옮길 겁니다. …

*

1925년 6월 13일

친애하는 스콧

… 원고가 지금 오는 중이겠군요. 그러리라 믿고 싶습니다. 원고를 받는 대로 세부 사항―출간 계획 등 그 밖의 모든 것―에 대해 편지를 쓰겠습니다. 출간과 관련한 모든 사항을 직접 감득할 것입니다.

소문에 대해. 소문을 내게 처음 전한 사람은 몰리 콜럼입니다. 그 자리에서 부인했지만, 얼마 후 몰리가 들어와서는 어찌나 확신에 차서 얘기하던지 선생이 부인해주면 좋겠다는 생각이 들 정도였습니다. 진실일 거라고는 거의 믿지 않았지만, 다만 선생이 재정 상황에 쫓기고 낙담한 나머지 좋은 제안을 받아들였을지도 모른다는 생각이 들긴 했습니다. 하나의 가능성으로 스쳐 지나갔을 뿐, 당시 상황이 나쁘지 않았더라면―루이스 등 개인적 문제까지 말하는 겁니다―그런 생각조차 들지 않았을 것입니다. 톰 스미스에게 잘못이 있다고는 생각하지 않습니다. 사무실에서 그 얘기를 몰리에게 전한 사람은 톰이 아닌 다른 사람입니다.

    편지를 받고 할 얘기가 많은 터라 요 며칠 사이에 답장을 쓸 시간이 났으면 좋겠습니다. 하지만 한 가지 분명한 사실이 있습니다. 언젠가는 출판사를 바꾸는 게 선생에게 옳은 일일 수도 있기에 종신 계약을 맺자고 요구하지는 않을 것입니다. 내겐 비극이겠지만 개인적 이유로 선생의 앞길을 막을 만큼 옹졸하지는 않습니다.

맥스

추신 … 판매 부수는 대략 1만 4000부입니다. 꾸준히 나갑니다. 이걸로 됐습니다.

1925년 6월 26일

친애하는 스콧

… 『개츠비』가 1만 5000부 나갔다고 전보를 보냈습니다. 오늘 더 팔리지 않으면 50부에서 60부가량 빠지지만 곧 1만 5000부를 넘어설 것입니다. 〈머큐리〉에 실린 멩켄 서평을 동봉합니다. 평소 책에 호평했던 것에 비하면 활자로 옮긴 게 다소 미진한데, 멩켄이 어떤 부분에서 책을 완전히 이해하지 못한 게 아닌가 의구심이 듭니다. 완전히 이해했다면 **이야기로서** 소설의 미흡한 점을 수차례 지적하진 않았을 것이기 때문입니다.

… 링의 말로는 선생이 곧 미국으로 돌아온다고 하더군요. 선생을 곧 만날 수 있기를 간절히 소망합니다. … 젤다에게 따듯한 안부를 전해주시길. 가족 모두에게 딸의 사진을 보여주었다고 전해주십시오. 다들 예쁘다고 난리입니다.

맥스

프랑스 파리 틸싯가 14번지
[1925년 7월 8일]

친애하는 맥스

세부 사항이 수천 개 기록될 또 하나의 편지이니, 사항마다 번호를 매기겠습니다. 그리하면서 그것들을 하나씩 치우는 기분이 들 것 같군요.

1. 최대한 빨리 출납 장부를(반년 치 명세서) 보내주시면 좋겠습니다. 정확히 빚이 얼마인지 모르겠지만, 3000에서 4000달러 사이인 것 같습니다. 빚을 갚는 데 『모든 슬픈 젊은이들』이 얼마나 승산이 있는지 알고 싶습니다. 700달러를 보내주셔서 고맙고 또 고맙습니다. 이 돈이면 다음 달에 '우리의 유형Our Type'[35]을 계속 집필할 수 있을 것 같습니다. 활자로도 머릿속으로도 꾸준히 형태를 잡아가는 중입니다. 아직 얘기할 때는 아닌 것 같습니다.

2. 『개츠비』가 영국에서 출간되나요? 영국에서 출간되기를 간절히 바랍니다. 콜린스가 여의치 않으면 조너선 케이프에 연락해볼 수 있을까요? 그 후 진행 상황을 알려주십시오.

3. 링의 책이 얼마나 팔렸는지 궁금합니다. 『밀밭을 지나』는 어떤가요? 이 책을 다시 읽었는데 멋지더군요. 『밀밭을 지나』는 『거대한 방』 『개츠비』와 더불어 남북전쟁 이후 미국 최고의 소설인 것 같습니다. …

4. 아이반 옵퍼에게 내 스케치를 그리게 하는 데 48달러

를 썼습니다.[36] 그림이 형편없었습니다. 다시 그리겠다고 하더군요. 그래도 그림이 마음에 들지 않으면 사진을 보내겠습니다. 단편들은 내일모레 부치겠습니다.

5. 유럽에 거주하는 미국인 인구가 줄어든 탓에 출판 시장이 타격을 입는 듯합니다. 『개츠비』는 더욱더 봄에 출간하고 싶지 않은 책입니다. 지금부터 가을까지가 책을 내기에 최적인 시기로 보입니다.

6. …

7. 설문지를 돌려보냅니다.[37]

8. 지금쯤이면 『개츠비』가 1만 8000부 넘게 팔렸겠군요. 제발 2만 부까지 갔으면 좋겠습니다. 일단 듣기가 좋잖아요. 셰인 레슬리가 책을 호평했습니다.

다른 소식은 없습니다. 5월에 술을 많이 마셨지만 지난달에는 개처럼 일했습니다. 라디게의 『도르젤 백작의 무도회』가 들불 번지듯 팔려나갈 것이라고 지금도 생각합니다. 시간이 있다면 내가 번역하고 싶습니다.

프랑스 파리 틸싯가 **14번지**
[**1925년 7월 10일**]

친애하는 맥스

1. 원고를 보내면서 헌정 부분을 빠뜨렸습니다. 링 라드너와 엘리스 라드너에게. 이렇게 처리해주시겠어요?

2. 〈더 레드북〉에 「부잣집 아이」가 발표될 수 있는 가장 이른 날짜를 알려달라고 부탁해두었습니다.[38]

3. 백일해에 걸려 민폐가 이만저만이 아닙니다. 하지만 기침 소리가 꼭 웃음소리 같다는 사실을 인정해야겠습니다.

4. 소설의 '구성'을 칭찬하는 소리를 들으면 더 기쁩니다. 소설 구성을 완성한 건 내가 아니라 편집자님이기 때문입니다. 그러하니 구성을 두고 편집자님이 해준 그 냉정하고 유용한 조언에 내가 고마워하지 않는다고 생각하지는 마십시오.

5. 장편소설을 쓰기 시작했습니다. 아직은 아무 얘기도 안 하는 게 좋겠습니다. 다른 소식은 없습니다. 앙티브에서 즐거운 시간을 보낸 탓에 가족 모두 구릿빛으로 건강하게 탔습니다. 혹시 모를까 싶어 말씀드리는데, 앙티브는 리비에라의 칸느와 니스 사이 반도 지역으로, 나폴레옹이 엘바 섬에서 돌아올 때 뭍에 내렸던 곳입니다.

스콧

1925년 7월 14일

친애하는 스콧

이 편지를 다시 옮겨 적겠습니다. 숯등걸 타듯 무더운 날, 필라델피아로 가는 기차에서 쓰는 편지인 까닭입니다. …

장편을 쓴다니 기쁩니다. 제목이 '우리의 유형'인가요? 전보가 그렇게 전하더군요. 소설에 대해 말하고 싶은 만큼만 말하십시오. 그 이상은 안 해도 됩니다. 선생의 선견지명을 보여주는 두 가지 인상 깊은 일이 최근에 있었습니다. 7월 4일에 해변에 갔는데 인간 종이라는 기묘한 집단체가—기원도 모양새도 제각기 다른 그 기묘함—『개츠비』의 명부에 거의 필적했습니다. 또 하나는 스콥스 재판.[39] 경기장과 매스컴을 좇는 자들의 맹렬함, 그리고 관련자들이—혹은 스스로 관여하는 이들—진지함을 가장한 채 숱한 일에 보이는 그 놀라운 경박함. 오늘날 이곳에 이보다 더 진지한 일이 있을까요? 갈릴레오와 사보나롤라, 루터가 '법을 어긴' 순간 카메라로 촬영되고 라디오로 방송되고 신문의 일면을 장식했다면 그들 사건의 진지함은 어떻게 되었을까요? 스콥스는 체포될 때 자신이 동네에서 전혀 유명한 인물이 아니라고 했습니다. 그런데 며칠 후 아침에 일어나 보니 전미 언론이라는 태양이 데이튼Dayton을 환히 비추고 있다는 사실을 온 동네 사람들이 알게 되었지요. 스콥스가 데이튼이라는 마을을 지도 위에 올려놓았다는 사실을 깨닫게 된 것입니다. 스콥스는 이제 더 이상 무명의 인물이 아닙니다! 스콥스가 헌법을 근본화할 것이라고 브라이언이 평하더군요. 일요일에 콜럼네 집에서 만난 에드가 리 마스터스는 스콥이 진실을 말한다고 했습니다. 그것은 이제 불가능한 일이 아니라고요. 금주법이 불가능하지 않았던 것처럼 말입니다. 알다시피 스트러더스 버트가 2년 전에 말했습니다. 미국은 종교전쟁으로 망할 것이라고. 그는 진심이었는데 나는 비웃었지요. 그런데 이제 보니 불가능이 아닐 것 같습니다. 버트는 근본주의자들이 정치적 수단으로, 곧 종국에는 도저히 참을 수 없는 규제된 법률로 우리를 옭아맬 것이라고 했습니다.

선생과 논쟁을 벌이고 싶지는 않습니다. 하지만 한 소설이 다른 작가의 소설과 줄거리가 유사하다고 해서 무슨 큰일이 생기지요? 최고의 소설이라 하는 것 중에서 그 이전에 말해지지 않은 것이 얼마나 됩니까? 선생은 분명 빨리 쓰는 데 특별한 재주가 있습니다. 나는 황소처럼 느린 탓에 그런 재주를 가진 사람이 늘 부럽습니다.

지난밤에 몰리 콜럼이 우리 집에 들러 비평의 원칙을 다룬 책의 첫 네 페이지를 읽어주었습니다. 그녀는 그것을 '크게 뜬 눈과 날개'로 일컫는데, 비평에 감정이 있어야 한다는 평소의 소신을 말해주는 것입니다. 문학을 개인의 고정된 기준으로 평가할 수 없다는 것이지요. 이미 그녀의 지성에 감탄하는 터였는데 이번에는 깜짝 놀랐습니다. 4개의 참신한 **사상**이 명제로 제시되어 있었습니다. 그것도 아주 명료하게. 사실 평소 내 지론은 (많은 사람이 그러하듯이) 여자는 추상적 개념을 파악할 수 없다는 것이었습니다. 그런데 이제 나는 나의 많은 딸들과 함께 기꺼이 페미니스트로 전향하는 바입니다. … 이런, 필라델피아에 도착했군요. 그럼…….

맥스

리비에라 앙티브(영구 주소지는 평소대로 파리)— 다음 주에 이곳을 떠납니다
[1925년] 8월 28일

친애하는 맥스

1. 원고를 보냅니다. 한 달 동안 매달렸습니다. 특히 「부잣집 아이」에 신경을 많이 썼습니다. 〈더 레드북〉이 아직 발표하지 않았지만 서둘러 달라고 부탁했습니다. 11월까지는 될 겁니다. …

2. 편집자님도 곧 알겠지만, 단편 하나가 7월에 보낸 견본쇄 목차에 들어 있었는데 이번에 뺐습니다. 대신 더 나은 단편을 넣었습니다.[40]

3. 『개츠비』에 대한 챠토&윈더스의 반응은 어떤가요? 탐탁지 않게 여기는 눈치인가요? 조너선 케이프는? 통신사를 통해 『개츠비』를 발표하는 건, 당연히 찬성입니다.[41]

4. '우리의 유형'은 다양한 이야기입니다. 그중 하나는 레오폴드와 롭 사건에서 아이디어를 따온 지적인 살인에 관한 것입니다. 부수적으로 젤다와 나 그리고 지난 5월과 6월 파리에서 보낸 광적인 삶의 이야기이기도 합니다.(비밀 유지)

5. 계약서 조건에 감사드립니다.[42] 모든 선인세에 대해서도.

6. …

7. 첫 네 편에 대해 어떻게 생각하는지 알려주십시오.[43]

프랑스 파리 틸싯가 14번지
[1925년 9월 10일]

친애하는 맥스

몇 가지 사안이 있습니다.

1. 톰의 책『새뮤얼 드러런드』에는 특별한 데가 전혀 없습니다. (아주 좋은 의미로) '현대적'은커녕 관습적인 유형과 상황으로 가득 찬 관습적인 소설로 보입니다. …

2. 링과 톰의 책이 (대략적으로) 얼마나 팔렸는지 궁금합니다.

3. 가장 중요한 것. 편지를 보니 챠토&윈더스가 가을이 돼야 『개츠비』를 출판할 수 있다고 하던데,[44] 그게 1926년 가을을 말하는 건가요? 믿어지지 않지만, 혹시 그게 맞는다면 이의를 제기하고 싶습니다. 1년 반 후에 출판할 바에야 (조너선) 케이프에 제안하거나 아예 출판하지 않는 편이 낫겠습니다. 많은 영국인이―그들의 의견이 상당히 중요합니다―이미 이 책을 읽었습니다. 루이스와 허거스하이머의 책이 영국과 미국에서 동시 출판돼 이중 광고의 혜택을 온전히 누리는데 왜 내 책은 18개월이나 기다려야 하는지 그 이유를 도통 모르겠습니다. … 챠토&윈더스의 결정이 최종적이지 않기를. 만일에 그렇다면 킹슬리 씨께 연락해 손을 써달라고 부탁해주셨으면 좋겠습니다. 조너선 케이프는 어떨까요? **늦어도** 내년 봄에는 영국에서 책이 출판되기를 간절히, 또 간

절히 바랍니다. 바로 알려주십시오. 가을 출판 목록에 없는 걸 확인하고 편집자님의 편지를 우울한 마음으로 읽었습니다.[45]

콜린스는 절대 나를 믿지 않습니다. (그가 언제나 내게 원하는 것은 장편 버전의 「해변의 해적」을 쓰는 것입니다.) 나를 좋아하는 영국 독자가 많지 않다는 것도 압니다. 그렇지만 독자의 존재를 알 만큼 열정적인 편지도 여럿 받았습니다.

4. 레이놀즈의 설명에 의하면 〈더 레드북〉이 「부잣집 아이」를(1, 2부로 나누어) 1, 2월이 돼야 발표할 수 있다고 합니다. 그렇다면 『모든 슬픈 젊은이들』을 2월에 내는 건 어떨까요? 언론의 큰 관심을 받을 겁니다. 비평적으로 큰 성공을 거둔 뒤 나온 책은 몇몇 지각없는 자들로부터 요란한 환호를 받게 마련이니까요. 「부잣집 아이」가 마음에 들던가요? 다른 것들은요? 「부잣집 아이」가 최고입니다.

5. 『개츠비』 판매 부수는요? 아직 2만 부가 안 됐나요?

6. 원고에서 빠진 부분을 동봉합니다.

7. 장편은 잘 진행되고 있습니다.

당신의 친구

1925년 10월 6일

친애하는 스콧

『개츠비』 영국 출간에 대한 선생의 편지를 받았습니다. 그들이 출간을 계획하는 때는 가을이 아니라 봄입니다. 유감입니다만 콜린스에게는 책에 최우선 결정권이 있고, 콜린스가 결정을 빨리 내리는 사람도 아니지요. 콜린스의 편지 내용은 이렇습니다. '『위대한 개츠비』로 당혹스럽습니다. 어떤 면에선 스콧 피츠제럴드의 최고의 소설이지만, 영국에서는 판매하기가 힘든 책입니다. 영국 독자가 그 소설을 이해할 수 있을지, 또 잘 팔릴 것 같지도 않습니다. 길이도 참 애매합니다. 스콧 피츠제럴드와 결별하고 싶진 않지만,『위대한 개츠비』 출간으로 그의 독자가 늘기는커녕 오히려 줄어들 것으로 보입니다. 요는 책의 분위기가 영국 독자에게는 굉장히 낯설다는 것입니다. 피츠제럴드 본인은 믿고 싶지 않겠지만 말입니다. 그런 까닭에 유감스럽게도 책을 돌려드리는 바입니다.'[46]

『개츠비』는 그다음 덕워스에 보내졌고 마찬가지 결론에 이르렀습니다. 그 뒤 챠토&윈더스에 갔는데 그쪽에서 마침내 승낙 의사를 표했습니다. 나 역시 조너선 케이프와 그가 펴낸 책을 좋아하기에 선생이 조너선 케이프를 선호한다는 걸 잘 압니다. 하지만 사실 그곳은 챠토&윈더스만큼 강한 출판사가 아닙니다. 스크리브너 씨도 현재로선 그곳이 선생에게 더 나을 것이라고 말합니다.

　『모든 슬픈 젊은이들』의 교정쇄가 나오기 시작합니다. 첫 단편 작업이 끝나는 대로 그 글은 물론 다른 단편에 대해서도 편지를 쓰겠습니다.

맥스

1925년 10월 12일

친애하는 스콧

『위대한 개츠비』의 인세 보고서를 보냅니다. 2만 부에 살짝 못 미치지만, 지난번 300달러를 빼면 빚이 2700달러밖에 되지 않습니다. 『모든 슬픈 젊은이들』이 나오면 금방 갚을 금액입니다. 재정 상황이 곧 좋아질 것으로 믿습니다. 선생은 눈부신 도약을 하고 있습니다. 『모든 슬픈 젊은이들』 앞쪽에 수록된 단편 세 편을 읽었는데 이 사실을 바로 알 수 있었습니다. 심지어 『위대한 개츠비』도 보여주지 못한 발전입니다. 이번 단편들은 이전 것보다 훨씬 깊이가 깊습니다. 특히 첫 번째와 세 번째 「부잣집 아이」와 「베이비 파티」 단편이 그렇습니다. 이렇게 의미 있는 작품을 대중이 즐길 수 있게 썼다는 것은 정말 대단한 일입니다.

맥스

[프랑스 파리] 틸싯가 14번지
[1925년 10월 20일]

친애하는 맥스

6일과 7일, 12일에 보내주신 편지에 감사드립니다. 첫 네 편이 좋다니 기쁩니다. 「부잣집 아이」의 교정쇄를 받고자 하는 이유는 주인공과 관련된 내용을 약간 바꾸고 싶기 때문입니다. 주인공의 정체성과 관련된 부분입니다.

『개츠비』가 내년 봄에 영국에서 출간된다니 다행입니다. 편집자님의 첫 편지에는 1927년 가을로 나와 있었습니다! 하지만 판매 부수가 1만 9640부밖에 안 된다니 실망스럽습니다. 2만 5000부는 될 거라 기대했는데. …

별다른 소식은 없습니다. 썼다 지웠다 다시 쓰기를 반복하면서 소설은 더디게, 그리고 조심스럽게 진행되고 있습니다. 『개츠비』의 극화 소식이—캐스팅이든 날짜든 뭐든—들리거든 바로 알려주십시오.

어제 100달러 입금을 부탁하는 전보를 보냈습니다. 이로써 다시 3171.66달러가 되었군요. 우울해집니다! 빚을 청산할 날이 올까요. 단편집은 5000부도 팔리지 않을 겁니다.

비통에 빠진 당신의 벗

1925년 12월 17일

친애하는 스콧

크리스마스 즈음해 특별히 제본한 책 한 권을 보내겠습니다. 우리 시대 가장 독창적이고 아름답고도 조악한 책 가운데 하나가 될 것입니다. 위대한 책이 종국에는 갖추게 될 의장을 그 책에 입힘으로써 다만 얼마라도 경의를 표하고 싶었습니다. 무엇보다 선생이 그런 모양새의 책을 가져야 했기 때문입니다. …

당신과 젤다의 영원한 친구

프랑스 파리 틸싯가 14번지
[1925년 12월 27일]

친애하는 맥스

지독한 우울증에 빠져 이 편지를 씁니다. 소설은 환상적입니다. 솔직히 말하면 이 책이 세상에 나오면 미국 최고의 소설가가(말을 많이 하지 않는 법이지요) 될 겁니다. 하지만 끝은 한없이 멀어 보입니다. 소설을 끝내면 미국에 잠시 가 있을 생각입니다. 비록 프랑스에 머물겠다는 생각만큼 그 생각이 나를 몸서리치게 만들지만 말입니다. 열에 들뜬 듯 즐긴, 극적인 불행만 온전히 간직한 채 다시 스물두 살이 됐으면 좋겠습니다. 곧잘 서른 살에 죽고 싶다는 말을 했던 걸 기억하실 겁니다. 이제 스물아홉 살이 되었고 앞길은 아직 창창합니다. 내게 행복을 주는 것은—얼마간 빡빡하긴 하지만—일뿐입니다. 그리고 저 두 명의 사치 덩어리를 위해 지금 나는 정신적 육체적 숙취로 고통 받으며 값비싼 대가를 치르고 있습니다. … 단편집이 7000~8000부는 나가길 바랍니다. 『개츠비』 판매는 완전히 끊겼나요? 이 얘기는 안 하시는군요. 2만 5000부에 혹시 이르렀나요? 감히 바랄 수조차 없습니다. …

젤다 상태가 그다지 좋지 않습니다. 다음 달에 남쪽의 살리 드 베아른으로 가서 젤다를 치료할 수 있을지 지켜볼 생각입니다. … 소설은 내년 가을까지 마무리할 겁니다.

... 루이즈에게 안부 전해주시길.

당신의 친구

*

파리 퀼싯가 14번지 [새 주소—이탈리아인 거리 1번지 보증위탁회사]
[1925년 12월 30일]

친애하는 맥스

1. 일단 입금해주셔서 편집자님과 스크리브너스에 감사드립니다. 빚이 얼마인지 모르겠습니다. 정확한 금액 산출을 위해 명세서를 2월 1일까지 기다리지 말고 **지금** 보내주십시오. 금액이 상당할 걸 생각하니 우울해집니다. 쓰레기에 매달릴수록 장편에 전념할 수가 없습니다. 하지만 올해는 다를 겁니다.

2. 헤밍웨이의 책 중에 (소설 말고) 셔우드 앤더슨과 그 아류를 풍자하는, 2만 8000단어 분량의 책이 있습니다. 제목은 '봄의 급류Torrents of Spring'입니다. 무척 마음에 들지만, 인기를 끌 거라고는 생각하지 않습니다. 리브라이트가 책 출판을 거절했습니다. 하기야 **앤더슨을 밀어주는 출판사**가 앤더슨에 대한 지독한 패러디인 그 책을 낼 리가 없지요. 앤더슨의 최근 두 권은 그를 믿었던 모든 이에게 실망이었다는 어니스트의 주장에 나도 동감합니다. 그 책들은 싸구려에 가

짜이고 진실을 감추는 엉터리입니다. 이번 거절로 인해 헤밍웨이는 리브라이트와 종전에 맺은 세 권 계약이 끝났다고 생각하는 모양입니다. 물론 내 속이 시원할 만큼 확실한 건 아닙니다. 어쨌건 그리된다면 헤밍웨이가 지금 오스트리아에서 수정 작업 중인 소설을 편집자님에게 넘기지 않을까 생각합니다(1000부가량 판매될 그 풍자문을 먼저 출간한다는 조건에서). 하코트 출판사는 얼마 전에 루이스 브롬필드에게 편지를 보내 헤밍웨이의 소설을 얻을 수 있다면 풍자문을 보지도 않고 출판할 것이라고(일급기밀) 했답니다. 노프사도 아스핀월 브래들리Aspinwall Bradley를 통해 헤밍웨이를 포섭하려는 중입니다.

어니스트는 나와 절친한데, 리브라이트와 어떻게 될지 당분간 상황을 지켜보겠다고 합니다. 자유의 몸이 되면 편집자님이 풍자문을 가장 먼저 볼 수 있게 하겠습니다. 그 후 장애가 없다 싶으면 소설 『모두 함께Tout Ensemble』 계약서를 쓰시면 됩니다. 그 친구는 〈스크리브너스 매거진〉에 첫발을 내딛기를 고대하고 있습니다. 내가 어니스트의 단편 하나를 편집자님에게 보냈었지요. 또 한 편은 이곳의 '예술' 잡지 〈디스 쿼터〉에 기막히게도 40달러를 받고 넘겼습니다.

풍자문을 먼저 출판해야 한다는 그의 결심은 **확고부동합**니다. 그 친구는 늘 편집자님과 일하고 싶어 했는데, 다만 그의 유일한 걱정은 넓게 보면 스크리브너스가 하코트에 비해 상대적으로 더 보수적이지 않을까 하는 것입니다. 주소는 다음과 같습니다.

오스트리아 포트아를베르크 슈룬스 토브 호텔
어니스트 헤밍웨이

리브라이트와 하코트 문제를 편집자님과 상의했다는 걸 절대 알리지 마십시오.

그 친구가 소식을 전하는 대로 편집자님에게 알리겠습니다. 난 예전에 편집자님이 하코트만큼, 아니 그보다 관심이 더 많다는 걸 보여줄, 강한 어조의 전보를 보낼 것으로 기대했었습니다. 편지가 단 2주 차이로 늦게 도착하는 바람에 『우리 시대에』를 놓쳤다는 걸 알고 계신지. 물론 많이 팔리진 않았지만 톰 보이드와 E. E. 커밍스, 빅스를 모두 합쳐 놓은 듯한 매우 독특한 소설입니다. …

3. 『위대한 개츠비』 연극이 어떤지 말씀해주십시오.

4. 편집자님이 어떤 책을 보냈는지 궁금해 죽겠습니다. 젤다는 『개츠비』일 거라고 하는데, 내 생각은 다릅니다.

5. …

6. 집필 중인 소설은 훌륭합니다.

7. 『개츠비』 번역은 잘되고 있는 것 같군요. …

스콧

1926년 1월 13일

친애하는 스콧

표지 석 장을 동봉합니다. 책에 씌워보지 않고 판단하면 안 됩니다. 그렇게 해야지만 느낌이 어떤지 알 수 있기 때문입니다. 다소 초라한 견본이지만, 지금으로선 구할 수 있는 전부입니다.

나뿐만 아니라 헤밍웨이의 단편을 읽은 사람들은 모두 좋다고 합니다. 리브라이트가 열정을 보이지 않는다는 게 이상한 일이군요. 리브라이트가 무슨 이유에서인지 헤밍웨이의 작품을 출판하지 않을 것임을 전제로 하는 이야기입니다. 그렇지 않았다면 선생의 전보가 오지 않았겠지요.[47] 전보 내용에 최선을 다했지만, 이런 풍자 서적은—풍자하는 내용이 무엇이건 작가의 손에서 나온 작품에 대해 그리한다는 게 결코 옳은 일은 아니겠지만—출판을 금지당할 우려가 있습니다. 사실 이 점에 관해 우리가 가타부타 말할 건 없지만, 어떤 특정 유형의 책을 출판하는 건 스크리브너스의 정책에 위배됩니다. 이를테면 라블레풍이 너무 과한 책은 출판에 이의가 제기될 수 있습니다. 이런 책이 서늘한 청풍처럼 상쾌하다는 건 알지만, 그럼에도 저번 전보에서 조건 없는 출판이라고 답할 수 없었던 것은 다만 이런 점 때문이었습니다.

조건이 불가피하게 될까 걱정이 됩니다. 어찌 되었건 선생이 우리를 위해 그렇게 해준 것은 잘한 일입니다. 선생이 그렇게 해줘 기쁩니다. …

특히 선생의 두 번째 전보를 받고 난 이후에는 어느 선까지 이야기를 진행해야 할지 몰라 그와 직접 서신을 주고받지는 않았습니다. 중요한 사실은, 그를 믿기에 재정적 손실이 얼마나 될지라도 풍자문을 출판할 것이라는 겁니다. 지금은 뭐라 말할 수 없지만 글 자체의 우수함을 또한 믿습니다.

맥스

프랑스 파리 보증위탁회사 전교
[1926년 1월 19일]

친애하는 맥스

오늘 편집자님의 따듯한 전보[48]가 왔습니다. 상상 질병이라는 구실을 내세워 이곳저곳 단기 체류하며 시간을 잡아먹는 젤다가 퍼뜨린 게 아니라면, 소문이 어디서 시작되었는지 모르겠습니다. 어쨌건 파리에 사는 사람은 모든 무료한 이들의—뉴욕에서는 우리가 이들을 쳐다보지 않는 것처럼 이들 역시 우리를 쳐다보지 않습니다—먹잇감이 되기 십상입니다. (내가 싫어하는 게 하나 있다면, '우리들'이 연신 나오는 문장입니다.)

젤다 상태가 호전될 수 있게 피레네 산맥의 작은 마을로 거처를 옮겼습니다. 전보 주소는 '프랑스 살리 드 베아른 벨뷰. 피츠제럴드'이지만, 편지는 파리 위탁회사로 보내는 게 가장 좋습니다. 이곳 호텔에서는 인적이라곤 그림자도 찾을 수 없습니다. 3월 1일에 니스로 갑니다. 평소처럼 몇 가지 말씀드릴 사항은 다음과 같습니다.

1. 내 책을 특별히 제본해줘서 정말 고맙습니다. 아름답습니다. 무한한 감사를 드립니다. 책 앞쪽에 서명을 해줬으면 좋았을 텐데요. 이건 미국으로 돌아갈 때까지 기다리겠습니다. 이렇게 나를 생각해주다니 말로 다할 수 없을 만큼 감동적입니다.

2. 큰돈을 입금해줘서 또 고맙습니다. 계산조차 할 수 없는데 분명 5000달러가 넘을 겁니다. 단편집에 내준 가불로는 최고 기록이지(?) 싶습니다. 정말 미안합니다. **부디** 2월 15일 대신 2월 1일에 올해 명세서를 보내주십시오. 『모든 슬픈 젊은이들』에 대해서는 얘기하지 않는 걸로 합시다. 빚이 얼마나 되는지 궁금해 죽겠습니다.

3. 출간일은 언제인가요? 『개츠비』와 비교해 예약 판매는 어떤가요? 『개츠비』는 2만 5000부는 팔렸나요?

4. 이제 헤밍웨이에 관한 비밀 이야기입니다. 헤밍웨이는 셔우드 앤더슨을 풍자하는 2만 5000단어 분량의 재미있고 지적인 책을 썼습니다. 제목은 '봄의 급류'입니다 앤더슨을 신랄하게 비판한 까닭에 리브라이트가 출간을 거부했지요. **리브라이트가 책 출간을 거부하는 순간 계약이 끝난 거라고 헤밍웨이는 말합니다.** 하지만 리브라이트가 헤밍웨이에게 보낸 편지로 보건대 리브라이트가 그건 책이 아니라고 우기면서 악마처럼 달려들 것입니다. 리브라이트가 거의 완성된 헤밍웨이의 소설 『태양은 다시 떠오른다』를 손에 넣고 싶어 안달이기 때문입니다. 상황이 이렇게 꼬인 관계로 다음 달에 어니스트가 뉴욕으로 갑니다.

한편 하코트와 노프 역시 헤밍웨이를 탐내고 있는데, 그 친구 마음은 편집자님의 편지와 〈스크리브너스 매거진〉 때문에 편집자님 쪽으로 많이 기울어 있습니다. 하지만 욱하는 성질이 있어서 다음 달에 어떤 결정을 내릴지 장담할 수 없습니다. 그 친구가 뉴욕에 도착하는 대로 귀띔해 드리겠습니다. 브리지스 씨가 그 친구의 책을 좋아하고 '봄의 급류'를 출판한다면 분명 편집자님에게 갈 겁니다. 리브라이트와 맺은 그 쥐약 같은 계약에 묶이지 않는다면 말입니다. 그 친구가 말하는 걸 들으면 마치 리브라이트가 집을 다 때려 부수고 수억을 빼앗아 간 줄 알 겁니다. 출판에 대해선 정신 나간 잡지들 이외에는 아는 게 없고 혈기 왕성한 젊은이인데다 고국에서 멀리 떨어진 타향에서 어떻게 손을 쓸지 모르기 때문입니다. 편집자님도 보면 그 친구를 좋아할 수밖에 없을 겁니다. 아주 멋진 친구입니다. …

내 책을 아름답게 제본해줘서 다시 한 번 감사드립니다.

스콧

1926년 1월 28일

친애하는 스콧

연극 〈위대한 개츠비〉에 부끄러워하지 마십시오. 전혀 그럴 필요 없습니다. 주제와 사건 전개가 예상했던 것보다 훨씬 밀도 높게 구현되었더군요. 배우들 연기도 훌륭했습니다. 특히 개츠비, 뷰캐넌, 데이지, 울프샤임은 탁월했습니다. 줄거리가 얼마간 수정된 건 알고 있을 겁니다. 내가 보기에 프롤로그 부분은 하등의 필요가 없어 보이는데, 대중의 입장에서는 꼭 그렇지만은 않을 수도 있겠다 생각이 듭니다. 물론 그런 이유라 하더라도 프롤로그는 반대합니다. 지난밤 스탬포드에서 공연을 보았습니다. 도시 외곽 지역면들이 연극에 보이는 반응으로는 섣불리 판단할 수 없다는 걸 잘 알지만, 관중이 연극에 열렬히 환호한 것은 사실입니다. 함께 갔던 버트 부부는 물론, 2막이 끝나고 로비에서 만난 밥 벤슬리 같은 그곳에서 조우한 사람들 모두 연극이 재미있다고 했습니다. 물론 소설을 연극 무대에 올렸다는 점을 고려해야 합니다. 그런 연극들의 수준이 평균인 것에 비해 〈위대한 개츠비〉는 썩 잘 만든 연극입니다. 연극의 질도 좋고 재미도 있어서 내가 보기에 성공 가능성이 매우 높습니다. 연극을 보고는 곧장 편지를 써야겠다고 생각했습니다. 그레이트 네크 공연에 대해서는 들은 바가 없지만 스탬포드 공연의 반응만 봤을 때에는 더할 나위 없이 좋았습니다.

맥스

*

1926년 2월 3일

친애하는 스콧

… 헤밍웨이의 단편헤밍웨이가 〈스크리브너스 매거진〉에 투고한 「5만 달러」은 훌륭합니다. 그가 내 편지를 받고 어떻게 할지 모르겠습니다. 하는 수 없이 분량을 줄이라고 부탁하긴 했지만, 그렇게 하기가 쉽지 않을 겁니다. 글을 발표하기보다 쓰는 데 더 관심이 있는 작가로 보이는 터라, 인위적인 분량 기준에 맞추라고 하면 기분이 나쁠지도 모르겠습니다. 첫 단편에 이런 문제가 생기지 않았더라면 좋았을 텐데요. 앞으로 단편을 더 보내오면 잡지에 게재할 생각인데, 이번 글부터 잘됐으면 좋겠습니다. 사람들이 그의 글에 집중하기 시작합니다. 스스로 이것저것 찾아내 문학적 특성뿐 아니라 현실을 응시하는 진실한 눈을 옳게 평가할 줄 아는 사람들 말입니다. 이런저런 이야기를 할 수 있지딴 가장 중요한 점은 그것이라고 봅니다. 옳게 이해했을 때 모든 진실한 글의 바탕에는 현실을 보는 진실한 눈이 있게 마련이니까요. …

헤밍웨이를 보내주셔서 정말 고맙습니다. 그의 소설을 낼 수만 있다면! …

맥스

[프랑스 파리 이탈리안 거리 1번지 보증위탁회사 전교]
[1926년 2월 8일]

친애하는 맥스

전보와 편지로 스탬포드 공연 소식을 알려줘서 골백번도 넘게 감사합니다. 제발 바라건대 그걸로 돈을 좀 벌 수 있기를. 프롤로그에는 동감합니다. … 소설에 대해. 프랑스에서 미국인이 미국인을 죽이면 어떤 일이 일어나는지 물어볼 만한 사람이 있을까요? 미국 집행관이 범인을 잡으러 이곳으로 오나요? 범인이 살던 주에서 집행관이 파견되나요? 그동안 누가 그자를 구금하고 있지요? 영사 아니면 프랑스 경찰? 미국에서 이탈리아인이 이탈리아인을 죽이면 왜 똑같은 일이 일어나지 않지요? 중요한 일인데 도통 답을 찾아낼 수가 없습니다.

어떻게 보면 줄거리가 드라이저의 『미국의 비극』과 유사한 점이 있습니다. 처음에는 신경이 쓰였는데 이제는 아닙니다. 우리는 생각이 제각기 다르기 때문입니다. …

이젠 〈포스트〉에서 단편 하나로 2500달러를 받는다는 사실을 아시는지. 예전에 얘기했던가요?

오후에 글을 써야 하지만 초조해서 도저히 안 될 것 같습니다. 젤다는 많이 좋아졌습니다. 소설 제목은 '만국 박람회'나 '우리의 유형'으로 정할 생각입니다. …

당신의 친구

프랑스 파리 이탈리아인 거리 1번지 보증위탁회사 전교
[1926년 2월 13일]

  편지와 전보로 연극 소식을 알려준 당신은 정말 멋진 분입니다. 위대한 세상에서 다음의 일들이 일어나고 있는데 우리는 이곳 피리네 산맥에 있습니다.

1. 무대에 오른 『개츠비』
2. 영국에서 판매 중인 『개츠비』
3. 파리 출판사에서 작업 중인 『개츠비』 번역본
4. 뉴욕에서 판매 중인 『모든 슬픈 젊은이들』

  그래서 주 2회 비아리츠든 포든 루르드든 생세바스티앙이든 잠깐씩 들르지만, 마치 이 세상에 속하지 않은 것처럼 느껴집니다. 3월 1일경 니스로 출발할 예정입니다. 헤밍웨이에게 보낸 편지는 엇갈렸음에 틀림없습니다. 지금쯤 뉴욕에서 헤밍웨이를 만났겠군요. 편집자님의 편지는 평소처럼 상대에 호응하면서도 재치 있게 문제를 풀어냈습니다. 편집자님이 그 친구의 소설을 내면 좋겠습니다. 웨스콧 100명 합쳐 놓은 것보다 가치 있는 친구입니다.

스콧

프랑스 남부
1926년 2월 20일

친애하는 맥스

두 가지 일이—어찌 보면 세 가지 일—얼마 전에 일어났습니다.

1. 3월 3일쯤 이 편지를 받을 겁니다. 그때쯤이면 단편집이 나온 지 3주나 3일쯤 되겠군요. 정확한 날짜를 일러주지 않았습니다. 출간일이 언제든 예상 판매 부수를 곧바로 알려줄 수 있을까요? 소득세 서류도 함께 보내주십시오.

맙소사! 단편집이 1만 부 팔리면 출판사에 진 빚을 청산할 수 있습니다. 빚이 없는 건 1922년 이후 처음입니다. 단편 하나에 보통 2500달러를 받는데 빚돈이 그만큼 있다는 건 좀 수치스러운 일이지요. 하지만 단편도 예전처럼 잘 써지지도 않고, 문학의 그 타락한 형태가 점점 더 싫어집니다.

… 자, 이제 비밀 이야기. T. S. 엘리엇을 얼마나 존경하는지 편집장님도 잘 알 텐데, 그런 엘리엇이—이 세상 모든 언어를 통틀어 현존하는 최고의 시인으로 생각합니다—내게 편지를 보내왔습니다. 『개츠비』를 세 번이나 읽었다고, **헨리 제임스 이후 미국 소설이 앞으로 내디딘 첫 발자국이었다고** 말입니다.

사람들이 새 소설을 볼 때까지 기다리십시오!

헤밍웨이는 손에 넣었나요?

물어볼 게 또 하나 있었는데. 그게 뭐였더라? 망할!

가을에 미국으로 갈 겁니다. 돌아가기 싫습니다. 프랑스 리비에라에서 살다 죽고 싶습니다.

··· 질문이 기억나질 않습니다. 미칠 것 같습니다. 미친다고! (반 시간 후에) **미친다고!**

미친다고!!!

내가 아는 누군가를 만나거든 그들 모두를 증오한다고, 특히 남자를 더 증오한다고 전해주십시오. 다시는 그들을 보고 싶지 않습니다.

나는 왜 미치지 않을까요? 아버지는 천치 바보에 어머니는 병적인 걱정으로 반은 미쳐버린 신경증 환자였는데. 그들 사이에서 캘빈 쿨리지의 뇌가 나올 리가 없지요.

내가 모든 것을 안다견, 미국 최고의 소설가가 될 겁니다.

유레카! 기억났어요! 영화화 제안을 레이놀즈에게 맡겨주십시오.

살리 드 베아른 벨뷰 호텔
[1926년 3월 1일]

친애하는 맥스

이 편지만큼 빨리 어니스트가 뉴욕에 도착할 겁니다. 자유의 몸이 된 게 분명해 보이니 이제 편집자님과 하코트만 남았습니다. 어니스트가 편집자님에게 연락할 겁니다. 『봄의 급류』(풍자문)에 라블레풍이 심하진 않지만 얼마간 그 흔적은 있습니다. … 편집자님에게 「5만 달러」를 카드로 쓰라고는 말하지 않겠습니다. 어떻게 보면 「5만 달러」를 유리하게 쓸 수 있는 쪽이 그 친구인 까닭입니다. 그 친구가 편집자님 쪽으로 기우는 이유 가운데 하나도 잡지입니다. 어찌 되었건 사업적인 면에서는 괴팍한 친구입니다. 이곳의 가짜 출판인들이 그렇게 만들었습니다. 풍자문과 단편을 단판 지은 다음에는 『태양은 다시 떠오른다』 계약서에 도장을 찍으십시오. 이 문제에 대한 마지막 조언입니다. 편집자님과 나 사이의 비밀입니다. 이 편지는 찢어버리십시오.

스콧

1926년 3월 4일

친애하는 스콧

소득세 서류를 보내달라는 편지를 오늘 받았습니다. 서류를 동봉합니다. …

지난 금요일 2월 26일에 출간된 『모든 슬픈 젊은이들』 판매에 관해 말하면, 벌써 2쇄 인쇄를 위해 추이를 면밀히 살피는 중입니다. 1만 100부를 인쇄했는데 남아 있는 게 300부에 지나지 않습니다. 물론 서점에 팔리지 않은 책이 많이 있기는 합니다. 1만 2000부는 판매될 것으로 자신합니다. 전망 또한 매우 밝습니다. 『위대한 개츠비』도 계속 순항 중임이 자명합니다.

프랑스에서 귀국인이 미국인을 죽이면 어떻게 되는지 아서 트레인에게 물었습니다. 프랑스인과 똑같이 다루어진다고 합니다. 프랑스 경찰에 체포된 뒤 프랑스 법정에서 프랑스 판사와 프랑스 배심원단의 심리를 받게 되는 것이지요. 소설 구상과 어긋나지 않기를 바랍니다. 영사의 파견 등 미국이 개입할 여지가 있는지 아서에게 물었더니 살인 용의자가 외교 공무 중일 때에 간 그렇다고 합니다. 그 이외의 경우에는 프랑스인과 똑같은 지위를 갖는다고 합니다.

'우리의 유형'이 제목으로는 더 근사해 보입니다. '우리의 종류'가 더 나을까요? 르이즈가 1막짜리 희곡에 그 제목을 붙였는데 큰 차이가 없을 듯합니다.

    더없이 유쾌하게 만난 헤밍웨이에 대해 말하면, 『봄의 급류』와 장편소설을 출판하기로 계약했습니다. 헤밍웨이는 다른 책도 우리에게 선택권을 주겠다고 했지만, 그건 옳은 것 같지 않습니다. 작가가 책 두 권을 펴낸 뒤 우리를 탐탁스레 여기지 않을 경우, 계속 우리 출판사에서 책을 내라고 강요할 수는 없습니다. 우리가 충분히 잘하고 있고, 그래서 다른 출판사에 앞서 우선권을 주겠다고 생각할 만큼 작가와 출판사가 동등한 입장이 아니라면, 그 작가의 책을 출판해서는 안 됩니다. 세 번째 혹은 네 번째 책에서 더 좋은 조건을 제시하는 출판사가 있다면 작가는 우리에게도 똑같은 조건을 요구하는 것이 정당합니다. 작가와 사업적 이해관계에 맞춰 칼로 자른 듯한 메마른 관계를 맺는다면 그 관계는 만족스러울 수 없습니다. 헤밍웨이 문제를 중재해줘서 정말 고맙습니다. 투우며 권투에 열광하는 것이 무척 재미있는 친구입니다. 「5만 달러」는 감탄이 나올 만큼 잘 쓴 단편이지만, 잡지에 싣기엔 분량이 너무 깁니다. 그런 까닭에 〈콜리어스 매거진〉과 〈포스트〉가 그 글을 거절했을 겁니다. 로리머는 호평을 했지만 말입니다. 〈리버티〉도 분량 때문에 곤란하다고 합니다. 어떻게 해야 할지 모르겠습니다. 〈칼리지 유머〉에 팔 수는 있을 것 같은데, 헤밍웨이가 좋아할지 모르겠습니다. …

젤다가 좋아졌다니 정말 다행입니다. 소득세 등 필요한 서류를 최대한 빨리 부치겠습니다. 곧 **편지**를 쓰겠습니다.

맥스

*

프랑스 알프마리팀 주앙레팽 빌라 파퀴타→**6월 15일까지 주소**
[1926년 3월 15일]

친애하는 맥스

따듯한 편지도 소득세 서류도 고맙습니다. … 연극도 흥행몰이고 새 소설도 점차 몰입 정도가 좋아지고 사랑하는 리비에라(칸과 니스 사이)로 돌아와 아름다운 빌라에 머물고 있으니 요 몇 년 사이 어느 때보다 행복합니다. 모든 게 뜻대로 이루어지는 기이하고 소중한, 그러면서도 한편으론 덧없는 그런 순간입니다.

아서 트레인의 법률 자문도 고맙습니다.

헤밍웨이를 손에 넣었다니 잘됐습니다. 유럽으로 돌아온 그를 파리에서 하루 만났습니다. 편집자님이 대단하다고 하더군요. 편집자님에게 두 개의 성공과(링과 톰 보이드) 두 개의 실패를(빅스와 우드워드 보이드) 안겼으니 헤밍웨이가 나의 조언이 방해인지 도움인지 갈라줄 겁니다.

헤밍웨이의 단편은 〈칼리지 유머〉에 알아보십시오. 내 단편도 하나 발표한 곳입니다.

당신의 친구

 이제야 출판사에 진 빚을 다 갚았습니다. 4년 만에 처음입니다. …

1926년 4월 27일

친애하는 스콧

… 단편집은 오늘까지 1만 부 넘게 팔렸습니다. 1만 5000부를 인쇄했습니다. 전망이 좋습니다. 신문 기사 수집 대행사에서 보낼 테니 서평은 동봉하지 않습니다.

골즈워디네 부부가 영국으로 가는 길에 뉴욕에 들렀습니다. 부부에게 선생 책을 주었더니 특히 **부인**이 좋아하더군요. 골즈워디도 비슷한 반응이었는데, 다만 (우리끼리 이야기지만) 판단을 속 시원히 내리지는 않았습니다. 『개츠비』를 '큰 발전'으로 평가하면서도 현대 작품에는 그다지 공감하지 않는 눈치였습니다. 그가 인정하는 걸작들은—내가 생각하는 작품 하나는 동시대 책이라 말하지 않겠습니다—대부분 오래된 책들로 현재의 생각, 현재의 느낌을 표현한 것은 아닙니다. 골즈워디 부인은 생각이 좀 달라 보였습니다. 매순간 현재를 사는 여자들은 남자들이 불가피하게 사는 시간대에 정주하지 못하는 까닭일 것입니다.

… 헤밍웨이의 책 『봄의 급류』도 작업이 끝나면 근사할 것 같습니다. 속표지에 제목이 올라갈 수 있게 과하다 싶은 부분은 몇 군데 잘라냈습니다. 하지만 진정으로 궁금한 것은 소설 『태양은 다시 떠오른다』입니다! …

뉴캐넌에서 보낸 겨울은 정말 근사했습니다. 주말마다 스케이트에 하키를 즐겼고, 바람 잦아든 새해 사흘 동안에는 5킬로미터의 호수 전체가 탄력 있는 검은 얼음장으로 바뀌었습니다.

당신의 친구

*

주앙레팽 빌라 파퀴타
[1926년 5월 8일]

친애하는 맥스

…『모든 슬픈 젊은이들』의 서평은 대부분 유쾌했지만, 책과 연극 이후에 본 터라 다소 김이 빠졌습니다. 저번에 예상한 대로 1만 2000부까지 나갔나요? 『개츠비』의 영화 판권에 신중하게 접근하는 중인데, 저쪽에선 4만 5000달러를 주겠다고 합니다. 총액의 3분의 1이 내 몫입니다.

헤밍웨이에 대해 쓴 내 글「글감을 낭비하는 법」이 〈북맨〉에 실렸는데 한번 보십시오. 썩 괜찮습니다.

일급비밀인데, 〈리버티〉에서 단편 하나에 3500달러를 주겠다고 제안했습니다. 생각 중입니다.

새 소설은 아주 **멋집니다.** 집필이 다시 중단되는 일은 없을 겁니다. 12월 10일경에 원고 뭉치를 한 아름 들고 뉴욕에 도착할 겁니다. 연재 판권으로 3만 달러에서 4만 달러를 요

구할 생각인데, 〈리버티〉가 탐내지 않을까 싶습니다. 그리하여 책 출간은 1927년 늦은 봄이나 이른 가을이 될 듯합니다.

새로운 소식은 없습니다. 편지 좀 쓰십시오. 신문에 『봄의 급류』 서평이 실리는지 알려주십시오. 잘 팔릴 거로는 예상하지 않습니다. 책을 보내주셔서 다시 고맙습니다.

영원한 당신의 친구

*

주앙레팽 빌라 생 루이
[1926년 5월 10일]

친애하는 맥스

밖에선 북풍이 세상의 끝인 양 몰아치고, 글을 쓴다는 생각은 내게 저주나 다름없습니다. 카지노가 100미터도 안 되는 곳에 있고 해변이 내다보이는 바닷가 저택에 자리를 잡았습니다. 모든 것이 환상적인 여름을 약속하는 듯합니다.

…『개츠비』는 5만 달러에 팔린 것으로 보입니다. 에이전트가 10퍼센트를 갖고 데이비스와 브래들리, 내가 4만 5000달러를 나눠 갖습니다. 그런 다음 레이놀즈에게 또 10퍼센트를 줘야 하기 때문에 내 몫으로 떨어지는 돈은 1만 6666.66달러가 아니라 1만 3500달러입니다. 즉 3166.66달러는 수수료로 들어갔단 얘기입니다. 그래도 원통해 할 필요

는 없습니다. 영화 판권을 팔려면 누구나 에이전트를 통해야 하고, 내가 외국에 있으니 레이놀즈의 역할은 절대적입니다. …

골즈워디가 내 책에 호응하지 않는다니 놀랍지 않습니다. 지금껏 봐온 결과 다른 사람의 글에 별 감흥이 없으면 피차 일반인 경우가 대부분입니다. 『사과나무』와 묘하게도 『성자의 발전』 이외에는 골즈워디의 작품 역시 내게 큰 감흥을 일으키지 않으니까요. 젊은 한때 아름다운 사랑이 비극으로 끝났던 것 같은데 그 얘기가 작품에 들어올 때면 반짝 재미있어지기는 합니다. 『포사이트 연대기』는 주제가 너무 고루해 보입니다. 그럼에도 난 골즈워디의 작품을 전적으로 '지지'하고 개인적으로도 그를 좋아합니다.

여기로 오는 걸 생각해봤나요?

영원한 당신의 친구

영화 〈위대한 개츠비〉(1926) 포스터

1926년 6월 18일

친애하는 스콧

『봄의 급류』는 호평을 받지만 완벽한 이해를 받는 건 아닙니다. 헤밍웨이는 앤더슨에게 전해주라며 내게 편지를 맡겼습니다. 뭐라고 썼을지 궁금합니다. 사과할 필요가 있을 것 같지는 않은데 말입니다. 리브라이트는 어떨지 모르겠지만 내게는 그렇게 잔인한 일로 보이지 않습니다. 책에는 재치 있는 문구는 물론 유머도 많기 때문입니다. 몇 해 전에 유행했던 표현을 빌리면 '유린하는' 책이 아닙니다.『태양은 다시 떠오른다』의 교정쇄가 나오길 초조하게 기다리는 중입니다. 『봄의 급류』나—그다지 높이 사는 책은 아닙니다—『우리 시대에』보다—'천재성'이 꽤 보이긴 하지만—'천재성'이 돋보이는 책입니다. 선생의 〈북맨〉 글은 훌륭합니다.

아이들만 없으면 선생에게—그것도 곧장—갈 수 있을 텐데요. … 내년에는 선생에게 갈 수 있을까요? 아마 힘들지 않을까 싶습니다. 미국에서는 어디에 살 생각인가요? 시민이 아니라 작가로서의 미래를 위해서라도 미국의 전형적인 동네에 상당 기간 정착해야 할 텐데요. 그러다 보면 삶의 새로운 면을 보게 될 겁니다. …

맥스

알프마리팀 주앙레팽 빌라 생 루이
[1926년 6월 25일]

친애하는 맥스

편지를 두 통이나 보내줘서 고맙습니다. 젤다의 맹장을 깨끗이, 그러나 확실히 떼어내느라 파리에 가 있었습니다. 그렇지 않았다면 더 빨리 답장했을 겁니다.

일단 어니스트의 책『태양은 다시 떠오른다』에 대해. 책이 좋지만 몇 가지 단서를 달아야겠습니다. 축제, 낚시 여행, 조연들은 모두 좋습니다. 내가 싫어하는 건 여주인공입니다. 아마 현실 속 모델[49]을 싫어하는 까닭일 겁니다. 난도질당한 남자 인물『태양은 다시 떠오른다』의 제이크 반스을 보니, 어니스트가 다 씹지도 못할 만큼 왕창 물어뜯어 놓고는 괜스레 겁을 집어먹은 나머지 없어서는 안 될 부분까지 잘라낸 것 같습니다. 실제로 그와 유사한 일이 일어났다고 내게 얘기한 적이 있습니다. 꼭 필요한 부분만 최소한으로 수정하라고 어니스트에게 전해주십시오. 전작이 출판사와 잡지사 편집자들에게(편집자님의 편지를 받고는 좋아했습니다) 받은 반응이 있는지라 몹시 의기소침해 있습니다. 특히 잡지사 편집자들에게 이런저런 말만 많이 들었을 뿐, 브리지스에게 단편 원고료를(이 단편도 내가 권고한 대로 이미 그 전에 1000단어를 줄였습니다) 받기 전까지는 한 푼 받은 게 없습니다.『봄의 급류』도 반응이 신통치 않을 것 같은가요? 〈북맨〉에 실린 내 글이 그 친구에게 도움이 됐을지 모르겠습니다. … 젤다의 수술로 잠시 중단되었던 소설은 지금 빨리 진척되고 있습니다. 비밀인데요, 몇 가지 조건을 달긴 했지만 〈리버티〉가 소설을 보지도 않고 3만 5000달러를 제안했습니다. 1월에는 탈고할 수 있기를. …

당신의 친구

알프마리팀 주앙레펭 빌라 생 루이
[1925년 8월 11일]

친애하는 맥스

질문에 대해

1. 미국인이 프랑스에서 먼저 쫓겨나지 않는다면(현재로서는 전혀 불가능한 얘기가 아닙니다) 12월 중순쯤 탈고한 원고를 가지고 미국에 도착할 겁니다. 뉴욕에 일주일 머문 다음 남쪽 워싱턴과 몽고메리로 가서 양가 부모를 뵙고 크리스마스를 보낼 겁니다. 1월 중순에 뉴욕으로 돌아와 겨울을 날 생각입니다. 봄을 롱아일랜드에서 맞을지 유럽에서 맞을지는 정치, 재무 상황, 개인적 욕구에 달려 있습니다.

2. 내가 보기에 어니스트 책에서 검열에 걸릴 만한 곳은 '불알'과 관련된 대화뿐입니다. 제임스 부분은 문제될 것 같지 않지만, 내게는 그가 죽은 지 50년은 된 것 같습니다.

3. 『봄의 급류』가 부진하다니 안됐습니다. 『모든 슬픈 젊은이들』은 잘된 일이지만. …

4. 맙소사, 지난 2년 반 동안 유럽에서 얼마나 많은 것을 배웠던가요. 10년은 된 것 같습니다. 나이가 많이 든 기분입니다. 불쾌하고 고통스러웠던 기억까지 무엇 하나 놓치지 않을 겁니다.

… 보고 싶습니다.

당신의 친구

1926년 11월 4일

친애하는 스콧

…『태양은 다시 떠오른다』가 일주일 전 지난 금요일에 나왔습니다. 〈타임스〉와 〈트리뷴〉에 호평이 쏟아지고 영향력 있는 많은 이들이 열광적인 반응을 보입니다. 헤밍웨이가 「살인자들」이라는 훌륭한 단편을 보내왔는데 브리지스는 그 자리에서 수락했습니다. 또 한 편이 막 도착했는데 그것 역시 브리지스가 수락하면 좋겠군요. 헤밍웨이를 전면에 내세우고 가야 할 때가 온 것 같습니다. 단편 여러 편을 동시에 발표하는 것도 도움이 되겠군요. …

루이즈가 지난달 〈하퍼스〉에 단편을 발표했는데, 썩 훌륭하지는 않습니다. 조만간 〈스크리브너스〉에 그보다는 잘 쓴 단편 하나를 발표할 겁니다. 지금은 세 번째 단편을 쓰는 중입니다. 글쓰기를 다른 일보다 우선할 수 있다면 크게 발전할 거라 믿습니다. 그래서 글쓰기가 비싼 사치라 하더라도 아내가 어떻게든 계속 글을 쓰도록 돕고 있습니다. 아내는 단편 하나를 쓸 때마다 돈을 많이 벌 것 같은 기분이 든다며 약간의 낭비를 합니다. 그 결과 글을 완성하기도 한참 전에 예상 원고료보다 네다섯 배는 많은 돈을 지출하곤 합니다. …

선생이 미국으로 돌아오기를 학수고대합니다. 선생과 이

야기를 나눌 기회를 갖그 싶지만 더블 진 릭키를 파는 카페에서는 삼가는 걸로 합시다. 즐기는 술이지만 한 모금만 마셔도 대화 자체가 불가능해지기 때문입니다.

                                                          맥스

1927년 4월 7일

친애하는 스콧

어떻게 선생의 주소를 받지도 않고 그렇게 보냈는지 나도 모르겠습니다. 기억나는 거라곤 브랜디와인 100번지밖에 없군요. 물론 웅장하고 오래된 저택과 물살에 깎여 거칠어진 드넓은 강은 기억합니다.[50]

글 쓰는 데 도움이 안 될 것이기에 소설에 대해 자꾸 묻는 것으로 선생을 성가시게 하고 싶지 않습니다. 하지만 제목과 본문 약간, 표지를 만들 만큼의 전반적인 주제를 4월 중순까지 알려주면 견본쇄를 뜰 수 있을 것입니다. 내용이 다 바뀐다 해도 그만한 가치가 있는 일입니다. 그래도 정녕 알려주는 게 힘들다면 기다리겠습니다. 제작 문제로 방해받지 않고 원고에 매달리는 것이 중할 뿐, 그 이외의 문제는 중요하지 않음을 너무나 잘 알기 때문입니다.

… 젤다에게 안부를.

맥스

1927년 5월 10일

친애하는 스콧

헤밍웨이에게서 편지를 받았습니다. 편지에는 '여자 없는 남자들Men Without Women'에 수록할 단편들을 곧 보내겠다, 「미시간 위에서」라는 단편이 있는데 리브라이트가 『우리 시대에』에 싣기를 거절한 글이다, 자신이 리브라이트를 떠난 이유는 바로 그 때문이었다, 이렇게 쓰여 있습니다. 예전에 선생이 찰리 스크리브너에게 이 단편 이야기를 하면서 이게 출판될 거라고 생각하다니 말도 안 될 일이라고 했었지요. 언젠가 이 단편에 대해 이야기해줄 수 있나요? 우리가 물론 리브라이트만큼 멀리 나갈 수는 없습니다. 적어도 그런 점에선 리브라이트는 극단주의자입니다. 반면에 헤밍웨이 부인은 몇 군데 생리에 관련된 부분만 손보면 보수주의자에게도 통할 이야기라고 내게 말했습니다.

지팡이를 잃어버린 이유가 될까 싶어 선물을 하나 보냈습니다. 하루나 이틀 후에 도착할 겁니다. 벌써 도착했을지도 모르겠습니다.[51]

소설이 잘 진행되길 빕니다.

맥스

델라웨어 에지무어 엘러슬리
[1927년 5월 12일]

친애하는 맥스

지팡이가 무척 마음에 듭니다. 지금껏 본 것 중 최고이고, 잃어버린 것보다 **훨씬** 좋습니다. 각인이 있어 더 좋다는 말을 굳이 할 필요가 있을까요? 결코 잃어버리지 않겠습니다.

이런 선물을 받고 고마움을 표하는 편지에 일 얘기를 꺼내는 게 민망하지만 어니스트에 관해 짧게 쓰겠습니다. 그 단편 때문에 리브라이트를 떠났다는 것은 순 거짓말입니다. 적어도 그 책의 한 부분은 포르노입니다. **제발** 이 얘기를 할 때 내 이름은 올리지 마십시오. 중요한 것은, 유혹 얘기를 빼도 유혹 얘기라는 겁니다. 하지만 표현을 완화하면 출판은 가능할 것입니다. 어쨌거나 어니스트처럼 나 역시 편집자님의 판단을 믿습니다. …

(그 사건이 책에서 빠져도 그것을 둘러싼 이야기가 결국은 그것을 가리킨다는 것을 헤밍웨이에게 설명하십시오. 달리 말하면, 그 글의 물질적 존재 이유는 예술적 존재 이유와는 달리, 얼마간은 유혹의 생리적 측면을 보여주는 것입니다. 미국에서 그게 가능하다면 출판인 스무 명이 내일 당장 제임스 조이스를 차지하려고 쟁탈전을 벌일 것입니다.)

감사, 감사, 무한한 감사를. 역에서 선물을 찾고 얼마나 감동했는지 모릅니다.

델라웨어 에지무어 엘러슬리
[1928년 1월 1일]

친애하는 맥스

'그대'에게 조금 더 기다려주기를 간청합니다. 그리고 입금해주셔서 무한한 감사를 드립니다.[52] 빚을 진 걸 생각하면 마음이 무겁습니다. 소설을 연재하면 일시에 갚을 수 있을 거라는 말밖에 달리 할 말이 없습니다. 계속 소설에 매달려왔는데 아픈 바람에 지체되었습니다. 소설도 그렇고 재정적으로도 그렇고, 하는 수 없이 〈포스트〉 단편 몇 편을 썼습니다. 그게 또 지체하게 만들었습니다. 부디 이것을 모험이 아닌 안전한 투자로 생각해주십시오. …

어니스트로부터는 새 소식이 없습니다. …

당신의 다정한 벗

지난주 사흘을(크리스마스) 제외하고 10월 중순부터 금주 중입니다. 기분이 이를 테 없이 상쾌합니다. 담배는 사노^{Sanos}만 피웁니다. 신이시여, 우리 모두를 도와주소서.

1928년 1월 3일

친애하는 스콧

선생의 편지를 받아서 기쁩니다. 존 빅스에게 들으니 선생이 멋지게 컴백할 거라고 하더군요. 덱 테니스Deck tennis도 시작했나요? 대미를 장식하겠군요. 금주에 들어간 걸 보면 다들 대단하다고 할 겁니다. 직장에 매이지 않고 제 시간을 통제하는 사람에게는 더더욱 힘든 일입니다. 하기야 누구에게나 힘든 일이지요.

소설에 대해서는 걱정하지 않습니다. 다만 『위대한 개츠비』 이후 공백이 길어지는 것 같아 염려될 뿐입니다. 어쨌건 콘래드 에이킨과—이 사람의 의견이 꽤 중요하지요—얘기할 기회가 있었는데, 『위대한 개츠비』를 높이 사더군요. 첫 서평에 얼마나 의기소침했는지 모른다, 호평이 가져다주는 즉각적인 추동력을 얻지 못한 까닭에 선생의 책이 큰 타격을 입었다, 이렇게 에이킨에게 얘기했습니다. 그랬더니 에이킨이 "그게 어떤 소설인지, **개츠비**가 무엇을 의미하는지 이제 모든 사람이 압니다"라고 대꾸했습니다.

선생도 젤다도 새해에 좋은 일 가득하길.

당신의 친구

1928년 6월 28일

친애하는 스콧

한 달간 원저에 머물기 위해 내일 떠납니다. 무언가 부탁할 게 있으면 찰리 스크리브너 주니어와 연락하는 게 가장 확실할 겁니다. C. S. 주니어가 출판사에 남아 선생 일을 봐줄 겁니다.

소년들에 관한 단편 세 편을 오버에게 받고[53] 두 척 흥미롭게 읽었습니다. 언젠가 책으로 묶어내는 게 어떨까요? 소년과 소녀 들이 황혼 녘 어느 마당에선가 만나는 장면은 정말 인상 깊었습니다. 아름다웠습니다. 여름날 석양이 어린 소년들에게 미치는 그 마법 같은 힘을 이토록 강렬하게 환기한 책은 한 번도 본 적이 없습니다. 이 이야기를 좀 더 썼으면 좋겠습니다. 존 빅스와 얼마 전에 점심을 함께 들었는데, 선생이 미국으로 돌아올 생각을 하고 있더라고[54] 젤다가 편지에 썼다고 하더군요. 존이 보기엔 당장 들어올 것 같았다는데. 난 그 말을 믿지 않습니다.

당신의 친구

피츠제럴드와 젤다

[프랑스 파리 브지라르가 58번지]
[1928년 7월 21일]

친애하는 맥스

1. 소설은 잘되고 있습니다. 꽤 멋집니다. 소설을 본 사람들도(주위 사람들에게 소설 일부를 읽어주는 중입니다) 흥미를 느끼는 눈치입니다. 며칠 전에 제임스 조이스가 저녁 식사 자리에서 "그래요, 늦어도 삼사 년 후에는 소설을 끝낼 것 같습니다"라고 얘기하는데 얼마나 위안이 되던지요. 하루에 열한 시간 일한다는데, 난 여덟 시간 그것도 단속적으로 일합니다. 9월에는 **분명히** 소설을 완성할 겁니다.[55]

2. 앙드레 샹송André Chamson에 관한 편지를 받았나요?[56] 이 작품을 안 내면 좋은 기회를 놓치는 겁니다. 라디게는 외설스럽긴 했지요. 그에 반해 샹송은 전혀 그렇지 않습니다. 어니스트와 손턴 와일더를 합쳐 놓은 것처럼 어디 하나 흠잡을 데 없는 젊은 신사입니다. 『길 위의 사람들』은('도로공사 인부들'이라는 뜻입니다) 그의 두 번째 소설인데, 아깝게 공쿠르상 수상을 놓쳤습니다. … 내 판단을 조금이라도 믿는다면 적어도 그 책을 수소문해보십시오. 그런 다음 결정을 알려주십시오. 10년 후엔 값으로 따질 수 없는 작가가 돼 있을 겁니다.

3. 이번 소설이 끝나면 바질 리 단편을 묶어 책으로 펴낼 계획입니다. 진지한 내용의 단편 두어 편을 〈머큐리〉나 〈스

크리브너스〉에 발표하고(《스크리브너스》가 발표할 생각이 있다면) 〈포스트〉에 연재물로 게재될 여섯 편 정도를 합치면 근사한 **경단편집** 한 권이 나올 겁니다. 하지만 이른바 내 '작품'의 직계는 아니라는 걸 보여주려면 이번 장편소설이 나오고 **곧장** 출간되어야 할 것입니다. 5만에서 6만 단어 예상합니다.

4. 어니스트, 링, 톰(서평이 엉망이더군요), 존 빅스에 관한 계획이 있으면 어느 것이라도 알려주십시오.

5. …

6. 9월 15일경에는 미국으로 돌아갈 겁니다. 루이즈에게 안부 전해주십시오. …

당신의 충실한 벗이 고마움을 전하며

*

1928년 8월 6일

친애하는 스콧

소설이 순조롭게 진척되고 있다는 편지를 받고 기뻤습니다. 지난 월요일에 휴가에서 돌아왔습니다. 상송 일을 어떻게든 진전시키고 싶은 마음이 없었더라면 진작 답장을 썼을 겁니다. 답장이 늦어진 것은 선생의 편지를 받고 손을 놓고 있어서가 아니라 판권을 가지고 있는 보이드 부인이 책을 구해주지 않았기 때문입니다. 결국은 서점을 통해 상송 책을 구했습니다. 편지를 받자마자 파리에서 책을 주문했지만 『에세이, 인간과 역사』라는 엉뚱한 책이 왔습니다. 『길 위의 사람들』을 읽고 있는데 선생의 높은 평가를 확인할 만큼만—당연히 그리되리라 믿습니다—읽을 생각입니다. 그런 다음엔 보이드 부인과 담판을 지어야겠습니다. 스크리브너 씨를 비롯한 우리 모두 이와 같은 제안을 해준 선생에게 감사하고 있습니다. 선생의 의견은 언제나 소중합니다. 내가 아는 한 선생이 틀린 적은 없습니다.[57] … 링의 책은 1929년 초가 돼서야 나올 겁니다. 온전한 단편집이 될 때까지 기다리는 게 좋겠다고 판단했고, 그렇게 함으로써 네 편을 더 추가할 수 있게 되었습니다. 존 빅스의 책은 호평을 받고 있지만 판매는 부진합니다. 목요일 점심에 만날 겁니다.

선생에게 할 얘기가 무진하지만 위크코프 양Irma Wyckoff, 퍼킨스의 비서이 자리를 뜬 데다 속기사들 일이 과도하게 밀린 관계로 최대한 짧게 씁니다.

젤다에게 안부를.

당신의 친구

에지무어[58]
1928년 11월

친애하는 맥스

소설의 앞쪽 4분의 1에(두 장, 1만 8000단어) 불과하지만 편집자님에게 원고를 다시 보낸다니 기분이 좋습니다. 일단 단편 한 편을 쓰고, 그다음에 3, 4장을 추가해, 바라건대 12월 1일경에 보내겠습니다.

1장은 좋습니다.

2장이 책에서 가장 큰 골칫거리입니다. 2장 하나가 2만 7000단어였다는 걸 알면 문제를 실감할 겁니다! 원래는 1장으로 시작한 부분입니다. 지금도 전혀 만족스럽지 않지만, 명백한 오류를 들여다보고 싶지 않습니다. 편집자님이 어떤 의견이든 기록해 놓았다가 **원고 전체를 살펴본 뒤 알려주면** 좋겠습니다. 각각의 부분이 끝나는 것을 **느끼고** 싶고, 또 비록 마지막 순간에 내용을 대폭 수정한다 하더라도 더 이상 근심하고 싶지 않기 때문입니다. 편집자님이 보기에 원고가 어떤지 당장 알고 싶지만, 앞쪽 절반에 해당하는 다음 원고를 볼 때까지 기다리겠습니다. (맙소사, 서류 봉투에 담긴 원고 뭉치를 보고 있자니 이렇게 뿌듯할 수가 없습니다!) …

잊지 마십시오, 소설은 비밀입니다. 어니스트에게도.

스콧

1928년 11월 13일

친애하는 스콧

첫 두 장을 지금 막 읽었습니다. 1장은 나도 동의합니다. 탁월합니다. 2장에는 선생이 지금껏 쓴 그 어떤 글만큼이나 멋진 부분이 있습니다. 매력적인 몇몇 장면에 인상은 간결하고도 아름답게 전달됩니다. 결투도 그렇고 매우 흥미진진합니다. 비평할 만한 곳이 몇 군데 있기는 하지만, 원고를 다 읽을 때까지는, 그래서 장들 사이의 관계를 파악할 때까지는 어떠한 비평도 하지 않겠습니다. 뒷이야기가 기대되는 도입부입니다. 가능한 한 빨리 다른 부분도 보내주십시오.

내년 봄에는 책으로 나왔으면 좋겠습니다. 많은 것을 기대하게끔 하는 책이기에 어서 완성된 형태로 보았으면 하는 마음뿐입니다.

맥스

[델라웨어 에지무어 엘러슬리]
[1929년 3월 1일]

친애하는 맥스

원고를 편집자님 손에 넘기지 않고 도둑처럼 몰래 빠져나갑니다. 몇 주면 원고를 바로잡을 것이고, 인플루엔자에 여행 짐까지 싸느라 글을 도무지 쓸 수 없었습니다. 배에서 작업을 한 다음 제노바에서 부치겠습니다. 기다려주셔서 무한한 감사를 드립니다. 몇 달만 더 믿어주십시오. 내게도 우울한 시간이었습니다만, 편집자님이 베풀어준 친절, 그리고 나를 단 한 번도 꾸짖지 않았다는 점도 기억하겠습니다.

어니스트의 책은 잘됐습니다. 모던 라이브러리에 대한 출판사의 결정에 따르긴 하겠지만, 동의한다는 뜻은 아닙니다. 1년 인세로 100달러나 50달러 선금이 40달러의 8분의 1보다 낫고, 스크리브너스 선집은 모호하고 자의적으로 보입니다. 하지만 사소한 일입니다. 대신 격이 한참 떨어지는 글을 새로 써서 그들에게 보낼 것입니다. 포스터나 콘래드, 맨스필드 같은 작가들과 어깨를 나란히 하는 작가로 대표되길 원하기 때문입니다.[59] …

편집자님을 못 보고 떠나서 마음이 아픕니다. 완성된 원고를 넘기지 않은 채 차마 편집자님을 볼 수 없었습니다. 그러하니 부디 몇 달만 안녕. 언제나 사랑과 감사를.

칸 유진 가자네르가 빌라 플레르 데 브와
[1929년 6월]

친애하는 맥스

서둘러 전할 것은

1. 밤낮으로 소설에 매달려 집필 중입니다. 새로운 각도로 접근한 터라 앞선 문제들을 해결할 수 있을 것입니다.

2. 「금발의 여인」으로 오 헨리 상을 수상한 도로시 파커가 중편인지 장편인지 소설을 한 편 쓰고 있습니다. 내 생각엔 그녀의 작품이 싼 값에 팔리는 듯한데, 편집자님만 관심이 있다면 그녀는 기꺼이 스크리브너스에서 새 판로를 개척할 것입니다. 현재 그녀는 제작자로 전성기를 누리고 있고 명성도 자자합니다. … 관심이 있다면 잠시도 시간을 지체해서는 안 됩니다.

3. 지난 편지에서 어니스트가 무언가 걱정하는 눈치였는데 왜 그런지 모르겠습니다.[60] …『서부전선 이상 없다All Quiet on the Western Front』로 판매가 꺾이지 않기를 부디 빕니다. 장담컨대『서부전선 이상 없다』는 거뜬히 5만 부를 넘길 겁니다.

4. 링의 일은 안됐습니다.[61] 그레이트 네크에 관한 글을 써 보면 좋을 텐데요. 연극 일을 시작한 사내의 오디세이 같은.

당신의 다정한 벗

1929년 10월 30일

친애하는 스콧

몇 주 전부터 선생이 미국으로 돌아올 거라는 소문이 들렸습니다. 실은 이미 바다를 건너고 있다는 소문이었습니다. 급기야는 존 빅스가 선생이 언제든 미국에 도착할 거라고, 아마 뉴올리언스에 내릴 거라고 하더군요. 그러다 어제 어니스트에게서 편지를 받았는데 편지에는 선생이 꼭 파리에 있는 것처럼 쓰여 있고 미국행에 대해선 한마디도 없었습니다. 어쨌거나 선생이 미국에 도착하기 전에 이 편지가 잘 도착하기를 바랍니다.

어니스트의 책『무기여 잘 있거라』에 관한 소식은 그에게서 들었을 테지요. 오늘까지 3만 6000부 가까이 팔렸고, 대성공을 가로막는 유일한 장애는 시장 자체가 붕괴했다는 것입니다. 그것이 어떤 결과를 가지고 올지는 아무도 모릅니다. 출판 시장을 비롯해 모든 소매업에 악영향을 줄지 모릅니다. 어니스트의 책만큼 호평받은 책도 없고, 더욱이 출간 이후 독보적으로 팔렸습니다. 단연 발군입니다. 「그들처럼 차가운」을 각색한 링의 연극 〈6월의 달〉이 대성공이라는 소식을 들었을지 모르겠습니다. 연극에는 링이 노랫말을 쓰고 곡을 붙인 노래들도 나옵니다. 그렇지만 이 소식이 나를 마냥 기쁘게 하지는 않습니다. 링이 돈을 벌면 우리가 쓸 수 있는 종류의 글을 지금보다 훨씬 덜 쓸 것이 분명하기 때문입니다. 아니나 다를까 희곡을 또 한 편 쓰고 있다고 합니다. 일단 그 세계로 발을 들이면 필요가 아닌 이상 그 밖의 다른 일을 할 수 있을지 의문입니다. 선생과 어니스트는 아예 발을 들이지 않기를 바랍니다. …

물론 『무기여 잘 있거라』와 관련해 얼마간 논쟁이 일었는데, 용케 그 논쟁에서 잘 빠져나온 것 같습니다. 유럽으로 떠나기 전에 선생에게 얘기한 울프의 책토머스 울프의 『천사여, 고향을 보라』도 꽤 큰 파장을 일으키고 있습니다.

*

[프랑스 파리] 페르골레즈가 10번지
[1929년 11월 15일]

친애하는 막스

8월 이후 처음입니다. 소설이 저 끝까지 선명하게 보입니다. 저렇게 미뤄지고 허공에 떠 있는 듯한 소설을 차마 볼 수 없어 편집자님에게 편지를 씁니다. 돈도 많이 들고 일의 흐름도 깨지는 까닭에 크리스마스에 미국으로 돌아가지 않을 겁니다. 아내도 딸도 몹시 투덜대지만, 그 때문에 남은 미래를 저당 잡힐 수는 없습니다.

그래도 링이 성공을 거둬 다행입니다. 적어도 새로운 영역에서 거둔 성공이고, 아직은 자신이 살아 있다고, 죽지 않은 반#고전이라고 느낄 테니까요. 어니스트의 서평도 훌륭합니다. 잘 팔리면 좋겠군요. …

아, **대체** 왜 이 책 때문에 내 이름이 스트러더스 버트나 어니스트 등속과 함께 덩이져 신문 기사에 계속 오르락내리락해야 하는 건가요. 내가 기억하는 한 「부잣집 아이」가 모던 라이브러리 대표 선집에 수록되는 것을 편집자님이 거절한 걸로 알고 있는데요. 내게 도움이 될지도 모르는 일인데도 말입니다. 그런데 이 단편이 곧 잊힐 게 너무나 자명한 이 책 속에, 서평가를 피로하게 할 뿐 별다른 목적이 없어 보이는 이 책 속에 들어가 있습니다. 사소한 문제란 걸 알지만 이 문제를 나와 의논하지 않았다는 데 심란합니다.

숱한 배려와 소중한 충고로 편집자님에게 영원한 빚을 지고 있는데, 끝맺는 말로 하기엔 다소 껄끄러운 주제군요. 요새 별일 없이 잘 지내는 터라 이 문제가 크게 확대되어 보이는 모양입니다. …

당신의 다정한 벗

1929년 11월 30일

친애하는 스콧

선생이 단편 선집에 그렇게 느꼈다니 유감입니다. 이해 못할 바는 아닙니다. … 선집과 관련해 선생에게 분명히 이야기했고, 선생은 유럽에 가기 직전에 편지에서 그 건을 인정했습니다.

모던 라이브러리 선집에 단편을 수록하고 싶어 하는 선생이 옳을지도 모르겠습니다. 하지만 거기에 단편이 실려야 한다면 최고의 글은 넣지 말아야겠다고 내심 생각했습니다. 온갖 종류의 특수 출판사들이 아무 때고 선집을 내겠다고 일반 출판사에 와서는 글감을 받아간 두 출판사에게든 작가에게든 실질적으로 땡전 한 푼 안 내놓으면 일반 출판사는 대체 어떻게 하란 말입니까. 해를 거듭할수록 선집에 수록할 글을 달라는 요구는 더욱 거세집니다. 출판사를 차릴 때 가장 먼저 하는 일이 단편 선집을 내는 것이니까요. 모던 라이브러리가 물론 그런 곳들과는 질적으로 다르다는 걸 압니다. 썩 괜찮은 사업 계획이고, 결국엔 출판업 전반에도 좋은 일이 될 수 있습니다. 하지만 여러 출판사가 늘 이렇게 글을 요구하며 우리를 찾아오는 이상, 예외를 만든다는 건 힘든 일입니다. 그들이 원래 계획했던 대로 선집을 낸다면 아마 절반 이상은 스크리브너스에서 출판된 글로 채워질 것입니다.

소설이 잘 진행되고 있다는 소식보다 더 기쁜 소식은 없습니다. 명작이 나올 것으로 믿습니다. 원고가 완성되면 우리 모두 열렬한 지지를 보낼 것입니다.

젤다에게 안부를. 스카티_{피츠제럴드의 딸}에게 『미국의 민담과 전래 동화』를 보냅니다.

당신의 친구

1929년 12월 17일

친애하는 스콧

… 어니스트의 책은 크리스마스 즈음에는 7만 부 가까이 팔릴 것 같습니다. 그렇다면 다음 질문은 이 판매세를 다음 시즌까지 끌고 갈 수 있느냐입니다. 그런 질문을 할 수밖에 없는 것이 불경기에 진입한 게 분명하기 때문입니다. 지난 1년은 실적이 매우 좋았습니다. 창사 이래 최고의 해가 아니었을까 싶습니다. 하지만 이것은 많이 팔린 네다섯 권 때문입니다. 올해 낸 책 대부분은 실패했고 가을 시즌이 워낙 안 좋았던 터라 많은 출판사가 힘든 한 해를 보냈습니다.

선생과 젤다가 내년 초에 돌아오길 고대합니다. 봄에 키웨스트로 갈 예정인데 같이 가면 어떨는지.

당신의 친구

1930년 3월 14일

친애하는 스콧

마이크 스트레이터Mike Strater, 화가이자 헤밍웨이의 친구가 미리가 있는 키웨스트로 내일 떠납니다. 2주간 머물 예정입니다. 선생이 여기에 있어서 함께 가면 좋을 텐데요. 어니스트는 에버글레이즈로 크루즈 여행을 할 계획입니다. 올해가 지나고 키웨스트로 다시 간다면, 그리고 그때 선생이 미국에 있다면, 선생이 함께 간다고 할 때까지 쫓아다닐 겁니다.

… 어제 해럴드 오버와 얘기해보니[62] 선생 소설이 머잖아 이곳에 도착하리라는 희망을 품게 되더군요. 원고가 우리 손에 들어오게 되면 선생에게 알리겠습니다. 또한 출간일이 결정되면 판매와 홍보 등 관련된 모든 자료를 보여드리겠습니다. 출판사 직원 모두 선생의 책을 간절히 기다리고 있습니다. 선생만큼 완벽한 충성도를 지닌 작가는 없을 겁니다.

당신의 친구

[프랑스 파리 페르골리즈가 10번지]
[1930년 5월 1일]

친애하는 맥스

… 해럴드 오버는 편지에 올가을 소설을 출간하지 않을 거면 바질 리 단편집을 내자고 말합니다. 하지만 명성이란 게 누구 손에 만들어지고 무너지는지 너무도 잘 알기에 그런 움직임으로 나 자신을 파멸에 이르게 할 수는 없습니다. 톰 보이드와 마이클 알런을 비롯한 많은 작가가 대용품을 내놓고 독자를 속이려고 하다가—어떤 독자층을 가졌든 간에—영원한 나락으로 떨어지는 것을 목격했습니다. 그보다는 차라리 4년을 그냥 흘려보내는 게 낫습니다. 나는 젊어서 글을 썼고, 다작을 했고, 지금은 항아리를 채우는 데 예전보다 오랜 시간이 걸립니다. 하지만 소설은, 내 소설은 1년 반 전에 서둘러 마치는 것과는 다른 문제입니다. … "저자는 이제 끝났어"라고 말하는 건 쉬운 일이지만, 평론가들은 길게 침묵할 때가 아닌, 활자로 찍혀 나온 걸 보았을 때 목소리를 높이는 거 보다 안전할 것입니다. …

스콧

재즈 시대의 종말

(사진) 피츠제럴드와 젤다(1926)

[스위스]
[1930년 7월 8일]

친애하는 맥스

해럴드 오버 편으로 젤다의 단편 세 편[1]을 보냅니다. 젤다가 신경쇠약으로 고생하던, 어둠의 한복판에 있을 때 쓴 것들입니다. 아름답고 풍부한 문체 이외에도 낯설지만 뇌리에서 떠나지 않는, 전혀 새롭고 자극적인 요소가 있음을 알게 될 것입니다. 또한 단편들에는 어떤 통일성이 있습니다. 삶이 얼마간 그녀를 광기와 절망의 언저리로 몰고 갔을 때, 그때의 이야기를 쓴 것이 각각의 단편인 까닭입니다. 행간을 너무 많이 읽은 탓에 내 의견이 그다지 중요하지 않다는 걸 알지만, 내가 보기엔 문학적인 글입니다. …

스콧

*

1930년 7월 8일

친애하는 스콧

… 젤다가 잘 버티기를 바랍니다. 마음이 아픕니다. 선생이 신경 써야 할 일이 많겠군요. 전보를 받고 1500달러를 입금했다고 답장 전보를 쳐왔습니다.

얼마 전에 어니스트가 범비^{헤밍웨이의 첫째 아들인 존의 애칭}를 만나러 여기로 왔습니다. 범비는 어니스트의 누이와 함께 이곳에 먼저 와 있던 참이었습니다. 어니스트는 잘 지냅니다. 즐거운 시간을 보내다 갔습니다. 어렵사리 리브라이트에서 판권을 가지고 온 『우리 시대에』를 곧 재발간할 계획입니다. 잘될 거라 믿습니다. 첫 출간되었을 당시에는 제대로 된 외양을 갖추지 못했는데, 이번에 새로 발간하면서는 일반 대중의 눈에 새 책처럼 보이게 할 겁니다. …

경기는 최악이지만, 가을에는 좋아질 거라고들 합니다. … 그나마 우리 출판사는 올봄에 다른 출판사보다는 사정이 훨씬 좋았습니다. S. S. 반 다인[2] 덕분인데, 이 작가의 책은 불경기에도 영향을 전혀 받지 않는 것 같습니다. 오히려 불경기의 덕을 보는 듯합니다. 서적상들은 그 책이 팔릴 거라고, 아니 오직 그 책만 팔릴 거라면서 그 책에만 집중하는 모양새입니다.

곧 모든 일이 좋아지기를, 그리고 미국으로 어서 돌아오기를 바랍니다.

당신의 친구

1930년 8월 5일

친애하는 스콧

젤다의 원고를—장기간 자리를 비운 사이에 원고가 도착했습니다—여러 번 읽었습니다. 표현력이 놀랍고, 묘한 낯섦이 효과적으로 전달되더군요. 하지만 그것은 정선된 독자를 위한 것이지, 일반 대중을 위한 것은 아니기에 잡지에 게재할 수는 없다고 판단했습니다. 몇 편을 더 쓴다면 책으로는 묶어낼 수 있을 것입니다. 묘사 면에서 보기 드문 글이고, 묘사도 그저 묘사가 아닙니다. 그 자체로 기묘한 정서적 측면을 가지고 있습니다. 그러나 현재로선 오버에게 되돌려 보낼 수밖에 없습니다. 규모가 좀 작은 잡지에는 발표할 수 있지 않을까 싶습니다. 우리 잡지에 실렸으면 좋았을 텐데요.

젤다가 아프다니 큰일입니다.[3] 그래도 좋아지기 시작하면 순식간에 회복할 것이고 그러면 모든 것이 제자리로 돌아올 것입니다.

울프가 자신은 선생을 만나서 무척 즐거웠는데, 선생은 안 그랬을까 봐 걱정된다고 편지에 썼더군요. 그래서 근심되고 기분이 가라앉는다고요.

어니스트가 와이오밍에서 보내온 편지에는 선생에게 편지를 쓰고 싶었는데 소설이 너무 잘 써져서 중단할 엄두가 나지 않는다고, 안부 전한다고 적혀 있었습니다.

2주 동안 자리를 비웠더니 일이 산더미처럼 쌓였군요. 날은 또 왜 이리 더운지.

　　　　　　　　　　　　　　　　　　　맥스

　　　　　　　　　＊

　　　　　　　　　　　　　　　스위스 제네바[4]
　　　　　　　　　　　　　　　[1930년 9월 1일]

친애하는 맥스

청결한 꽃 냄새가 진동하는 이 평평한 땅에서 온 세상이 끝나는 것 같습니다. 톰 울프는 여기서 만난 사람 중에 아프지 않은, 혹은 치료해야 할 병이 없는 유일한 이였습니다. 그에게서 대단한 걸 찾아내셨더군요. 앞으로 그가 무엇을 이룰지는 가늠할 수 없습니다. 어니스트보다 사고도 더 깊고 생명력도 더 강해 보입니다. 하지만 거대한 지표면을 다루길 원하는 것에 비해 시인의 면모가 조금 부족하긴 합니다. 어니스트처럼 불 속에서 단단해지는 나뭇가지의 성질 같은 것도 결여되어 있고요. 그러다 보니 세상에 보다 민감하게 반응하는 것 같습니다. …

젤다의 단편은 나 역시 아쉽습니다. 나와 달리 그 글들이 얼마나 깊은 불행과 처절한 노력 속에서 나온 것인지 모르는 독자에게는 의미가 적을 수 있겠지요. …

인세 선금을—나랏빚으로도 부를 수 있겠지요—보고 깜짝 놀랐습니다.[5] 그 흔한 악순환이 바로 여기에 있었습니다. 정확히 3000달러를 선금으로 받았다 함은, 꼬박 두 달 동안 백과사전 집필에 매달려야 한다는 뜻입니다. 차라리 다음 단편(10월) 원고료에서 1만 달러를 한꺼번에 떼어 갚는 게 낫겠습니다. 왜 이리 나한테 잘해주시는 건지.

젤다는 거의 회복했습니다. 의사가 아내에게 술을 절대 입에 대지 말라고(그렇다고 아내가 술로 인해 쓰러졌다는 건 아닙니다) 그리고 내게도 1년 동안은 술을 마시지 말라고, 와인도 안 된다고 합니다. 환각 상태에서 아내를 괴롭혔던 것들 중 하나가 지난날 술을 마셨던 기억이기 때문입니다.

울프의 책이 출간되면 꼭 한 권 보내주십시오. 어니스트의 책은 투우의 역사에 관한 것인가요? …

스콧

젤다가 아픈 바람에 큰돈이 들어갔습니다. 7월에 전보를 보낸 까닭이지요.[6] 스위스에서 가장 실력 좋은 의사가 오로지 아내만 돌보고 있습니다. 그 덕분에 간발의 차이로 아내의 정신을 구할 수 있었습니다.

1930년 11월 12일

친애하는 스콧

… 오버가 며칠 전에 젤다의 단편 「베시 양」 원고를 보내왔습니다. 잡지에 발표하기로 했습니다. 우리가 제안한 많지 않은 원고료가 문제가 되지 않는다면 말입니다. 선생도 분명히 읽어보았을 터이니 뭐라 평할 필요는 거의 없겠지만, 남부의 노처녀라는 인물이 강렬하게 다가왔습니다. 그것 말고도 또 다른 인상적인 점이 있습니다. 독자는 소녀의 눈을 통해 베시 양을 바라보며 소녀의 감정에 공감하게 됩니다. 그리하여 베시 양은 진짜처럼 보일뿐더러—얼마간은 진짜가 아니지요—소녀가 본 모습 그대로 남게 됩니다.

다만 교정쇄를 보낼 때 비유적 표현이—직유라 부르는 것—너무 많은 게 아닌지, 그리고 때론 무관해 보이지는 않는지 젤다에게 물어볼 생각입니다. 젤다가 이따금 대상과 너무 동떨어진 것으로 비유하곤 하는데, 그럼으로써 비유되는 대상이 아닌, 비유 자체에 초점이 맞춰지는 상황이 벌어집니다. 그리고 또 한 가지, 사내가 죽음을 맞이하는 결말 부분이 조금 더 명확해질 필요가 있습니다.

젤다는 글쓰기라면 누구보다 많이 알 것이지만, 자기 작품에서 충분히 멀리 떨어져 작품이 독자에게 어떻게 다가갈지 살펴볼 수 있는 작가는 사실 많지 않습니다. 그래서 이런 몇 가지를 지적하는 것에 젤다가 개의치 않으리라 믿습니다.

   선생이 크리스마스 전에 돌아올 거라는 소식을 들었습니다. 사실인가요? 제발 그리되면 좋겠습니다. 존 비숍이 출판사에 왔을 때 단 한 번 보았을 뿐이지만, 즐거운 시간이었습니다. 어니스트는 몬태나에서 회색곰과 엘크를 사냥할 때에도 용케 몸성히 돌아왔건만, 교통사고로 좀 많이 다쳤습니다. 더스 패서스가 어니스트와 함께 있었다는군요. 늦은 밤에 어니스트가 운전을 하고 오는데, 맞은편 차량에서 쏘아 올리는 불빛에 눈이 부셔 오른편으로 핸들을 너무 많이 꺾은 나머지 그만 길가를 벗어나 고랑으로 처박혔답니다. 오른팔 위쪽 뼈가 심하게 부러져서 접골 수술을 해야 한다고 합니다. 어니스트가 많이 고통스러워했지만 통증이 오래 지속되지는 않았다고 폴린어니스트 헤밍웨이 부인이 전보를 보내왔습니다. 그래도 걱정스러운 눈치였습니다. 팔이 부러졌을 때 수술까지 하는 건 흔치 않은 일이지요.

당신의 친구

로잔 그랑 오텔 드 라 페
[1931년 5월 15일]

친애하는 맥스

… 아방가르드를 표방하고 새로 창간한 잡지들은 〈트랜지션〉에 수준이 한참 떨어지고, 〈더 뉴 아메리칸 카라반〉은 좋은 시 몇 편을 빼고는 새로울 게 없습니다. 재즈 시대는 끝났습니다. 마크 설리번이 계속 책을 낸다면,[7] 재즈 시대로 명명한 것은 나의 공이라고, 그리고 그 기간은 1919년 노동절 폭동 진압부터 1929년 주식시장 붕괴까지 거의 정확히 10년을 아우른다고 전해주어야 할 것입니다.

젤다는 **많이** 좋아졌습니다. 내일 당일치기이지만 여행도 다녀올 생각입니다. 심신이 아직 약한 상태이지만, 온전히 자기 자신으로 돌아왔습니다. **부디** 젤다의 교정쇄를 보내주십시오.

스콧

1931년 5월 21일

친애하는 스콧

'재즈 시대'라는 표현에 대한 공은 온전히 선생의 것입니다. 설리번에게도 그리 전할 것입니다. 선생이 말한 것은 흥미로울 뿐 아니라 매우 중요하기도 합니다. 대실[8]이 그것에 관한 글을 부탁하는 편지를 쓸 것입니다. 선생이 짬을 내서 글을 쓸 수 있다면, 얼마 안 되는 원고료를 떠나 선생에게도 도움이 될 것입니다. 믿기 어렵겠지만 〈스크리브너스〉에 발표된 글은 〈포스트〉보다 양서를 읽는 독자에게 미치는 영향력이 훨씬 큽니다. 〈포스트〉에 수백만 편의 글을 발표한 아서 트레인은 〈스크리브너스〉에 보스턴 관련 글을 한 편 싣고는 그 파급 효과에 깜짝 놀랐다고 합니다. 선생이 재즈 시대에 대한 글에서 긴하게 말할 게 있지 않을까 생각했습니다. 이런 글이 또한 간접적이나마 판매에도 긍정적인 영향을 줄 것입니다.

젤다가 좋아졌다니 정말 다행입니다. 부디 모쪼록 건강을 유지하기를. 곧 교정쇄를 보내겠습니다. 대실에게 얘기해 놓았습니다.

키웨스트 여행 이야기를 편지로 전하려고 했지만, 이렇게 시간이 훌쩍 지나버린 지금, 별 의미가 없어 보입니다. 어니스트는 팔을 빼고는 멀쩡해서 보통 힘든 게 아닌 낚시까지

하러 다닌 모양입니다. 그런데 조직 유착이 일어나 팔을 온전히 펼 수 없는 터라 유착된 부위를 제거해야 할지도 모른답니다. 그래도 다행히 큰일은 아닌 것 같습니다. 곧 다치기 이전 상태로 회복할 겁니다. …

어니스트는 스페인으로 떠났습니다. 부상 입는 재주로 봤을 때, 다음번엔 폭탄 공격을 받지 않을까 싶습니다. 그것도 그런 일이 일어나리라고는 꿈도 못 꿀 상황에서, 이를테면 햇살 좋은 날 멀쩡히 서 있다든지 하는 누구도 다칠 거라고 예상하지 못하는 그런 상황에서 다쳐도 다칠 겁니다. …

맥스

플로리다 세인트피터즈버그 패사그릴 해변 돈 시 사르 호텔[9]
[1932년 1월 15일]

친애하는 맥스

2년 반 만에 처음으로 내리 다섯 달 동안 소설 집필에만 매달릴 겁니다. 빚돈이 6000달러에 이릅니다. 지금 원고에서 좋은 부분은 그대로 살리고 4만 1000단어를 새로 더해 책으로 펴낼 겁니다. 어니스트에게도 그 누구에게도 아직 말하지 마십시오. 그들이 뭐라 생각하든 그냥 내버려두십시오. 나를 언제나 믿어준 사람은 편집자님밖에 없습니다.

편집자님의 편지가 하나같이 우울합니다. 제발 올겨울에는 휴가를 가십시오. 편집자님이 없다고 출판사를 엉망으로 만들 사람도, 반대로 어떤 중요한 일을 처리할 사람도 없습니다. 편집자님의 자리가 얼마나 큰지 그들이 느낄 기회를 주십시오. 그리고 휴가에서 돌아왔을 때 어리석은 직원 한둘을 잘라내십시오. 솔버그Irving Thalberg가 메트로 골드윈 메이어사에서 한 짓입니다.

그러고 보니 저녁이면 〈다시 찾아간 할리우드〉[10] 대본을 써야 하고 그 작업을 엿새, 혹은 열흘은 더 해야 한다는 생각이 나는군요. … 스칸디나비아어판 『위대한 개츠비』는 대체 어디로 간 걸까요?

당신의 충실한 벗

볼티모어 레너트 호텔[11]
[1932년 4월 30일]

친애하는 맥스

… 젤다의 장편 원고[12]는 여러모로 좋아졌습니다. 새 글이 됐습니다. '주류 밀매소에서 보낸 밤과 파리로 떠난 여행' 따위의 분위기는 대부분 없앴습니다. 편집자님도 마음에 들 겁니다. 열흘 후에 도착합니다. 나는 너무 가까운 탓에 뭐라 판단할 수 없지만, 그래도 생각보다는 나은 것 같습니다. 편집자님에게 부탁할 게 두 가지 있습니다.

1. 원고가 마음에 들더라도 축하의 전보를 보내지 **마십시오. 글이 차분해졌다고** 칭찬하고 싶어도 지금은 절대 하면 안 됩니다. **편집자님은 천성적으로 그리하고 싶겠지만**, 아픈 사람에게는 기운을 돋울 목적으로 과한 친절을 베풀어야 한다는 통상적 상식에 따라서는 안 됩니다. 미묘한 차이로 들리겠지만, 의사들 판단으로는 젤다가 책이 출간되면(원고가 편집자님의 마음에 든다는 전제 아래) 즉각적인 명성과 돈을 얻을 수 있다고 생각하지 않도록 하는 게 중요하다고 합니다. … 젤다가 최상의 찬사에 노출되어도 괜찮은 것인지 현재 심리 상태를 확신하지 못하겠습니다. 곧 성공할 것이라고 느끼면 노동하듯 글을 써야겠다고 생각할지도 모릅니다. 그러면 어떤 때는 영감이라곤 없이 지친 상태에서 글을 쓸 것이고, 어떤 때는 최초의 영감과 추동력을 기억하는 것조차 심

리적 속임수가 되는 지경에서 글을 쓸 것입니다. 아내는 스물한 살이 아니고 강하지도 않으며 내가 갔던 길을—물론 아내의 마음에서 활활 불타고 있겠지요—밟게 해서도 안 됩니다.

2. 내가 해도 된다고 할 때까지는 계약 얘기를 아내에게 꺼내지 마십시오. …

월요일에 글할리우드에 대한 글을 시작했습니다. 다음 주 말에는 받아볼 수 있을 겁니다.

이제, **아주 중요한 사안들.**

1. 소득세 정산 때문에 1931년 인세 보고서가 있어야 합니다. 자꾸 필요하다고 합니다.

2. 1931년에 빌린 돈이 600달러입니다. 이 중 500달러는 원고료「재즈 시대의 메아리」에서 정산했습니다. 인세 보고서에 나머지 100달러가 포함되어야 합니다.

3. 『개츠비』가 그로세트Grosset&Dunlop에도 버트Burt에도 수록되지 않았으니 모던 라이브러리 선집에는 들어갔으면 합니다. … 『개츠비』는 양서들과 함께 끊임없이 언급되지만, 그런 언급 속에서 『개츠비』를 접한 사내가 서점에서 이 책을 찾았다가 없으면 두 번 찾지는 않습니다. 서점에는 그런 책이 재고가 없고, 새로운 세대는 그 책을 사려야 살 수가 없습니다. 이 생각이 2년 동안 머리를 떠나지 않았으니, 부디 답을 주시길. 그리하여 모던 라이브러리—링의 글처럼 미약

한 단편이 실리는—같은 일반 단편소설 선집에 나를 대표하는 글이 한 편도 없는 것이 대체 왜 스크리브너스에게 도움이 될까 궁리하느라 뜬눈으로 밤을 밝히지 않아도 되길. '그들 대부분이 스크리브너스 작가일 것'이라는 대답은 자부심의 문제를 몽니쟁이의 태도로 바꿔버리는, 매우 흥미로운 곡해가 될 것입니다.

　… 루이즈에게 단편 잘 읽었다고 전해주십시오. 어서 몸이 좋아지기를 기원한다는 것도요. 지금은 모든 게 좋습니다. 어니스트 소식은 없나요? 책 『오후의 죽음Death in the Afternoon』은 어떤가요?

당신의 친구

*

1932년 5월 2일

친애하는 스콧

며칠 자리를 비워야 해서 선생 편지를 받고 한 일이라곤 인세 보고서를 보내는 것뿐이었습니다.

『위대한 개츠비』에 대해 말하면, 모던 라이브러리 선집에 수록되는 건 우리도 찬성입니다. 실은 그 책을 수록하는 게 어떻겠느냐고 서프에게 두어 번 언급한 적도 있습니다. …

어니스트의 책은 훌륭합니다. 어떤 면에선 어니스트 최고의 책입니다. 투우를 통해 삶에 대한 전반적 관점을 보여준다는 점에서 통찰력이 돋보이는 책이지요. 글쓰기에 관한 흥미로운 사실을 직접적으로, 보다 많게는 추론의 방법으로 설명합니다. 스페인은 물론 미국에 대한 아름다운 이야기도 있습니다.

젤다에게 언제 연락하면 좋을지 알려주십시오. 젤다에게 편지를 쓰지 않았으니 소설에 관심이 있다는 것을 보여주지 않은 셈입니다. 우리가 출판을 서두르지 않는다고 생각해 젤다가 낙심하는 일이 없어야 할 텐데요. 하지만 선생의 언질이 있을 때까지는 아무것도 하지 않겠습니다. 모든 게 좋아 보여서 정말 다행입니다.

맥스

*

메릴랜드 볼티모어 레너트 호텔
1932년 5월 14일

친애하는 맥스

젤다의 소설을 보냅니다. 이제 썩 훌륭한 소설이 되었습니다. 아니, 매우 훌륭합니다. 뭐라 평하기엔 내가 너무 가까이 있지요. 첫 장편소설의 단점과 장점을 모두 갖고 있습니다. 어니스트 헤밍웨이 같은 완성된 작가의 작품보다는 『천사여, 고향을 보라』처럼 개성이 강렬하게 표현된 작품에 가깝습니다. 수천 명의 무용 애호가들이 흥미를 보이지 않을까 싶습니다. 그 **무엇인가**를 다룬 소설이고, 완전히 새롭고, 분명 팔릴 겁니다.

이제, 출판 여부에 대해. 그러지 않으리라 생각하지만 만일에 출판을 거절할 경우에는 모든 연락을 나와 주고받아야 합니다. 출판하기로 결정하면 젤다에게 직접 편지를 쓰셔도 됩니다. 젤다가 응당 받아야 할 칭찬에 대해서도 모든 금지 조치를 해제합니다. 글쓰기의 부담감은 건강에 좋지 않았지만 아내는 글을 써야만 했습니다. 글쓰기를 마친 후에는 휴식이 필요했는데, 칭찬을 듣고 나서 의사들의 관찰에 따르면 자기우월증 초기 증상이 심해지는 게 아닐까 우려되기도 했습니다. 하지만 이젠 꽤나 상식적으로 행동합니다. (처음엔 원고 수정을 거부했습니다. 그러더니 어느 순간 제안대로 원고를 완벽하게 수정하고 자기 의견도 더하면서 별 가치 없는 화려하고 자기만족적인 '토설吐說'을 정직한 작품으로 바꾸어 놓더군요. 교정쇄 작업을 할 수는 있겠지만 일을 더 하라고는 말을 못 하겠습니다.) 지금은 칭찬이 아내에게 얼마간은 좋은 영향을 줄 겁니다. 하지만 **개인적 차원에서** 더 건강해질 때까지 6개월 정도는 어떤 글도 써서는 안 됩니다.

이제, 편집자님이 생각하는 것보다 훨씬 중요한 두 번째 문제에 대해. 20년 동안 출판 쪽 일을 하면서 대가들에게 얼마나 좀스러운 구석이 있는지 수없이 목격했을 것입니다. 한번은 어니스트가 나와는 '같은 철에 책을 내지 않겠다'고 말했습니다. 괜히 감정이 상할 수도 있다는 뜻이겠지요. 편집자님에게 충고하건대, 어니스트가 뉴욕에 있다면(물론 젤다의 원고가 편집자님의 마음에 든다는 전제 아래) **젤다의 책을 칭찬하지 마십시오. 아예 책 얘기는 꺼내지도 마십시오!** 어니스트는 좋을 글을 쓸 때마다 편집자님의 충성을 더욱 기대할 것입니다. 왜냐하면 그런 상황에서 그가 몇 안 되는, 곧 풍요롭고 완전하고 새로운 즐거움을 찾을 것이기 때문입니다. … 두 책 사이에 충돌은 없겠지만 어니스트와 젤다 사이엔 언제나 미묘한 갈등이 있었습니다. 둘을 붙여 놓으면 흥미롭고도 심각한 일이 벌어질지 모릅니다. 편집자님과 나처럼 질투라곤 모르는 사람에게 흥미롭다는 뜻입니다.

한 가지 더. 젤다에게 쓰는 편지에 (출판을 결정했을 경우) 계약이나 조건에 대해선 언급하지 마십시오. 편집자님에게 소식을 듣는 대로 곧장 조치를 취하겠습니다.

모던 라이브러리 선집 문제는 고맙습니다. 무엇을 해야 할지 모르겠습니다. 5년은 훌쩍 지나갔고 내가 누군지—만일에 그런 사람이 있다면—나 자신도 정확하게 판단을 내릴 수 없습니다. …

당신의 친구

메릴랜드 토슨 로저스 포지 '라 페'[13]
1933년 1월 19일

친애하는 맥스

지난주 사흘 동안 뉴욕에 있으면서 술을 진탕 마셔댔습니다. 편집자님에게 전화하려고 했지만, 완전히 뻗어서 24시간 동안 끙끙 앓으며 침대에 누워 있었습니다. 그렇게 놀기엔 너무 나이가 들었다는 건 의심의 여지가 없습니다. 내가 그런 꼴로 널브러져 있다는 걸 어니스트가 편집자님에게 숨겼다고 하더군요. 이 편지를 보내는 까닭은 『루소의 고백』을 쓰기 위해서가 아니라, 여러 해 지속된 관례를 깨면서까지 연락도 없이 뉴욕을 다녀간 경위를 설명하기 위해서입니다.

때때로 책을 보내줘서 고맙습니다. 모든 이가 그렇듯 나 역시 지출을 줄여야 하기에 편집자님이 보내주는 책이 내가 읽는 책의 거의 전부입니다. 젤다의 책 판매와 관련해 전할 소식이 있으면 알려주십시오.

다른 사람들처럼 나 역시 뉴욕이 중증 신경증에 시달린다는 사실을 발견했지만, 내게 그 사실을 전해주는 사람은 어디에서도 만나지 못했습니다. 신경증은 내 안에 있나 봅니다. 이곳에서는 모든 게 조용합니다. 2월 1일부터 3월 1일까지 금주에 들어갈 것이지만, 어니스트에게는 말하지 마십시오. 나를 만난 곳이 주로 파티였기 때문에 그 친구는 내가 치료 불가능한 알코올중독자라고 오랫동안 확신해왔습니다. 링이 내게 알코올중독자인 것처럼 나는 **그 친구에게** 알코올중독자입니다. 비록 〈포스트〉 단편들은 술 한 방울 마시지 않고 쓴 것들이지만, 그 친구의 환상을 깨고 싶지 않습니다. 어니스트는 몸이 좋아 보이더군요. 버니는 우울해 보이는 게 몸 상태가 별르 좋아 보이지 않았습니다. 공산주의를 받아들이겠다는 결정은 아무리 정신에 유익한 것이라 하더라도 슬픈 과정임에 틀림없습니다. 우리가 사는 이 세상의 지적 즐거움을 맛본 사람에게는 누구나 그럴 것입니다. …

메릴랜드에서는 모든 게 만족스러운 편입니다. 적어도 서재 창문에서 바라보기엔 그렇습니다. 문밖으로 저만치 걸어가면 아득한 지평선을 따라 총구에서 내뿜는 섬광이 번쩍입니다.

당신의 오래된 벗

*

1933년 1월 27일

친애하는 스콧

… 어니스트가 선생에 대해 달리 생각한다고 선생은 보는 것 같습니다. 어니스트가 선생과 긴 대화를 나누었다고 얘기하더군요. 그나저나 선생 전화를 못 받았습니다. 외출했

다가 5시가 돼서야 들어왔는데 플라자 호텔에 전화를 넣었더니 선생이 나갔다고 하더군요. 브리보트에서 어니스트와 만나라는 메모를 남기긴 했습니다만. 선생이 그다음 날 내려간 줄 알았는데 아직 뉴욕에 있다는 소식을 나중에 들었습니다. 그러고 하루 지나서인가, 해럴드 오버에게 전화했더니 선생이 막 내려갔다고, 몸이 별로 안 좋아 보인다고 전해 줬습니다. …

위탁 판매한 젤다의 책이(서적상들이 당최 모험을 하지 않으려고 해서 많은 책을 그렇게 유포해야 합니다) 다 팔리지 않았을까 하는 기대를 걸고 소식을 기다렸습니다. 하지만 그런 일은 일어나지 않았고, 판매 부수는 1400권에 이를 것으로 예상합니다. 이처럼 경기가 안 좋은 해에 첫 소설로는 평균 이상이지만, 선생은 이보다 큰 숫자에 익숙한 터라 저조한 성적으로 보일지도 모르겠습니다. 정확한 판매 부수를 파악하는 대로 젤다에게 알리겠습니다.

맥스

1933년 8월 4일

친애하는 스콧

선생을 언제 볼 수 있을까요? 자리를 비웠을 때 선생이 오는 일이 없어야 할 텐데요. 그렇다고 날짜를 정할 수도 없는 노릇입니다. 모든 일이 잘되기를 바랍니다. 힘차게 달려왔으니 결말은 좋을 겁니다. 눈에 띄는 작가가 새로 등장할 때마다 선생이 얼마나 재능이 있는지, 얼마나 솜씨가 좋은지 새삼 깨닫곤 합니다. 하지만 긴 시간 동안 현실이 재능을 실현하는 것을 막아왔습니다.

젤다에게 보다 큰 금액의 수표『나와 함께 왈츠를』인세를 보낼 수 있었으면 좋았을 텐데요. 선생을 보게 되면 그때 좀 더 자세히 설명하겠습니다. 젤다가 진정 많은 것을 이룰 수 있다고 생각하기에 젤다에게 계속 글을 쓰라고 편지를 보내려고 했습니다. 현실적으론 결과가 그 주장을 뒷받침할 만큼 좋게 나오진 않았지만 갈입니다. 서평도 우호적인 편은 아니었지만, 그것은 모두 비유가 과하다는 점 때문이었습니다.

어니스트는 하바나에서 스페인행 배에 곧 오를 겁니다. 스페인에서 시드니 프랭클린투우사이자 헤밍웨이의 친구과 휘트니라는 사내와 함께 '오후의 죽음'이라는 제목에 걸맞는 영화를 만들 거라고 합니다. 올가을에 어니스트 단편집을 펴낼 계획입니다. 어니스트는 쿠바 바닷가에서 몇 달 동안 낚시를 즐겼는데, 어찌나 큰 월척을 낚았던지 우리가 토투가스에서 낚은 것은 그에 비하면 정어리나 다름없어 보였습니다.

  링은 사정이 별로 좋지 않습니다. 그렇다고 물어볼 수도 없는 노릇이지요. 이스트햄프턴에 있는데 링을 봤다는 사람이 아무도 없는 듯합니다.

  몇 주 후에는 선생을 봤으면 좋겠습니다.

맥스

헤밍웨이와 세 아들(1935)

메릴랜드 토슨 로저스 포지 라 페
1933년 9월 25일

친애하는 맥스

소설은 생각보다 빨리 나가고 있습니다. 나흘간 병원 신세를 져서 잠시 지체되었지만 그 이후로는 계획보다 빨리 진행되고 있습니다. 편집자님도 기억하겠지만 계획에 따르면 11월 1일에 편집자님이 읽도록 전체 원고를 보내고, 초반 4분의 1은 잡지에 투고하고(편집자님이 동의한다는 가정 아래) 나머지 4분의 3은 수정 작업에 들어간다는 것이었지요. 이 모든 일이 10월 25일쯤에는 가능하리라 봅니다. 스파이크가 박힌 투구를 쓴 채 원고를 들고 직접 편집자님을 찾을 겁니다.

몇 가지 상의할 게 있습니다. 항목별로 답변을 주면 좋겠습니다.

1. 초반 4분의 1 원고를 12월 말에 발행하는 잡지에 발표한다면, 단행본은 4월 초에 출간할 수 있다는 말인가요? 전화로 그렇게 들은 것 같은데 확실히 해두고 싶습니다. 외국 여행 통계가 봄을 언제로 잡는지는 모르겠지만, 해외로 대이동이 일어나면 5월 출간은 너무 늦을 것 같습니다. 그리하여 여행할 때 읽으라며 건네는 선물로서의 기회를 놓치게 될 것입니다. 알다시피 이번 소설은 전적으로 유럽이 배경입니다. 중국처럼 더 먼 곳으로 갔으면 좋겠지만 유럽이 최선

이었습니다, 맥스. (어니스트의 말투를 흉내 내자면)

2. 초반의 잡지 교정쇄는 굳이 안 받아도 될 듯합니다. 다만 교정자들이 명백한 오류를 걸러내야 하겠지만 활표를 위해 내용을 수정해야 할 경우에는 아무리 작은 것이라도 상의를 했으면 합니다. 곧 어떤 경우에도 내용 수정은 직접 하고 싶습니다.

3. 스크리브너스에서 책을 낸다 함은 '문학 길드Literary Guild. 유료 회원에게 책을 싸게 판매하는 북클럽'나 '먼스 클럽'의 책으로 선정되지 못함을 의미하는 건가요? … 연재를 하거나 혹은 연극, 영화 판권으로 큰 수익을 거둘지, 아니면 여느 베스트셀러 작가처럼 문학 길드 같은 조직의 힘을 받아 책 판매로 승부를 볼 것인지 미리 파악하고 있는 게 내게는 중요한 일인 까닭입니다.

오버는 책을 끝마칠 수 있도록 얼마간 돈을 융통해주는 대신(2000달러 이상은 필요하지 않은데 4000달러까지 가능하다고 합니다) 연재 판권의 10퍼센트를 갖기로 했습니다. (〈포스트〉 단편 원고료로 이미 갚지 않았다면) 이번 소설이나 다음 책 인세 선금을 달라고 해 그 돈을 갚을 생각입니다. 다음 책은 단편 선집이나 오래전에 〈포스트〉에 발표한 바질과 조세핀 이야기, 곧 젊은 청년을 다룬 두 편의 긴 연작소설집이—이 책은 가을에 출간됩니다—될 것 같습니다.

소설이 완성까지 얼마 안 남았다는 것을 아는 사람은 편집자님밖에 없습니다. **절대 소설 얘기는 누구에게도 하지 마십시오.**

4. … 10월 말에 만나면 광고 얘기를 하고 싶습니다. 그러니 홍보팀 직원이 아직 작업에 착수하지 않았으면 합니다. 사진에 대해서는 … 예전에 보낸 그 오래된 것들은 사용하지 않을 겁니다. 신문 자료실에서 공포스러운 사진을 뒤지고 다니고 싶지는 않으니까요. …

5. 내 계획은, 매우 중요합니다, 책이 출간되고 몇 주 후에 공공 보조금을 받아 『개츠비』를 내도록 모던 라이브러리를 설득하는 겁니다. … 출판사 영업부가 이 문제―내 명성―에 얽힌 이해관계를 근시안적으로 바라볼 때마다 출판사에 이득이 없을뿐더러 내게는 오히려 해가 되는 것 같다는 생각이 들었습니다. 이를테면 모던 라이브러리에 어니스트의 소설은 있는 반면 내 소설은 없고, 같은 출판사의 그레이트 모던 단편 선집에 어니스트의 단편은 좋은 게 실린 반면, 내 단편은 순전히 상업적인 게 실렸습니다. 이번 소설을 출간하고 싶은 만큼 이 작업도 하고 싶습니다. 비용을 공유하는 범위에서 협조하겠습니다.

10월에 만나서 상의할 문제가 몇 가지 있지만, 미리 계획을 짤 수 있도록 이 문제들을 얼마간 알고 있으면 마음이 놓일 것 같습니다.[14] 출판사에 가기 이삼일 전에 일정을 알리겠습니다.

마지막 하나. 어니스트와 달리 **잡지 연재를 위해** 필요한 부분은 기꺼이 삭제하겠습니다. 당연한 말이지만 수정은 직접 하겠습니다.

　한 달 후 출판사 사무실에 들어갈 때 내가 얼마나 자부심에 넘칠지 상상이 갈 겁니다. **음악은 별로 좋아하지 않으니 부디 밴드는 부르지 마십시오.**

스콧

메릴랜드 토슨 로저스 포지 라 페
1933년 10월 19일

친애하는 맥스

여긴 모든 게 좋습니다. 첫 두 장은 형태를 갖추었고 오늘 오후 3장에 들어갔습니다. 2만 6000단어가량 되는 원고 첫 부분을 금요일 밤이나 토요일 아침에 부치겠습니다.

편집자님이 2000달러 얘기를 꺼내서 당연히 기뻤습니다. 잡지 발행 부수로 결과가 나타나기를.[15] 그리되리라 믿습니다. … 월 단위로 지급받는 것보다 돈을 더 빨리 융통해야 할 것 같습니다. 말하자면 원고 첫 부분을 보내고 1000달러, 그런 다음에는 나머지 세 부분에 대해서 2주에 한 번씩 1000달러씩 받았으면 좋겠습니다. 이건 꼭 필요하지 않을 수도 있는데, 첫 2000달러는 좀 급합니다. 알다시피 오버에게 빌린 2000~3000달러인가의 빚을 갚아야 합니다. 원고 두 번째 부분과 〈포스트〉 단편을 쓰려면 그에게 다시 선금을 받아야 하기 때문입니다. 당연히 연재 원고료는 오버에게 보내면 됩니다.

… 이제 광고문에 대해. 광고문이 너무 많으면 안 좋을 것 같습니다. 광고문 9개를 보냅니다. 첫 8개 문구는 분실

『위대한 개츠비』는 의심의 여지없이 예술작품이다.
〈런던 타임스〉

T. S. 엘리엇에 대해. 그분 말씀은 내게 보낸 편지에 들어 있었던 것입니다. 이 책을 여러 번 읽었고, 영국과 미국을 통틀어 몇 년간 읽은 소설 중에 가장 재미있고 흥미진진했다고, 헨리 제임스 이후 미국 소설이 앞으로 내딛은 첫 발자국이었다고 편지에 쓰셨습니다.

그분을 잘 알지는 못해서 추천사를 써달라고 부탁하지는 못하겠습니다. 거절당하지 않고 어떻게 글을 받아낸다 하더라도, 혹은 내용적으론 더 적합해 보일지라도 조이스나 거트루드 스타인의 추천사에 비하면 차선책이 될 것입니다.

광고문이 아무 쓸모도 없다는 사실을 잘 알지만, 그것은 어디까지나 작가의 관점이고, 일반 독자는 광고문의 목적이 잇속 챙기기임을 알 리가 없습니다. 어쨌거나 이 문제는 편집자님에게 맡깁니다. 굳이 필요하지 않다 싶으면 전부 인용할 필요는 없습니다.

『개츠비』를 모던 라이브러리에 수록하는 문제는 책 출간 공지가 나간 연후에 논의해도 될 듯합니다.

원고료를 올려줘서 거듭 고맙습니다. 마지막 순간까지 제목을 비밀에 부치는 것을 잊지 마십시오.

당신의 친구

7년 만의 책이라는 사실을 말할 때 조심해주십시오. **7년 동안 집필했다는 뜻으로 들리지도 모르니** 말입니다. 그러면 분량이나 범위에 기대가 너무 클 것입니다.

네 번째 소설인 이번 책은 호경기 이야기의 완성판입니다. 불경기를 다루지 **않는다**는 사실을 강조하는 게 좋겠습니다. 외국에 체류하는 미국인의 이야기라는 사실은 강조하지 **마십시오**. 그런 광고문 아래 쓰레기 같은 글이 넘쳐나기 때문입니다.

'긴 기다림 끝에, 드디어, 등등' 뒤에 느낌표는 찍지 마십시오. 사람들에게 '오 예!' 이런 분위기를 만들 뿐입니다.

*

메릴랜드 토슨 로저스 포지 라 페
1933년 10월 20일

친애하는 맥스

논의한 부분을 수정했고, 작업 중 눈에 띈 거친 표현도 몇 군데 삭제했습니다. 이제 끝내주게 좋아 보입니다.[16]

광고문으로 이건 어떨까요.

'스콧 피츠제럴드는 소설을 포기하고 통속 단편만을 쓸 것이라는 인식이 몇 년 동안 팽배해 있었다. 그의 출판인들은 달리 생각했던 터, 이제 그들은 대중적 성공뿐 아니라 평단의 호평을 받은 예전 세 작품과 어깨를 나란히 하는, 그리하여 스콧 피츠제럴드가 진정한 소설가로 아직 끝나지 않

앉음을 증명해 보인 신작을 기쁜 마음으로 독자 앞에 내놓는 바이다.'

 낱말 하나하나 그대로 쓸 필요는 없지만 이런 뜻이 전달되면 됩니다. 〈포스트〉 단편을 폄하하지 않을 만큼 정중하되 이번 소설이 전혀 색다른 작품이란 걸 보여야 합니다.

 대실에게 이번 연재톤이 마음에 들면 편지 몇 줄 써달라고 전해주십시오. 월요일에 둘째 부분 수정 작업에 들어갑니다.

당신의 친구

메릴랜드 토슨 로저스 포지 라 페
1933년 11월 13일

친애하는 맥스

소설의 자연적 구분을 어림할 때 너무 자신만만했던 모양입니다. 재작업 결과, 구성은 다음과 같습니다.

1. 첫 삼각 구도 이야기. 편집자님에게 넘긴 원고(2만 6000단어)

2. 첫 이야기의 완성, 그리고 의사와 아내의 연애 시절 회상(1만 9000단어)

3. 의사의 고군분투와 그 후 이어지는 로마에서의 실패

4. 포기 이후 의사의 몰락

마지막 두 부분, 그중에 특히 4번은 **더 깁니다**. 기억할지 모르겠지만 3번 부분에는 편집자님도 삭제하는 데 동의한 의사의 유럽 여행 이야기가 들어 있고, 4번 부분은 삭제하면 전체 시간 구성이 엉망이 돼버리는 중요 사건을 빼고는 삭제할 게 많지 않습니다. 4번 부분은 단어 수가 4만 개에 이릅니다. 감당이 될까요? 아니면 이 부분을 둘로 쪼개 봄 출간에서 한 달을 미룰까요? …

스콧

메릴랜드 볼티모어 파크가 1307번지
1934년 1월 13일

친애하는 맥스

… 지난 통화에서 선금에 고마움을 표시하지 않았습니다. 그렇다고 고마워하지 않는다는 뜻은 아닙니다. 다만 고마워할 게 너무 많았을 뿐입니다.[17] …

스콧

…

추신 4. 당연한 말이지간 기존 책들과 제본 양식을 통일하는 것도 잊지 마십시오. 시간이 많고, 내 책 전부를 근사한 형태로 재발간할 계획이 있다면, 민병대원미국 독립전쟁 때의 긴급 소집병의 그 유명한 지휘관의 표현을 빌려 '여기서 시작합시다'라고 말할 겁니다. 하지만 시간도 계획도 없으니 눈에 띄지 않는 초록색 제복을 고수하는 게 낫겠습니다. 다시 말해 금박 각인까지도 다른 책들과 통일하라는 뜻입니다.

추신 5. 되풀이해 말하는 것으로 편집자님을 지루하게 만들고 싶지 않지만, 모던 라이브러리에 『개츠비』를 수록하는 문제를 연재 2회가 나간 이후 가급적 빨리 처리했으면 합니다.[18]

추신 6. 작가 몇 명과 영화계 사람들에게서만 연락을 받고 있습니다. 소설은 분명히 **평단의 성공**을 거둘 테지만, 성공은 더디게 올 것입니다. 아, 누군가의 주머니를 금으로 가득 채울 공산은 거의 없이 또다시 소설가를 위한 소설을 썼는지도 모르겠습니다. … 어쨌건 잡지 연재가 책에는 최선의 기회일 것 같습니다. 다시 읽을 때 온전한 효과를 줄 수 있는 것은 책이 유일하기 때문입니다. 3회에서 6회에 걸쳐 거의 모든 부분을 수정했고 재고했습니다. …

*

1934년 1월 15일

친애하는 스콧

… 모든 걸 제때에 맞추기 위해 동분서주 애쓰고 있겠지만, 연재 1회분과 2회분의 첫 부분을 줄이는 가능성에 대해 (주저하다 결국 이 말을 꺼내지만 지금도 의구심을 떨칠 수 없습니다) 생각해보았으면 합니다. 불가능할지도, 혹은 현명한 처사가 아닐지도 모릅니다. 기차역에서 총을 발사하는 장면은 삭제할 줄 알았습니다. … 정신이 산만해지면 안 되기에 잠재의식 속에 작용할 수 있게 이 얘기를 꺼냅니다. 단행본 교정쇄를 받고 나서야 고려할 수 있도록 말입니다.

맥스

메릴랜드 볼티모어 파크가 1307번지
1934년 1월 18일

친애하는 맥스

…『개츠비』 수정 작업을 하면서 큰 덕을 보았듯이 편집자님의 조언만큼 소중한 게 없지만, '기차 옆에서 총을 발사하는 장면'은 도저히 삭제할 수 없습니다. 모든 목적에 정교하게 부합할뿐더러 본래 의도한 그대로의 소설 구상이 최선이라고 결심한 이상, 소소한 삭제는 별 도움이 안 되고 오히려 해가 될 뿐입니다. 이 문제를 다시 한 번 생각해보긴 하겠지만 지금 이 순간 원고에 만족할 뿐만 아니라 내가 옳다고 생각합니다. 2번 부분1933년 11월 13일자 편지 참고에 대한 평을 듣고 싶지만 천천히 접근하고 싶습니다. 이것은 논의 중인 작업에 영향을 주는 것은 물론, 나의 경력 전반과 관계가 있을 만큼 심리적으로 중요한 일이기 때문입니다. 너무 이기적인 발상인가요?

스콧

메릴랜드 볼티모어 파크가 1307번지
1934년 2월 5일

친애하는 맥스

1400단어 분량의 칸에서 체포되는 장면을 추가할 수 있는 기계적인 방법이 있을까요?[19] 생각할수록 책의 통일성과 결말의 효과를 위해 꼭 필요한 장면이라는 느낌이 듭니다. 그래야 책의 전반부에 강하게 암시되는, 딕이 세상과 주변 사람들에 보이는 고귀하고 책임감 있는 모습을 잘 드러낼 수 있을 테니까요. 단행본을 낼 때 수정할 수도 있겠지만, 못해도 스물대여섯 명의 영향력 있는 작가와 기자들이 연재물을 읽고 그것으로 이 책에 대한 인상을 갖게 될 것입니다. …

책의 결말에 이 두 인물을 넣을 수 없다면 책을 아예 쓰지 않는 게 나을 뻔했습니다. 딕을 파멸에 이르게 하는 것은 적합해 보이지만, 그를 무능력자로 만드는 건 절대 안 될 일입니다. 교정쇄에 그의 의도가 결말 전체를 지배했다는 사실을 지적해 놓겠습니다. 하지만 그것으로는 충분하지 않습니다. 처음부터 소설 구조의 일부로 생각했던 그 장면을 삭제하고 분량을 줄이면, 딕을 충분히 보여주지 못한 까닭에 독자가 그의 정체성을 소설 전반에서 그려지는 하나의 존재로 재구성할 수 없게 됩니다. 그 이유는 마지막 부분이 전적으로 니콜의 눈을 통해 보여지기 때문입니다. 니콜을 칸에서 일어나는 사건에 넣을까도 생각했지만, 딕을 혼자 남겨두어야 하기에 결국 뺐습니다.

정신과 의사가 잡지 교정쇄를 처음부터 끝까지 다 읽고 난 뒤—잡지 교정쇄만 읽었지만 교정쇄를 다 읽은 사람으로는 유일합니다—한 말을 듣고 이런 느낌은 더욱 강화되었습니다. 끝부분에 가서 내용이 날카롭게 손상된 걸 느꼈다는데, 교정 전 원고를 읽은 사람은 느끼지 못한 것입니다.

편지 쓰는 김에 몇 가지 상의하면 좋겠습니다.

...

단행본을 홍보할 때 중요한 점은 다음과 같습니다. '리비에라'라든지 '화려한 휴양지'라든지 하는 표현은 사용하지 마십시오. 내가 종종 비난받곤 하는 하찮음의 표현처럼 들릴뿐더러 리비에라는 E. 필립스 오펜하임을 비롯한 한 세대의 작가들이 충분히 우려먹었습니다. 또한 그 단어만으로도 어떤 비현실적이고 가벼운 느낌을 불러일으킵니다. 따라서 이 사실에 주목하면서 유럽을 배경으로 한다 정도의 문장으로 압축하는 게 최선일 것 같습니다. 그렇게 한다면 낭만적인 도입부 이후 진지한 이야기가 펼쳐진다는 암시가 도움이 될 것입니다. 연재하면서 불가피하게 한두 장면을 삭제했다는 것도 언급할 수 있을 듯합니다. 알다시피 책에 쏟아진 찬사를 숱하게 인용하면서 떠들썩하게 홍보하는 것에 동조하지 않습니다. 대중은 가짜 물건을 사는 것에 매우, 매우, 매우 질렸고, 그만큼 견고한 물건을 생산하는 자들에게 필연적으로 반응하게 됩니다.

이번 책에서 수정 작업이란, 가장 약한 부분을 고치고, 또 그다음으로 약한 부분을 고치는 과정임을 알게 되었습니다. 처음에는 3번 부분이 가장 약하고 4번 부분이 가장 강해 보여서 3번을 고쳤더니 이번에는 4번이 가장 약한 부분이 되었습니다. 아마 그 부분을 고치면 1번이 가장 약해 보일 겁니다. 최고의 자리를 차지한 것은 2번 부분입니다.1933년 11월 13일자 편지 참조 …

칸 사건을 포함할지 전보로 알려주십시오.[20] 홍보에 대한 제안은 절대 옆길로 새지 **않도록** 해주십시오.

스콧

메릴랜드 볼티모어 파크가 1307번지
1934년 3월 4일

친애하는 맥스

오늘 아침 전화로 나눈 내용을 확인할 겸 이탤릭체를 임의로 바꾸지 말라는 말을 인쇄업자에게 전해주었으면 합니다. … 다른 문제로 가서, 1. 여유를 두고 서평용 증정본을 돌렸으면 좋겠고, 2. 서평가들이 출간본과 같은 형태의 책을 받아보았으면 좋겠습니다. 책의 느낌을 결정짓는 데 수정한 대목이 크나큰 영향을 준다는 것은 의심할 여지가 없기 때문입니다. 결국 난 꾸준히 일하는 사람입니다. 한번은 어니스트 헤밍웨이와 이야기를 나눌 일이 있었는데, 당시 팽배해 있던 인식과는 반대로 어니스트에게 이렇게 말했습니다. 난 거북이고, 그는 토끼라그. 그게 문제의 진실입니다. 내가 그때껏 손에 넣은 모든 것은 길고 꾸준한 노력의 산물인 반면, 타고난 재능으로 비범한 작품을 써낸 어니스트야말로 천재성이 돋보이는 작가라고도 말했습니다. 내게는 재능이 없습니다. 내 재능은 싸구려 재능입니다. 그것에 탐닉하기를 원한다면 말이지요. 싸구려 글은 쓸 수 있습니다. 며칠 전에 이곳 무대에서 클라크 게이블의 연기를 고쳐주었습니다. 그런 건 누구보다 빨리 할 수 있지만, 진지한 사람이 되려고 마음먹었을 때에는 매 순간 허둥지둥 진땀을 빼다가 종국에는 나 자신을 더디게 움직이는 베헤못Behemoth. 구약에 등장하는 거대한 수륙 양서 괴수으로(철자가 맞다면) 만들어버리곤 합니다. 어쨌건 교정에 관한 이런 점들은 매우 중요하니 잘못은 모두 내게 돌리십시오. 일은 모조리 편집자님이 하겠지만 말입니다. … 지식인들이 이 책에 관심을 보였다고 홍보팀이 그것을 진지하게 받아들이고 이용하려고 한다면, 큰 오산일 것입니다. 책의 명성이라는 것은 안에서부터 위로 자라야 하고 자연스러운 성장이 되어야 합니다. 상품으로서 이 책과 『위대한 개츠비』는 비교 가능하지 않다고 생각합니다. 『위대한 개츠비』는 길지 않은 분량도, 남성적 관심사도 판매에 불리하게 작용했습니다. 반면에 이 책은 여성의 책입니다. 가능성을 보건대 소설이 현 상태로 팔리기만 한다면 꽤 선전할 것으로 보입니다.

편지가 독단적으로 들린다면 양해해주십시오. 책의 테두리 안에서 등장인물들과 너무 오랫동안 살아온 탓에 때론 실재 세계는 없고 이 인물들만 존재하는 것처럼 느껴지곤 합니다. 지금 이 말이 허세를 부리는 것처럼 들릴지라도(맙소사, 내 글에 허세를 부려야 한다니) 그것은 절대적 사실입니다. 그래서 그들의 환희와 고통이 실제 삶에서 일어나는 일만큼 중요하게 느껴질 정도입니다.[21]

젤다는 좋아지고 있습니다. 부활절에 그림 전시회를 열 수도 있는데, 확실하진 않습니다. …

평온을 빌며

메릴랜드 볼티모어 파크가 1307번지
1934년 5월 15일

친애하는 맥스

우리 대화와 관련하여. 올가을에 펴낼 책[22]에 크게 네 가지 계획이 있습니다. 어니스트와 내 작품이 그동안 얼마나 팔렸든지 간에 잡다한 단편집이 웬만큼 팔릴 거라는 생각은 이제 접어야 할 것 같습니다. 물론 준비 중인 글들을 함축적이고 명확한 제목으로 통합하고자 모든 노력을 기울일 것입니다. 단편들을 하나로 묶고 독자에게 일관된 분위기로 호소해야 하는 까닭에 선명한 제목은 장편보다 단편집에 훨씬 더 중요합니다. 더욱이 선택할 글감이 그렇게 많으니, 모음집은 다양한 유형의 단편을 수록하는 것에 앞서 진정한 내적 통일성을 가지고 있어야 합니다.

내 계획은 대략 이렇습니다.

1. 새 단편들과 예전 세 단편집에서 고른 단편들을 합친, 큰 규모의 단편 선집. 타드너와 골즈워디 등의 단편 선집에 얼마나 운이 따랐는지 알려주십시오.

2. 6만 단어의 바질 키 이야기와 3만 7500단어의 조세핀 이야기. 여기에 바질과 조세핀이 함께 등장하는 한두 편의 단편을 더해 '바질과 조세핀' 같은 단순한 제목으로 12만 단어 분량의 책을 펴낼 수 있습니다. 어떤 점에선 이 책이 상업적으로 가장 확실한 투자가 될 듯합니다. 타킹턴의 『상냥한

줄리아Gentle Julia』나 『펜로드Penrod』 같은 느낌이 나는 것이 거의 장편소설로 인식될 수 있기 때문입니다. **하지만 그와 똑같은 이유로 예술적으론 가장 위험한 선택이 될 것입니다.** 거짓된 이름 아래 물에 젖은 물건을 사도록 자신들을 속였다고 내 책을 구매하는 독자들이 생각할지도 모를 일입니다.

3. 새 단편 모음집. 일단 40편의 단편이 있고, 그중에 29편이 가능하고, 그중에서 또 15편가량을 고를 수 있습니다. 오랫동안 계획했지만 아직 쓰지는 않은, 진지하고 비상업적인 단편 한두 편을 분위기 고양을 위해 집어넣는 겁니다. 황금의 20년대를 다룬 이야기임을 보여주는 제목 아래, 혹은 특정하면 '더 많은 재즈 시대 이야기' 같은 제목 아래 이 글들을 하나로 묶을 수 있을 것입니다. 목차는 다음과 같습니다. 연도는 글을 쓴 때가 아니라 각각의 이야기가 대표하는 시기를 의미합니다.

1918	미녀들의 최후 혹은 사랑의 배
1919	뻔뻔함
1920	조혼 혹은 어느 해외여행
1921	소목장 옆에서 혹은 집으로 가는 짧은 여행
1922	두 가지 과오 혹은 프리즈아웃
1923	당신의 나이 혹은 작은 마을에서
1924	광란의 일요일 혹은 야곱의 사다리

1925	거친 항해 혹은 바람 속의 가족	
1926	볼The Bowl 혹은 인턴	
1927	수영하는 사람들 혹은 새로 돋은 나뭇잎 한 장	
1928	호텔 아이	
1929	계급 변화	
	위엄	
1930	신부 일행	
	신발이 생겼다	
1931	다시 찾아간 바빌론 혹은 집 그 이상	
1932	3시와 4시 사이	

「둘에 1센트」「얼굴을 민 사내」「나의 오랜 친구」 이렇게 세 편을 합치면 29편이 됩니다. 바질과 조세핀 이야기, 아직 쓰지 않은 이야기, 얼마 전에 완성했지만 판단을 못 내린 두 편은 일단 뺐습니다. …

4. 이것은 알렉산더 울콧의 『로마가 불타는 동안』 같은 책의 성공에 기반을 둔 아이디어입니다. 알다시피 지금까지 개인적 이야기를 책으로 펴낸 적이 없습니다. 소설 글감으로 활용해야 했기 때문입니다. 그럼에도 불구하고 잡지 기고문과 임의로 쓴 많은 글들이 폭넓은 관심을 받았고, 제목과 글감에 통일성을 부여해 책으로 펴낸다면 예전의 관심을 다시 끌 수 있을 것입니다. …

당시에 큰 관심을 끈 탓에 지금도 이따금씩 회자되곤 하는 〈포스트〉 기고문이 두 편 있습니다. 「1년에 3만 6000달러로 사는 법」과 「1년에 돈 한 푼 안 들이고 사는 법」이 그것입니다. 〈스크리브너스〉에 발표한 「재즈 시대의 메아리」와 〈아메리칸〉에 발표하고 싶어도 〈코스모폴리탄〉이 판권을 움켜쥐고 내놓지 않는 「나의 잃어버린 도시」도 있습니다. 관심을 끌었던 작품에는 〈칼리지 유머〉에 발표한 「프린스턴」과 〈포스트〉의 「백 번의 실패」, 〈모터〉에 발표한 자동차 여행에 관한 재미있고 긴 글 「고물차로 떠나는 여행」, 〈리버티〉의 「여자는 여자를 믿는다」, 20년대 초반 메트로폴리탄 통신사에 발표한 「마호가니 작품을 만들며」와 「우리의 무책임한 부자들」, 〈아메리칸〉의 「스물다섯 살이라는 것에 대해」가 있습니다. 20년대 초반의 또 다른 글로는 〈우먼스 홈 컴패니언〉의 「당신의 아이를 가질 때까지 기다려라」, 〈레이디스 홈 저널〉에 발표한 「상상과 몇 명의 어머니」, 〈맥콜스〉의 「아가씨의 작은 오빠」가 있습니다.

대충 이 글들로 책 한 권의 뼈대가 마련될 것이고 분량은 5만 7000단어쯤 될 것입니다. 그밖에 문학 비평문도 몇 편 있는데, 링을 추모한 글[23]과 어니스트의 도착을 환영하며 쓴 〈북맨〉의 「글감을 낭비하는 법」 이외에 보존해야 할 글은 없습니다. 〈뉴요커〉에 실린 「짧은 전기」와 「샹젤리제의 상술」 같은 오르되브르 몇 편과 〈배니티 페어〉와 〈칼리지 유머〉

등에 게재된 짧은 글 몇 편이 더 있습니다. 젤다와 내가 함께 쓴 글도—구상과 편집, 다듬기는 내가 했고, 글 대부분은 젤다가 썼습니다—두어 편 있지만, 그 글을 내가 써도 될지 모르겠습니다. 열두 살과 열세 살에 쓴 초기 단편도 몇 편 있는데, 그중 일부는 지금 발표해도 될 만큼 재미있습니다. … 여기까지가 올가을 책으로 펴낼 수 있는 글들입니다. '암흑기' 소설은 1년 이내, 그러니까 1935년 가을까지 준비하기는 힘들 것 같군요.

이 구성을 꼼꼼히 살펴보고 의견을 주시기 바랍니다. 젤다에게도 의견을 물어보겠습니다. 자신과 관계없는 일에 대해서는 꽤나 경청할 만한 의견을 내놓는 데다 이상하게도 아내의 의견은 언제나 보수적입니다. 내 글과 아내의 글—〈칼리지 유머〉에 실린 여자들에 대한 오래된 스케치와 단편 공상 소설—을 함께 수록한다는 다섯 번째 계획이 지금 막 떠올랐지만, 괜찮은 생각인지 확신이 서지 않습니다.

뉴욕에 한 번 갈 수도 있겠지만, 아마 힘들 것 같습니다. 입금해줘서 정말 고맙습니다.[24]

스콧

1934년 5월 17일

친애하는 스콧

우리 모두 2안 바질과 조세핀 이야기를 선호합니다. 유일한 우려는 선생이 그 글들을 정리하는 데 시간이 빠듯하지 않을까 하는 것입니다. 그리 오래 걸릴 것 같지 않으면—이를테면 6주를 넘기지 않는 선에서—강력하게 그 안을 주장합니다. 『밤은 부드러워』 같은 장편소설로 보여서 대중을 오도할 위험성이 있기 때문에 그런 실수를 하지 않도록 조심해야 할 것입니다. 안전하게 그 일을 수행할 수 있으리라 봅니다. 책이 나오면 대중의 사랑과 찬사를 동시에 받을 것으로 믿습니다.

2안 다음으로는 3안을 선호합니다. 일단 결정을 내려야 했기에 사안을 꼼꼼히 살피지 않고 곧바로 편지를 씁니다. 당장 선생 책을 가을 출판 목록에 올리고 싶은 마음입니다.

맥스

메릴랜드 볼티모어 파크가 1307번지
1934년 5월 21일

친애하는 맥스

문제를 재고하고 바질과 조세핀 이야기를 다시 살펴보니 그 계획은 불가능해 보입니다. 생각만큼 글이 좋지 않습니다. 타킹턴 느낌이 너무 강하고, 타킹턴이 지금 청소년 연작소설을 쓰고 있다고 하니 비교는 피할 수 없는 일, 내게 유리할 게 없습니다.

둘째, 책으로 내려면 작업도 엄청나게 해야 하고 새로 써야 할 부분도 많습니다.

셋째, 영업팀이 이 책을 장편소설로 활용하지 않으리라는 믿음이 별로 없습니다. (T. S. 엘리엇이 내게 보낸 사적인 편지를 출판업계 사람들에게만 보여주겠다고 맹세해 놓고선 『밤은 부드러워』의 표지에 사용한 걸 보면 더욱 그렇습니다.) 이런 오해가 또 생긴다면 평론가들 사이에 간신히 재정립한 내 위치가 다시 허물어지고 말 것입니다. 『밤은 부드러워』를 좋아했던 이들은 혐오감을 느낄 것이고, 내 책을 좋아하지 않거나 당혹감을 느꼈던 사람들은 그 기회를 십분 활용해 나를 공격해댈 것입니다. 위협 부담이 너무 크고 그런 모험을 감내하기엔 이미 너무 늙어버렸습니다. 형벌이 너무 가혹할 겁니다. 장편소설로 소개되면 난 끝장날 것이고, 단편소설로 소개되면 더 나은 단편집에 비해 과연 유리한 점이 있을까요? 내 것보다 더 나은 단편집이 있다는 사실을 인정합니다.

넷째, 지금 생각해보니 그 이야기에서 괜찮은 구절과 생각을 『밤은 부드러워』에 너무 많이 써먹었습니다.

실은 이 연작을 부수기로 마음먹고 『밤은 부드러워』에 몇 군데 사용했습니다. (키플링은 아예 『세 명의 군인』을 이처럼 해체한 뒤 여러 편의 책에 녹여 넣었습니다.)

그렇다면 3안이 남습니다. **확실히** 재출간하기를 원하는 여덟 편을 골랐고, 편집자님에게 다른 15편을 보낼 테니 그 가운데에서 본래 여덟 편에 더할 여섯 편, 혹은 일고여덟 편을 (여러 사람의 의견을 모아) 선별해주면 좋겠습니다. 그사이 첫 여덟 편을 수정하는 밤 작업을 시작하면 될 것 같습니다.

계속 그 주제에 대해 생각하겠지만, 일단 가제는 '더 많은 재즈 시대 이야기'입니다. 별일 없으면 6주 후에는 원고를 받아볼 수 있을 것입니다.

스콧

1934년 6월 4일

친애하는 스콧

단편들을 돌려보냅니다. 내 선호에 따라 그룹 세 개로 나누었지만, 단편집에서 우형의 다양성 문제를 고려해야 할 것입니다. 그 문제를 고려해 분류하진 않았습니다.

첫째 그룹

　미녀들의 최후

　두 가지 과오

　위엄(특히 결말이 좋아서)

　바질과 조세핀

　　사내는 자신이 멋지다고 생각한다

　　완벽한 인생

　　과거가 있는 여자들

둘째 그룹

　신칼이 생겼다(썩 훌륭한 소설로 보이지만 온벽한 성공작은 아닙니다)

　뻔뻔함(결말의 반전이 뛰어난 몇 안 되는 소설이라고 봅니다)

　집 그 이상

　새로 돋은 나뭇잎 한 장

셋째 그룹
  당신의 나이
  계급 변화
  3시와 4시 사이
  프리즈아웃
  볼

 임의로 나눈 것이고, 도움이 된다면 다른 사람의 판단이라는 점 때문일 겁니다.

맥스

메릴랜드 볼티모어 파크가 1307번지
1934년 6월 26일

친애하는 맥스

조판 작업이 지옥 같을 것이기에 일단 1번 단편부터 보냅니다.[25] 수정 작업이 끝난 단편이 두 편 더 있지만, 『밤은 부드러워』를 일일이 들여다보면서 단편에서 뽑아온 구절을 찾아내는 게 보통 일이 아닙니다. 『밤은 부드러워』 수정본이 하도 많아서 어디에 넣었고 또 어디에 최종적으로 뺐는지 알 수가 없어 더욱 혼란스럽습니다. 편집자님이 제안한 단편 두 편[26]도 힘들기는 마찬가지일 듯합니다. 「사로잡힌 그림자」는 결말을 새로 써야 하는데 단편 하나 쓰는 것에 맞먹을 겁니다. 둘째, 조세핀 연작인 「근사하고 조용한 곳」은 중간쯤에 순 엉터리 얘기가 하나 들어가 있어서 다른 내용으로 바꿔야 합니다. 따라서 글들을 원래 순서대로 보낼 수 없는 까닭에 **각각 따로** 조판한 다음, 마지막 두 편을 그 사이에 끼워 넣는 식으로 하겠습니다. 그 두 편을 제시간에 수정할 수 있다면 말입니다.

제목에 대해선 새로운 게 없습니다.[27]

이 편지를 받을 때쯤이면 1000달러를 간청하는 전보를 받게 될 것입니다. 클리닉 비용젤다의 병원비이 있긴 하지만 어떻게 하다 이런 빚의 수렁 속에 빠지게 되었는지 모르겠습니다. 『밤은 부드러워』 마지막 교정쇄 작업을 끝낸 이후로 한 달에 한 편씩 꼬박꼬박 단편을 써서 잡지사에 팔고 있는데도 말입니다. 젤다의 물건도 몇 개 깨끗이 손봐서 내다 팔았습니다. 빚은 요물 같아서 한번 그 속에 발을 담그면 좀처럼 빠져나올 수 없습니다. 지금 같아선 영화 판권에 대한 희망도 접어야 할 것 같습니다. 예전에 편집자님에게 말한 적이 있을 텐데요, 여기에서 서부로 간 그 젊은이가 영화계 사람들에게 소설을 팔려고 애를 쓰고 있는 것 같기는 합니다. 필리스 보톰Phyllis Bottome의 정신의학을 다룬 소설 『사적인 세계Private Worlds』이 잘나가면 그쪽 분야 이야기를 찾아 벌떼처럼 달려들지도 모를 일이지요. 그게 지금 바랄 수 있는 최선입니다. 여름까지 여기에 꼼짝 않고 박혀 있어야 할 것 같군요. 빚만 깨끗이 청산하고 지금 이 일만 일단락하면 어딘가로 떠나 한 달을 푹 쉴 겁니다. 낮에 사무실에서 일하는 편집자님과 밤새 글을 쓰는 톰 울프의 고충을 이제 이해할 것 같습니다. 열흘 전까지 편집자님과 톰처럼 일하다 결국 쓰러져 침대에 며칠 누워 있어야 했습니다. 지금은 괜찮습니다. 〈포스트〉 단편만 털고 나면 최악은 지나갑니다.

젤다는 한결 좋아졌습니다. 모로William Morrow가 젤다의 글을 읽었지만 최종 거절했습니다.

스콧

메릴랜드 볼티모어 파크가 1307번지
1934년 7월 30일

친애하는 맥스

편집자님이 떠나고 난 뒤 땅이 무너진 느낌입니다.[28] 우리는 몇 시간이고 앉아 편집자님 이야기를 했습니다. 유일한 문제라면 집에서처럼 편히 잘 수 없다는 것이었습니다. 그래서 스튜어트의 오래된 전쟁 이야기를 한 시간쯤 읽다가 결국 절망에 빠져 옷을 갈아입고는 새벽녘 주위를 돌아다니다가 들어와 아침 7시에서 9시까지 잠시 눈을 부쳤습니다. …

오늘 아침을 먹기 전에 〈스크리브너스〉에 실린 톰 울프의 단편「저 멀리 버림받은 자들의 집」을 읽었습니다. 완벽하게 아름다웠습니다. 그의 작품에 종종 결여되어 있는 정교함이, 어찌 보면 어니스트와 유사한 강력한 시적 아름다움이 그 글에는 있었습니다. (톰이 이것을 찬사로 받아들이지 않을 게 분명하기 때문에 이 말을 전해지는 마십시오.) 우리 셋에게서 작가로서의 유사성이 있다면, 그것은 상황보다는 사람들이 전형적으로 보여주는, 시공의 어느 한 순간의 정확한 느낌을 포착하려고 시도한다는 것일 겁니다. 우리 소설에서 그런 시도가 이따금 튀어나온다는 것이지요. 키츠가 그토록 쉽게 해낸 것이 아니라 워즈워스가 하려고 했던 것, 곧 깊은 경험을 성숙하게 기억하는 작업, 우리가 하고자 하는 것입니다. 어쨌건 진심을 다해 톰에게 축하의 말을 전해주십시오.

편지가 늘어지는군요. 루이즈가 괜찮기를. 그처럼 새롭고 흥미로운 곳에 데리고 가줘서 무한한 감사를. 판에 박은 듯 지겨운 일상이었습니다.

스콧

추신 편집자님에게 빚진 돈입니다. 내가 사자고 우겼고, 또 내가 대부분을 마셔버린 그 비싼 와인을 깜빡했기 때문에 1100달러 대신 1200달러로 했습니다. 더욱이 11보다는 12가 좀 더 대칭을 이룬 숫자입니다.

파크가 1307번지
1934년 8월 17일

친애하는 맥스

『기상나팔 소리Taps at Reveille』 교정쇄 작업을 아무래도 10월 1일까지 마무리하기는 힘들 것 같습니다. 그리하면 출간일이 11월 1일로 미뤄지겠지요. 일이 이렇게 되어 정말 미안합니다. 모든 게 잘 맞아떨어지면 10월 1일 이전에 끝낼 수 있을 것 **같지만**, 그래도 2월 출간 도서 목록에 올려놓는 편이 낫겠습니다. 건강이 안 좋을 때 일하다 보니 모든 게 더딥니다. 애를 쓰고 있지만, 그러면 그럴수록 **현재**에 미치는 최종적 영향 때문에 일을 더 못하겠습니다. 이제 더 이상 스물한 살이 아니라는 사실을 기억해주십시오.

12월 출간은 반대겠지요, 그렇지요? 단편집은 그때 쏟아지는 장편과는 분명 경쟁이 안 될 겁니다. …

모든 일이 잘되길 바랍니다. 할 일은 쌓였고, 비서는 2주 휴가를 갔고—비서에게 세세한 일을 너무 많이 맡긴 탓에 나 혼자서는 무엇을 해야 할지 막막하기만 합니다—젤다는 상황이 좋지 않고, 모든 게 뒤죽박죽입니다. …

안부를 전하며

1934년 8월 20일

친애하는 스콧

개인적인 생각으로는 그게 언제든 가능한 한 빨리 단편집을 냈으면 좋겠습니다.『밤은 부드러워』출간 가까이 단편집을 내는 게 매우 중요합니다. 서평가들이 단편을 인상 깊게 읽을 것이고, 그래서『밤은 부드러워』에 새로운 논의가 이루어지면 많은 서평가들이 선생 책에 보다 분명하게 발언할 기회를 얻게 될 것입니다.『밤은 부드러워』는 또한 온당하게 평가될 시간을 벌 것이고, 그들은 책에 더욱 확신하게 될 것입니다. 더욱이 단편집은『밤은 부드러워』보다 선생의 더 많은 면모를 보여줍니다. 선생이『밤은 부드러워』의 인물들과는 또 다른 다양한 사람들을 이해하고 있음을 보여주는 것이지요. 이런 이유들 때문에 단편집을 빨리 냈으면 합니다.

지금 선생 상황이 즉각적인 재정적 보상을 무엇보다 중시할 수밖에 없을 겁니다. 하지만 교정쇄 작업을 빨리 끝내서 10월에 책을 낼 수 있다면, 즉각적인 재정적 보상 이외의 모든 면에서 가치가 있을 겁니다. 일을 조직하는 데 영민한 분이니 모든 것을 고려해보았을 겁니다. 선생 일을 도와줄 수 있는 사람이 없나요? 단편의 일부를『밤은 부드러워』에 사용한 게 유일한 문제로 보입니다. 똑같은 문구가 여러 번 눈에 띄더군요. 물론 피해야 할 문제지만, 극도로 피해야 할 문제로 보이진 않습니다. 작가가 한 번 쓴 문장을 반복하면 안 될 이유는 없습니다. 헤밍웨이 역시 그랬습니다. 어쨌건 단편집의 출간을 앞당길 수 있는 방법이 있다면 무조건 시도해 보는 게 좋을 듯합니다.

맥스

*

메릴랜드 볼티모어 파크가 1307번지
[1934년 8월 23일]

친애하는 맥스

책에 관한 모든 점을 면밀히 살펴본 결과, 어렵겠다는 결론을 내렸습니다. 서둘러 봤다는 말이 아니라 이 각도 저 각도에서 면밀히 살펴보았습니다. 그렇게 힘든 일을 밀고 갈 만큼 육체적으로도 재정적으로도 건강한 상태가 아닙니다. 『밤은 부드러워』에 했던 것과 똑같이 일해야 할 것이고, 그 책이 끝났을 때와 똑같은 상태에 놓일 것입니다. 평론가에 대한 편집자님의 논리를 물론 잘 압니다. 그럼에도 불구하고 이 책이 보이는 것만큼 중요하다는 느낌이 들지 않습니다.

빚의 수렁에서 빠져나와야만 했고, 『밤은 부드러워』 탈고 직전 최종 한 바퀴를 남기고 시작된 방탕으로 2만 달러까지 불어난 빚을 2000~3000달러로 줄였으니 이제 그 끝이 보이는 기분입니다. 그래도 빚 생각만 하면 여전히 마음이 무겁습니다. 빚의 그림자가 드리운 이상, 개인적 삶에서 평안을 찾기는 힘듭니다. …

안부를 전하며

*

파크가 1307번지
1934년 8월 24일

친애하는 맥스

어제 편지에 대한 일종의 추신입니다. 편집자님이 편지에서 허울뿐인 논리를 펴고 있다는 생각이 듭니다. 어니스트가 여기저기에 자기 복제를 한다고 해서 나 역시 똑같은 짓을 하는 것이 정당화될 수는 없습니다. 어니스트도 나도 나름의 장점이 있지만, 내 장점은 공교롭게도 내 작품에 엄격한 정밀성을 요구한다는 것입니다. 어니스트는 그 점에 실수를 허용할 수 있을지 모르겠지만, 난 그러고 싶지 않습니다. 결국 무엇이 적합한지 판단하는 최종 심판관은 내가 되어야 할 것입니다. 세 번째 말하는 것이지만, 게으름의 문제가 아닙니다. 절대적으로 자기 보존의 문제입니다. 어떤 경우에도 돈을 버는 책이 안 될 것이고, 출판사에 빚진 돈을 갚는 데에도 크게 도움이 안 될 것입니다. 그런 까닭에 모든 것을 고려할 때 크리스마스 이후까지 기다리자는 내 제안이 최선으로 보입니다.

  더욱이 이것은 그저 탄복의 문제만이 아닙니다. 실은 현 상태로 내보내는 것을 도저히 **생각할 수조차 없는** 글들이 몇 편 있습니다. 편집자님에게 큰 불편을 끼친다는 걸 너무도 잘 알지만, 지금 이 순간 그 일을 하라는 것은 돌연 죽으라는 것과 다르지 않습니다.

스콧

머릴랜드 볼티모어 파크가 1307번지
1934년 10월 30일

친애하는 맥스

… 집으로 돌아와서는 〈더 레드북〉 단편[29]을 끝마쳤습니다. 내가 보기엔 꽤 괜찮습니다. (읊을 만합니다.) 지금은 낮 12시. 〈더 레드북〉 단편을 쓰느라 어젯밤 12시까지 책상에 앉아 있었습니다. 반시간 남짓 눈을 붙인 다음, 힘이 남아 있으면 이발을 하러 나갈까 합니다.

적어도 단편 두 편을 더 볼 생각입니다. 하지만 〈더 레드북〉 단편을 수요일에 넘기고 이걸로 얼마간 돈을 마련할 때까지는 단편들을 다시 손볼 수 있을지 모르겠습니다. 내가 얼마나 꼼꼼한 사람인지 편집자님은 알 겁니다. 봄에는 책을 낼 수 있을 거라고 말씀하셨는데, 출판업계의 현 상황을 잘 모른다고 나를 얕잡아 본 것 같습니다. 편집자님, 도대체―크리스마스 이전에 봄 출판 목록을 만들지는 않지요, 그렇지요? …

중세 이야기를 끝낸 이후에는 하루 동안 푹 쉴 겁니다.

헨리 제임스의 『소설의 기술』을 보내줘서 무한한 감사를 보냅니다. 캘버튼의 책[30]은 최악이었는데 그에게는 반대로 얘기했습니다.

스콧

메릴랜드 볼티모어 파크가 1307번지
1934년 11월 8일

친애하는 맥스

… 나의 가장 큰 실수는 올가을에 단편집을 낼 수 있을 거라고 생각한 것입니다.『밤은 부드러워』를 끝내고 무려 1만 2000달러 가까운 빚이 있었으니 여름과 가을 내내 빚 청산에 전념해야 한다는 사실을 진작 알았어야 했습니다. 원래 계획은 낮에는 평소대로 일하고 밤에는 단편 한 편씩 수정 작업을 끝내는 것이었는데, 보다시피 낮에 일하고 나면 기진맥진해서는 한 시간이면 끝날 수정 작업을 두 시간에 걸쳐 질질 끌다가 결국에는 짜증만 치민 채 천근만근 무거운 몸으로 침대에 누워 잠 못 이룬 채 뒤척이다가 그다음 날 일어나서는 편지를 받아 적게 하고 수표에 서명하는 것과 같은 업무밖에 못 보는 그런 상태가 되고 맙니다. 무언가 창조적인 일을 하려면 오후 4시까지는 아무것도 할 수 없습니다. 건강이 안 좋기 때문이기도 합니다. 10년, 아니 5년 전만 해도 이렇게 힘들지는 않았을 텐데요. 지금은 지푸라기 하나에도 낙타의 등이 부러지는 시기입니다. …

편집자님도 알겠지만,「새로 돋은 나뭇잎 한 장」을 빼고 그 자리에「그녀의 마지막 사건」을 넣었습니다. 그 글을 읽었는지, 마음에 드는지 말씀을 안 해줬습니다.

요새 내가 빈둥거린다고 편집자님이 생각하는 줄 다 압

니다. 하지만 사실이 아닙니다. 술을 지나치게 마시는 탓에 작업 속도가 느리긴 합니다. 한편으론 술 없이 내가 이때껏 살아남을 수 있었을까 싶습니다. 8개월 전인 3월 중순 『밤은 부드러워』의 마지막 교정쇄 작업을 마친 뒤 단편을 세 편 써서 〈포스트〉에 넘겼고, 출판을 거절당한 또 한 편을 썼고, 〈더 레드북〉에 단편 두 편 반을 썼고, 〈에스콰이어〉에 젤다의 글 세 편과 급전을 위한 독창적인 글 한 편을 고쳐 썼고, 비록 불발이었지만 『밤은 부드러워』를 1만 단어로 줄이는 공동 작업을 했고, 이 또한 불발이었지만 〈그레이시 앨런〉에 8000단어 분량의 단편을 썼고, 1000단어에서 5000단어 사이의 단편을 쓰려고 다섯 번 정도 실패를 거듭했고, 모던 라이브러리판 『위대한 개츠비』 서문을—지난 몇 년간의 부진을 만회하는 글입니다—썼습니다. 한 달에 단편 한 편이나 에세이 두 편을 쓸 정도로 생산적이었습니다. 올여름엔 일박으로 다녀온 서너 번의 버지니아 여행과 그것도 네댓새 머문 게 고작인, 뉴욕에 업무상 두 번 다녀온 것 이외에는 휴가도 없었습니다. 어려운 시기에 편집자님은 더 열심히 일했을 테니 물론 이것이 돈을 많이 벌지 못한 것에 변명은 안 됩니다. 하지만 요샌 건강이 좋지 않은 탓에 과하게 일하면 영락없이 그것을 상쇄하는 시간만큼 집에서건 병원에서건 몸져눕게 됩니다. 지금 말할 수 있는 건, 글을 한 편 쓸 때마다 단편 두어 편을 일시에 수정할 것이라는 겁니다.

열흘에 〈더 레드북〉 연작 한 편씩을 쓰고 있으니, 이 속도라면 100일 후 열 편을 끝내게 될 것이고 2월 중순에는 나머지 단편들을 모두 보낼 수 있습니다. 상황이 좋아진다면 한 달 정도 빨라질 수도 있겠습니다.

헨리 제임스의 책을 보내줘서 거듭 고맙습니다. 멋진 책인데, 쓰는 게 엄청 어려웠을 테니 읽는 것 역시 쉽지 않았습니다. …

스콧

메릴랜드 볼티모어 파크가 **1307번지**
1934년 11월 20일

친애하는 맥스

편집자님 편지에 「그녀의 마지막 사건」을 뺀다는 내용이 나오지 않지만,[31] 아직 조판 작업에 들어가지는 않았겠지요. (단편은 돌려주었으면 합니다.) 어쨌건 대체물을 보냅니다. 이게 **최종**입니다. 「악마The Fiend」 〈에스콰이어〉 1월호에 발표될 글입니다. …

글이 얼마나 괜찮은지는 모르겠지만, 이 글을 좋아하는 독자들이 분명 있을 겁니다. 이를테면 '잘빠졌다'고 몇몇 다른 글들처럼 비난받는 일은 없을 겁니다. 오랫동안 머릿속에 있었던 이야기, **쓸 수밖에 없었습니다.** 상업적 단편의 천편일률적인 분량과 구조와는 결을 달리합니다.

하지만 지금 막 대중에게 선보였고 아직 이 글에 나쁜 평을 듣지 못했습니다. 편집자님이 보고 감흥이 없으면 꼭 알려주십시오! 그렇다면 대체물을 넣지 않고 18편 대신에 17편으로 가겠습니다. 글이 마음에 들면 바로 조판 작업을 한 뒤 교정쇄를 보내주십시오.

스콧

추신 1. 어니스트 소식은 잘됐습니다. 두말할 나위 없이 소설 배경이 궁금합니다. 어니스트가 한때 염두에 두었던 십

자군 이야기가 아니길 간절히 바랍니다. 9세기를 다룬 내 소설과 그의 소설이 경쟁하는 일은 상상만 해도 끔찍합니다.

추신 2. 바질이나 조세핀 이야기가 마치 두 편의 중편인 양 하나의 단위로 묶이지 않았으면 합니다. 연작임을 알리는 것은 목차와 각 단편의 제목이면 충분할 것 같습니다. 글 제목은 다음처럼.

바질

IV 사로잡힌 그림자

달리 말해, 각 단편은 새 페이지에서 시작해야 합니다.

까다롭게 굴어서 미안합니다. 한꺼번에 너무 많은 일을 하다 보니 내가 하지 않으면 모든 게 잘못될 거라는 옛날의 심리 상태가 나옵니다. 젊은이들이 흔히 저지르는 잘못이지요. …

*

1934년 11월 22일

친애하는 스콧

「그녀의 마지막 사건」을 돌려보냅니다. 선생이 왜 이 글을 뺐는지 모르겠습니다. 하나의 완결된 이야기로는 「그녀의 마지막 사건」보다 훌륭한, 내가 상당 부분 읽은 표절에 관한 단편을 보낼 거라 생각했습니다. 선생이 보낸 단편을 훑어보았는데 무슨 이야기인 줄 알겠더군요. 5시 이후에 읽어보겠습니다. 이 글을 잘 가지고 있다가 좀 더 규모가 큰 소설로 쓸 수도 있을 텐데요. 링이 「부잣집 아이」를 보고 선생에게 말한 것처럼 글감을 낭비하는 건 아닌지.

선생이 말하는 건 헤밍웨이의 그 글이 아닙니다. 헤밍웨이가 먼 훗날을 위해 아껴 놓은 글일 겁니다. 지금 이 글은 '아프리카의 고지'[32]라는 글입니다. 그의 어림짐작으로 7만 5000단어쯤 되는데 책 한 권으로 묶기엔 너무 짧습니다. 형태로는 소설이 아닌 일종의 이야기라 할 수 있습니다. 헤밍웨이는 이 글을 어떻게 출판할지 온갖 복잡한 질문을 다 생각해내고, 난 그 질문들을 곰곰이 생각한 뒤 그에게 편지를 써야 합니다. 그런 까닭에 언제 출간될지 모르겠습니다. 헤밍웨이는 이 글이 퍽 흡족한 모양입니다. 글의 수준이 「빅 투 하티드 리버Big Two Hearted River」와 비슷하고 늘 자신이 잘 할 수 있다고 여겨왔던 것, 곧 풍경을 묘사하는 글이라고 자평합니다.

진실로 선생의 이번 단편집이 근사할 거라고 생각합니다. 보기에도 좋을 텐데, 물론 판매가 선생을 속일지도 모르지요. 곧 표지를 보내겠지만 모든 게 잘 진행되고 있습니다. 중세 이야기에 집중했으면 합니다. 지금까지 진행된 양상으로 보건대 이야기가 점점 더 흥미로워집니다.

맥스

*

메릴랜드 볼티모어 피·크가 **1307번지**
1934년 11월 26일

친애하는 먹스

「그녀의 마지막 사건」을 빼기로 결심하게 된 진짜 이유는, **장소**를 다룬 이야기이고, 그 글이 **지면에 발표되기** 바로 직전 토머스 울프의 「저 멀리 버림받은 자들의 집」을 우연히 보게 되었는데, 그가 그처럼 위풍당당 승전보를 전하는 상황에서 같은 주제로 그와 경쟁하는 건 승산이 없다는 생각이 들었기 때문입니다. 심기 사납게 하는 비교가 필연적으로 따라올 테니까요. 분위기 이외에 그것을 상쇄할 만한 게 있다면 주저 없이 글을 포함시키겠지만, 히스테리와 감상이 글의 주를 이룹니다. 어쨌건 고민 없이 결정한 것은 아닙니다.

지금쯤에는 편집자님이 「악마」를 읽고 마음에 들어 하지 않을까 싶은데요. 비록 단순하고 빈약한 내용이라 하더라도 좀처럼 잊히지 않는 흔이 있다고 믿습니다. 적어도 이야기 자체는 어떤 날카로움이 있어서 꽤 오랫동안, 그러니까 6년 동안 머릿속에서 떠나질 않았습니다. 이야기를 옳게 다뤘는지, 혹은 부수적인 요소를 너무 많이 덜어내 헐벗게 되지는 않았는지 잘 모르겠습니다. 그래서 더더욱 조판을 해달라고 부탁하는 겁니다. 나 자신도 명확한 판단이 서지 않기에 가능성이 보이면 교정쇄를 보면서 무언가 수정 작업을 할 수 있을 것 같습니다.

나는 내 안에 깃든 많은 것을 그것이 지나갔음에 기뻐하며 내다버립니다. 이것은 지난달 〈에스콰이어〉에 발표된 어니스트의 글 「조지 다음은 지니오—하바나에서 띄우는 편지」과 비교해보면 흥미롭습니다. 어니스트는 이렇게 말했지요. '표현하지 않은 생각은 종종 고문이다. 비록 그 표현이 사고의 연속성에 거의 미칠 듯한 차이를 만들기 십상이지만.' 「부잣집 아이」를 중편보다 긴 글로 확장하는 것은 절대적으로 불가능한 일입니다.

이것은 링이 말한 내용이기도 합니다. 링은 짧은 글이 아니면 글쓰기는 아무것도 모르는 사람입니다. 그런 까닭에 그는 글감을 구성할 때 언제나 우리에게 조언을 구하곤 했지요. 그의 가장 큰 단점이자 많은 기자들이 범하는 잘못이기도 합니다. 반면에 무한의 한숨을 가진 소설가는 몇 번의 숨을 잘라낼 수 있습니다. 밭은기침 두어 번보다 긴 신음소리를 토해내는 것이 훨씬 어려운 일입니다.

어니스트가 십자군 이야기를 쓰지 않는다니 다행입니다.

그것 역시 불행한 경쟁이 될 테니 말입니다.

조세핀조세핀 연작은 잘돼가니 이번 주에는 그녀로부터 벗어날 것으로 보입니다. 예전에 말했듯이 이미 두어 편을 끝낸 상태라 한 번씩 훑어보기만 하면 됩니다.

키웨스트로 가자는 제안은 미치도록 유혹적이지만, 어니스트에게든 내게든 바람직한 것인지 잘 모르겠습니다. 후일에 다시 얘기합시다. …

중세 이야기에 푹 빠져 지냅니다. 문제는 매달 발표할 수 있게 어떻게 잘 잘라내느냐입니다. 주제를 하도 오랫동안 생각한 탓에 풍부한 창의력이 오히려 골칫거리가 되었습니다.

스콧

*

메릴랜드 볼티모어 파크가 1307번지
1934년 12월 17일

친애하는 맥스

… 원 교정쇄 86쪽의 밑에서 여섯째 줄에 '그들의 눈은 집 마당 너머 창문처럼 불타올랐다'라는 문장이 나옵니다. 『밤은 부드러워』에 나오는 문장이란 걸 뒤늦게 알았습니다. 돌려보낸 교정쇄에 그대로 나와 있다면 꼭 좀 삭제했으면 합니다. 엄청 중요한 일이라 페이지 조판 교정쇄를 찍기 전에

편집자님이 직접 확인하길 부탁드립니다. 내가 아는 어떤 이들은 내 책을 읽고 또 읽습니다. 마치 상상력이 고갈된 것처럼 한 작가가 똑같은 문장을 쓰고 또 쓴다는 사실을 아는 것만큼 독자를 괴롭히거나 환멸에 빠뜨리는 일은 없을 겁니다. **이 문장을 찾으면 부디 알려주십시오!** …

스콧

메릴랜드 볼티모어 파크가 **1307번지**
1934년 12월 18일

친애하는 맥스

50달러를 보내줘서 정말 고맙습니다. 〈더 레드북〉이 중세 이야기 게재를 연기했습니다. 욕지기가 치밀어 오르려 합니다. 그로 인해 일이 늦어지고 연재에도 지장이 생길 것 같습니다. 〈더 레드북〉이 세 편은 발표했는데 넷째 글에 대해서는 결정을 못 내리는 것 같아 당분간 〈포스트〉로 돌아가 상황이 호전될 때까지 돈이나 벌어볼까 합니다. 이것이 재정적으로 위급해진 까닭입니다.

교정쇄 사건이 오전 시간을 내내 뒤집어 놓은 탓에 폭발 직전까지 갔습니다. 일을 할 때 얼마나 예민해지는지 잘 알 겁니다. 나이가 들면서 더해지는 것 같습니다. 교정쇄 2교를 살펴본 교정자만큼 멍청한 사람을 본 적이 없습니다. 일단 교정쇄 2교를 **원하지 않았고**, 달라고 하지도 않았습니다. 이 글들은 한 번은 내가 알아서 고쳤고, 또 한 번은 〈포스트〉에 보낼 때 고쳤고, 세 번째는 교정쇄 1교를 보면서 고쳤고, 더 이상은 못합니다.[33]

… 편집자님, 진실로 교정쇄 작업을 하면서 개처럼 일했습니다. … 학교 여선생님이 망쳐 놓은, 우스꽝스러운 대목 대여섯 군데와 세심히 조율된 리듬보다는 차라리 실수 대여섯 군데가 더 낫습니다. 표현이 다소 격했을지 모르지만 바

질 이야기에 그런 일은 일어나지 않았다는 편집자님의 확인 편지를 받기 전까지는 꿈에서도 나를 괴롭힐 겁니다.

입금해줘서 다시 고맙습니다. 생명수였습니다. 내일 단편 한 편이 더 갑니다.

스콧

*

1935년 2월 18일

친애하는 스콧

지금쯤이면 볼티모어에 도착했겠지요. 곧 선생 소식을 듣기를 기대합니다. 제목 변경에는 전혀 동의하지 않습니다.[34] 제목이 충분히 좋습니다. 주 방위군, 군대, 군사학교, 소년소녀 캠프에 있었다면 누구나 아는 '기상나팔'이라는 단어가 사람들에게 어려울 리 없고, 설령 그렇다 하더라도 '소리'는 아닙니다. 사람들이 당황한 나머지 잘못 읽는 그런 제목이 아닙니다. 그건 발음하기 어려운 제목에 판매원이 하는 소리입니다. 어쨌건 이렇게 일이 많이 진척된 상황에서 또다시 변경하는 것은 옳지 않은 듯합니다. 선생이 원하는 대로 하고 싶지만, 불가능한 것은 어쩔 수 없습니다.

푹 쉬었기[35]를 바랍니다. 하지만 휴가 가는 줄 알았다면 선생을 키웨스트로 데리고 가는 건데요. 가능할 수도 있겠다고 해놓고선 정작 선생을 데려오지 않았다고 헤밍웨이가 어찌나 섭섭해 하던지요.

3월 8일에 출간 예정인 『시간과 강에 대하여』를 보냅니다.

맥스

*

메릴랜드 볼티모어 파크가 1307번지
1935년 2월 26일

친애하는 맥스

〈타임〉을 읽다가 톰 보이드가 죽었다는 소식을 막 접했습니다. 충격입니다. 어떻게 된 일인지 아는 게 있나요?[36]

톰 울프의 책 『시간과 강에 대하여』이 오기를 손꼽아 기다리고 있습니다.

오늘 아침 노스캐롤라이나에서 돌아와 다시 단편 작업에 매진하고 있습니다. (한 달 동안 맥주도 와인도 입에 안 대고 절대 금주를 유지했더니 몸이 가뿐합니다.) 제본 안 한 책이라도, 혹은 표지라도 나오는 대로 바로 보내주십시오. **특히 표지와 어떻게 어울리는지** 보고 싶어 죽겠습니다. 출간일은 언제인가요?

스콧

추신 톰 울프의 헌정문[37]은 실제로 편집자님에게 진 빚을 생각하면 결코 과장이 아닐 것입니다. 그것은 편집자님의 저자가 되는 특권을 누린 우리 모두에게 마찬가지일 것입니다.

*

메릴랜드 볼티모어 파크가 1307번지
1935년 3월 9일

친애하는 맥스

책『기상나팔 소리』이 왔습니다. 보기에 좋군요. 장정도 마음에 들고 뒷장의 광고문도 훌륭합니다만, 그런데―

표지를 어떻게 하기엔 너무 늦었나요? 최악이군요. 표지에 대해 뭐라 한마디씩 한 사람이 벌써 여섯이나 됩니다. 도리스 스피걸 양이 누군지 모르겠지만, 책 속의 인물을 그럴싸하게 그리느라 그토록 오랜 시간을 보냈건만, 스코틀랜드인보다 솜씨 없는 삽화가가 가로세로 13센티미터의 공간을 바보 같은 그림으로 가득 채우는 꼴을 본다는 것은 너무 가슴 아픈 일입니다. 첫 번째 표지가 훨씬 나았습니다.

… 이번 책의 표지는 힐과 헬드가 예전 내 책들에 그렸던 그 매력적인 표지와는 정반대 효과를 냅니다. 제목이나 겉모양 같은 부분을 끊임없이 관리하는 게 성공의 진정한 요소라고 늘 생각해왔습니다.

짐 보이드를 여러 번 만나 함께 식사를 했습니다. 아주 괜찮은 친구입니다. …

스콧

추신 〈타임〉과 〈뉴요커〉에 톰토머스 울프의 책을 호평하는 글이 실려서 기쁩니다. 책에 들인 시간과 노력에 정당한 대가를 받는 것 같아 다행입니다. 다음 주에 다시 꼼꼼히 읽어 볼 생각입니다.

『기상나팔 소리』 초판본(1935)

메릴랜드 볼티모어 파크가 1307번지
1935년 3월 11일

친애하는 맥스

이틀 만에 벌써 두 번째 성가신 편지가 갑니다. 조만간 편집자님의 작가 중 가장 인기 좋은 작가가 될 것 같군요. (그건 그렇고, 어젯밤 이곳에서 일종의 스크리브너스 모임을 가졌습니다. … 편집자님의 이름이 수시로 튀어나왔고, 우리가 한 얘기를 들었더라면 울프의 헌정문을 봤을 때보다 더 오글거렸을 겁니다. 괄호 안 믄장을 길게 늘이려다 보니 톰 얘기가 나왔습니다. 미안합니다. 좋은 책인데 내가 괜스레 반대한다는 인상을 주지 않았으면 좋겠습니다. 재미있게 읽었고, 대성공을 거둬서 기쁩니다. 조금 더 나은 무언가로 나아가는 가교 역할을 할 수 있을 겁니다. 약간 실망스러운 부분도 있었는데, 톰이 절대 알아서는 안 됩니다. 그 친구가 비판에 워낙 민감하게 반응하다 보니 이 말을 들으면 평생의 적이 되어 서로에게 쓸데없이 막대한 피해를 입힐지도 모릅니다. 그러니 제발 내 말을 옮길 때 조심하십시오. 내가 그 책을 좋아하지 않는다는 소리를 편집자님에게 들었다고 캘버튼이 알려줘서 하는 말입니다. 분량이 상당한 책을 구상하거나 명료한 인식과 판단으로 개정 작업을 하려면 술을 마셔서는 안 된다는 사실이 점점 분명해집니다. 단편이라면 술병을 옆에 놓고 쓸 수 있지만, 장편을 쓰려면 정신적 속도가 필요합니다. 전체 구상을 머릿속에 유지한 채 어니스트가 『무기여 잘 있거라』를 집필하는 동안 했듯이 모든 유흥을 가차 없이 잘라내야 합니다. 속도가 조금만 늦춰져도 지성은 책 전체가 아닌 각각 개별적인 부분에 머물게 됩니다. 기억이 무뎌지는 것입니다. 『밤은 부드러워』의 3부를 순전히 술에 의존해서 쓸 필요가 없었다면 무엇이든 할 겁니다. 온전한 정신으로 그 부분을 다시 쓴다면 큰 차이가 날 겁니다. 어니스트도 불필요하게 삽입된 부분을 보고 한마디 했습니다. 어니스트는 내가 최종 참고인으로 가장 신뢰하는 예술가입니다. 물론 톰 울프의 작품을 붙들고 그렇게 씨름을 했으니 이제 『밤은 부드러워』는 편집자님에게 한물간 책으로 보이겠지요.) …

스콧

추신 근 6주 동안 술을 한 방울도 마시지 않았고 여태껏 조금의 유혹도 느끼지 않았습니다. 일도 젤다의 건강도 최악이지만 몸은 좋습니다.

1935년 4월 8일

친애하는 스콧

헤밍웨이에게 『기상나팔 소리』 3월 말 출간를 보냈지만, 더스 John Dos Passos, 마이크 스트레이터와 비미니로 여행을 떠나기 앞서 읽을 수 있게 제시간에 도착한 것 같지는 않습니다. 하지만 얼마 전에 헤밍웨이에게서 편지가 왔습니다. '스콧은 어떻게 지내나요? 한번 보면 좋겠군요. 이상하게도 『밤은 부드러워』는 돌이켜 생각할수록 점점 더 좋아집니다. 내가 그렇게 말하더라고 전해주십시오.'

맥스

*

메릴랜드 볼티모어 파크가 1307번지
1935년 4월 15일

친애하는 맥스

『기상나팔 소리』에 아무 얘기가 없는 걸 보니 팔리지 않나 봅니다. 책 제작비며 교열비 정도는 빠져야 할 텐데요. 〈더 네이션〉에 호평월리엄 트로이가 쓴 글이 실렸던데, 혹시 봤나요?

일주일 휴가를 또 다녀왔지만 역사는 반복하지 않는 법,

여행은 시간 낭비였습니다. 어니스트의 말을 전해줘서 고맙습니다. 나도 그 친구가 보고 싶습니다. 어니스트와의 우정은 늘 인생의 큰 즐거움이었습니다. 그렇지만 극단적 삶과 반응하다 보면 그런 우정에도 수명이 있는 법이라 종국에는 서로를 많이 보게 되지 못할 겁니다. 어니스트가 『밤은 부드러워』를 그렇게 말했다니 고맙군요. …

어니스트의 첫 연재[38]를 손꼽아 기다리고 있습니다. 남부로 언제 올 건가요? 젤다는 절박한 위기의 순간을 넘기고 이제 좀 좋아졌습니다. 언제나처럼 지금도 금주 중인데, 삶이 재미라곤 없이 흘러갑니다. 중세 연작도 기대만큼 척척 진행되지 않습니다. 어쨌거나 이처럼 짜증나는 순간이 내 인생에서 가장 생산적인 시간이 되어야 할 텐데요. 올여름 다시 활력에 넘치는 삶을 살도록 무언가 준비를 해야 하는데, 그게 무엇인지 도무지 모르겠습니다. …

스콧

메릴랜드 볼티모어 파드가 1307번지
1935년 4월 17일

친애하는 맥스

〈모던 먼슬리〉 이달 호에 실린 톰 울프의 단편 「새벽녘 곡예단 Circus at Dawn」을 읽으며 그 친구가 자기 글에 대한 이야기를 듣는 사람이면 좋겠다는 생각이 들었습니다. 그 글에는 그의 단점과 장점이 모두 있더군요. 곡예단원들이 어떻게 '뉴잉글랜드 해안가의 대구와 농어, 고등어, 넙치, 조개, 굴 그리고 중서부 지방의 기름기 많은 소고기와 돼지고기, 곡물' 등등부터 '미국의 깊은 바닷속을 기어가는 분홍빛 살이 꽉 찬 바닷가재'를 먹을 수 있는지 유머 감각을 최대한 활용하여 드라이저식 부조리를 보는 모양입니다. 그런 다음에는(확장할 필요가 있어 보이는 좋은 몇 문장 이후로) '일리노이 낙타와 코끼리의 똥' 말고 그들이 남긴 거라곤 없었다고 씁니다. 과잉으로 넘치는 이 몇 페이지가 근사할 수 있었을 몇 단락을(103쪽의 그 완벽한 마지막 단락을 보십시오) 망치고 말았습니다. 반복과 조이스 같은 단어, 끝없는 비유 사용을 이해하지만, 내가 한때 운율이 맞는 시구를 산문으로 가장한 채 소설 중간에 끼워 넣으려고 했을 때 에드먼드 윌슨의 얼굴에 떠올랐던 그 혐오의 표정을 톰이 보았더라면. 어떻게 톰은 '재잘재잘 실랑이 벌이듯, 빠르게 파닥이듯, 달콤한 새소리가 야자나무처럼 무성하게 들려왔다' 같은 엉터리 문장을

'혀가 떨리는 찌르르 소리, 봉긋 솟은 자두의 부드러움, 달콤한 투명함' 같은 멋진 문구와 함께 병치할 수 있는지 모르겠습니다. 미묘한 암시를 그토록 능란하게 구사하는 작가라고 해서 캐비어까지 갖춘 수륙진미를 사람들 앞에 벌일 권리는 없습니다. 자신의 생명력에 바치는 이 거세된 찬가를 그가 진지하게 생각하지 않기를 진실로 바랍니다. 이토록 정교한 재능의 소유자가 경직된 근육에 쓸모라곤 없는 곡예단의 거수로 전락하는 걸 보고 싶지는 않습니다. 운동선수라면 경기하는 법을 배워야 합니다. 근육을 긴장하는 것에 만족해서는 안 됩니다. 만일 거기에 머무른다면, 솜씨를 뽐내야 할 자리에서 관중석으로 공을 날릴 뿐 어떤 기록도 깨지 못할 것입니다. 비유가 섞여 있지만 무슨 말인지 알 거라 믿습니다. 톰도 그럴 거라 생각합니다. 누군가 자신의 소중한 재능에 손을 대려 한다고 여길 때면 그가 어김없이 보이곤 하는 그 여성적인 공포란. 겸손의 부족, 그것이 톰의 가장 큰 단점입니다. 이상한 일이지만 이류나 삼류 작가들이나 보이는 특징이지요. 형편없는 선생님들에게 형편없이 배운 모양입니다. 더욱이 지금 그는 배우는 것 자체를 싫어합니다.

의심쩍은 부분이 하나 더 있지만, 그것은 그 누구도 톰에게 가르치거나 말해줄 수 없는 것입니다. 타인의 열정을 느끼지 못하는 것, 유진 건트『천사여, 고향을 보라』의 주인공의 우주에 대한 열광이 담지한 서정적 가치—그것이 그 긴 소설 내

내 계속되나요? 맙소사, 톰이 스스로를 단련해 소설을 구상할 수 있다면.

이틀 전에 편지를 보내놓고선 이 편지를 또 쓰는 것은 중세 이야기를 전체로 다루기 위한 세세한 계획을 세웠기 때문입니다. (가제는 '어둠의 백작 필립'으로 정했습니다. 비밀입니다.) 잡지사에 팔 수 있는 부분과 팔 수 없는 부분도 모두 계획을 세워두었습니다. 1936년 늦은 봄이나 이른 가을쯤에 출간할 수 있을 것으로 봅니다. 이것은 올해 돈 문제가 어떻게 풀리느냐에 전적으로 달려 있습니다. 분량은 9만 단어가량. 모로 보나 소설이겠지만, 소설로 보이지 않는 일화로 가득 차 있을 겁니다. 울프나 헤밍웨이처럼 엄청난 분량의 원고를 비축해두었더라면 좋았겠지만, 거위 털이 거의 모조리 뽑혀 나간 상태입니다.

어떤 젊은이 하나가 『밤은 부드러워』를 각색한다고 하는데, 부디 여기서 뭔가가 나오길. 2주 이내로 뉴욕에 가서 하루 낮 하루 밤을 머무를 생각입니다.

스콧

1935년 4월 25일

친애하는 스콧

짐 보이드와 점심을 먹고 들어오는 길입니다. 내일 볼티모어에 간다고 합니다. 선생의 편지를 읽고 난 뒤라 머릿속에 남아서인지 어떻게 하다 보니 선생이 중세 연작을 쓰고 있다는 얘기가 나왔습니다. (하지만 제목은 말하지 않았고, 앞으로도 말하지 않을 것입니다.) 짐이 몹시 기뻐하더군요. 선생의 재능에 그만큼 열광하는 사람도 없을 겁니다. 그런 줄 몰랐다고, 안 그래도 지금 선생이 가장 잘할 수 있는 건 역사소설이라고 그도 생각했다고 얘기하더군요. 네드 셸든Edward sheldon, 극작가도 똑같은 얘기를 하더라고 내가 선생에게 말한 적이 있을 겁니다. 그 둘이 그런 생각을 했다니 신기합니다. 가능성에서 선생을 능가할 이가 없다는 데에는 둘 다 같은 생각입니다.

언젠가 선생이 톰과 얘기할 시간이 있으면 좋겠습니다. 선생이 언급한 모든 것은 진실로 진실합니다. ('헨리 제임스의 발아래 엎드린 채 빌어먹을 하버드대 영어나 하는' 식의 비난을 듣고) 걸핏하면 욕을 먹는 대신 자유재량을 온전히 갖게 된다 하더라도, 그것은 문장 내에서의 편집 문제이고 또 위험한 일입니다. 하지만 점차적으로 비평에 익숙해지고 나이도 들면 뭔가 변화가 생길 겁니다. 어쨌건 자신이 누구누구보다 낫고, 또 누구누구보다 낫다고 톰이 생각한다는 캘버튼의 이야기는 언어적으론 사실일지 모르지만, 정신적으론 그렇지 않습니다. 톰이 스스로 그렇게 느끼는 것은 충분히 정당하다고 봅니다. 그것은 오로지 자신이 말해야 하는 것이 압도적으로 중요한 탓에 그것밖에 보지 못하는 까닭입니다. 자신이 누구보다 더 낫다고 생각하기 때문이 아닙니다. 다른 사람에 대해서는 아예 생각조차 안 합니다. 다른 사람의 글을 읽을 때 얼마간은 그 글에 집중하지만, 그들이 무슨 일을 하는지는 그에게 중요하지 않습니다. 자신이 하는 일이 너무도 중요한 까닭입니다.

그 청년이 『밤은 부드러워』로 대작을 만들지 못하면 내 손에 장을 지집니다.

맥스

메릴랜드 볼티모어 파크가 **1307번지**
1935년 5월 11일

친애하는 맥스

편집자님을 봐서 좋았지만 톰 울프에 대해선 한번 따져보고 싶었습니다. 그렇지만 성취감 같은 것은 전혀 없군요. 편집자님은 책에 가까운 만큼 그런 태도를 즐기지 않았을 테고요.

집 문을 걸어 닫고 두어 달 어딘가로 떠날 겁니다. 정착하는 대로 주소를 보내겠습니다. …

어니스트를 보고 싶지만 먼 길인 데다 상황이 좋을 때가 아니면 만나고 싶지 않습니다. 최근 나는 함께하기에 그다지 유쾌한 사람이 아닙니다.[39] 젤다는 상태가 매우 안 좋고, 내 기분도 그것의 영향을 많이 받습니다.

케이티 더스 패서스가 여기에 왔었는데, **그녀** 이야기로는 총알이 배의 옆면을 맞고 튕겨 나갔다는데, 어니스트의 전설이 **버니안**Bunyan. 미국 전설에 등장하는 거인 나무꾼 수준에 이를 때쯤에는 총알이 달을 맞고 튕겨 나올 겁니다. 그러니 이거나 저거나 마찬가지지요. …

스콧

메릴랜드 볼티모어 스타포드 호텔
[1935년 6월 25일] 일요일 저녁

친애하는 맥스

아무래도 편집자님에게 설명을 해야 할 것 같습니다.

첫째, 건강 문제에 대해. 석 달 전에 사형선고나 다름없는 진단을 받았습니다. 지난번 편집자님을 보기 직전이었는데, 그것 때문에 톰 울프를 두고 그렇게 바보 같은 언쟁을 벌였나 봅니다. 지금도 후회됩니다. 기분도 울적했고 질투심이었던 것 같기도 합니다. 그러니 그날 밤 내가 얘기한 것은 모두 잊어주십시오. 알다시피 미국에 위대한 작가의 자리가 하나 이상일 것이라고 늘 생각해왔습니다. 평소의 나 같지 않았다는 걸 편집자님도 인정할 겁니다. …

둘째, 이제 가망이라곤 없어 보이는 젤다를 보기 위해, 그리고 스카티를 캠프에 보내기 위해 볼티모어에 와서 닷새 머물렀습니다.[40] 그러곤 아무것도 할 일이 없는 24시간이 생겨서 무척 좋아하는 여인을 보러 뉴욕에 갔습니다. 설명하자면 복잡하고 깁니다. (한 남자의 인생을 관통하는 일련의 기이한 관계 가운데 하나지요.) 어쨌건 그 여인은 나를 보기 위해 마지막 순간에 주말을 포기했고, 그러하니 편집자님을 보려고 그녀를 떠난다는 건 불가능한 일이었습니다.

십 분 후에는 스카티를 기차에 태워야 합니다.

서두르는 당신의 벗

1935년 9월 28일

친애하는 스콧

화요일부터 2주 동안 휴가를 떠납니다. 볼티모어에는 그 후 언젠가 들르겠습니다.

어니스트가 건강해진 모습으로 이곳에 왔습니다. 얼마간 여기에 머물 계획인데 키웨스트로 돌아갈 만큼 날씨가 서늘해질 때까지 기다리겠다고 합니다. 시골 어딘가로 간다는 뜻입니다. 몇 번이고 선생을 보러 갈 생각을 하는 것 같더니 지금은 단편 집필에 여념이 없습니다. 벌써 두 편을 끝냈습니다.

모든 작가는 역풍이 몰아치는 시기를 겪어야 하는가 봅니다. 최악의 상황이었는데 어니스트가 비교적 덜 중요한 글을 쓸 때 이런 일을 겪어서 그나마 다행입니다. 그러니까 출판업계와 일반 대중이 보기에 그런 글들 말입니다. 지금부터 10월 25일 사이에 그 글들을 책으로 묶어내면 좋을 텐데요. …

맥스

메릴랜드 볼티모어 케일브리지 암스
1935년 10월 24일

친애하는 맥스

거듭 고맙습니다.[41] 단편 두 편이 모두 팔리지 않았지만 한 편은 이번 즈에, 다른 한 편은 다음 주 초에 소식을 들을 수 있습니다.

〈더 레드북〉 연재물에 제안할 게 있는지요? (네 편의 글로) 3만 단어쯤 되는데, 〈더 레드북〉의 발머는 그 이상 연재를 할지 태도를 분명히 밝히지 않고 있습니다. 나머지 연작에 대해 스크리브너스는 현금으로 얼마를 줄 수 있는지요? 나머지 두 편을 읽어봤나요? 마음에 들던가요? 넷째 글은 아직 발표하지 않았습니다. 엉뚱한 제안이란 걸 알지만, 또 설령 스크리브너스에 부합하는 글이라 하더라도 첫 편부터 연재하는 게 별 이득이 없다고 생각할 겁니다. 그러면서도 한 편으론 내가 이 연작을 끝내는 게 결국에는 스크리브너스에 이득이 될 겁니다.

원래 계획은 10만 단어가 넘는 책 한 권이었지만, 나의 고귀한 귀족 필립에 관한 각각 6만 단어의 책 두 권으로 펴내는 건 어떨까 생각 중입니다. 첫 권은 필립의 젊은 시절을 다루는데, 알다시피 지금 절반쯤 끝난 상태입니다.

임시변통으로 들리겠지만, 다음 6개월 동안 이 중세 이야기를 계속 쓸 만큼 충분히 돈을 벌 수 있을지 눈앞이 캄캄

합니다. 연재로 재정적 도움을 받으면 모를까요. 무슨 좋은 수가 없을까요?

스콧

*

1935년 10월 26일

친애하는 스콧

〈더 레드북〉에 연재를 시작한 글을 우리 잡지에 내는 건 아무래도 힘들 것 같습니다. 다만 글이 발표된 잡지를 가지고 있거든 한번 읽어보고 싶습니다. 첫 편만 봤습니다. 대략적으로 훑어보면 그 이야기를 두 권의 책으로 쪼개는 계획이 타당할지 좀 더 다양한 생각을 할 수 있을 듯합니다. 괜찮은 계획으로 보입니다.

어니스트는 〈선데이 타임스 서플먼트〉에서 최고의 호평 『아프리카의 푸른 언덕』에 대한 평을 받았고, 〈트리뷴 서플먼트〉에서는 아주 좋은 평을, 〈애틀랜틱〉과 〈타임〉에서는 짧지만 훌륭한 평을 받았습니다. 반면에 〈새터데이 리뷰〉에서는 악평을 (그다지 중요하지 않습니다) 개닛Lewis Gannett, 〈헤럴드 트리뷴〉에 서평을 썼던 평론가에게서는 전반적으로 우호적이지 않은 평을, 챔 버레인John chamberlain, 〈타임스〉에 서평을 썼던 평론가에게서는 혹평을 들었는데, 〈타임스〉의 서평이 다른 모든 매체를 합한 것보다 중요합니다. 우호적이지 않은 평들은 대부분 작가란 당대의 문제를 다루어야 한다는 일반적 통념에 기초하고 있는 탓에 사냥 여행 같은 당면한 사회문제와 동떨어진 주제라면 일단 못마땅하게 여깁니다. …

맥스

메릴랜드 볼티모어 이스트 34번가 1번지
1936년 3월 25일

친애하는 맥스

함께 동봉한 사이먼앤슈스터에서 온 편지[42]와 관련해, 「1년에 3만 6000달러로 사는 법」 「링 라드너와 나의 관계」, 〈포스트〉에 실린 「100번의 실패」 같은 자전적인 논픽션 글과 젤다와 함께 묵었던 호텔에 관한 글들, 그리고 그 외 대여섯 편의 글을 한데 모아 책으로 묶자고 수년 전에 제안했다는 것을 기억하나요? 당시 편집자님은 그 생각을 탐탁지 않게 여겼지요. 그 글들이 한데 묶여 거트루드 스타인의 자서전 『앨리스 B. 토클라스의 자서전』 같은 생동감을 부여받지 못한다면 한 푼의 가치도 없다는 사실을 나도 잘 압니다. 몇몇 글은 불가피하게 시대에 뒤떨어지겠지만 여러 편의 글이 있고, 〈에스콰이어〉 연재물에 보이는 관심이 워낙 커서 어느 정도 경제성이 있다는 판단 아래 편집자님이 이 문제를 재고할 수도 있겠다는 생각이 들었습니다. 여전히 마음에 들지 않으면 사이먼앤슈스터에서 책을 내는 건 어떻게 생각하는지요?

책 출간을 확신할 때까지는 이 일에 조금도 시간을 내고 싶지 않습니다. 알다시피 스크리브너스사와 늘 함께하고 싶은 마음이지만, 거트루드 스타인과 시브루크[43]가 거둔 성공을 생각하면 이 책도 승산이 있을 것 같습니다.

스콧

1936년 3월 26일

친애하는 스콧

논픽션 책에 대해 선생이 말했던 걸 기억합니다. 모음집으로 내기에는 적당하지 않다고 생각했지요. 하지만 선생이 『밤은 부드러워』를 오랫동안 완성하지 못해 그토록 고생하던 때, 회고담을 제안했던 것을 기억하나요? 1931년에 그 아름다운 글 「재즈 시대의 메아리」를 발표하기도 전의 일일 겁니다. 그 글을 최근 다시 읽고는 선생에게 회고담을 내자는 말을 할까 망설이던 참이었습니다. 자전적 이야기가 아닌 회고담 말입니다. 거트루드 스타인의 자서전은 언급될 만한 책이지요. 길버트 셀데스와도 얘기를 해봤는데, 우호적인 반응을 보였습니다. 〈에스콰이어〉 글만 묶을 필요는 없다고 봅니다. 하지만 그 글들을 포함하는 자전적 책은 전적으로 찬성합니다. 하나로 잘 통합된 책을 만들 수 없을까요? 선생의 논픽션 글은 매우 훌륭합니다. 예리한 통찰력이 돋보이고, 링 같은 현실 속 인물들을 근사하게 그려내지요. 선생이 그런 책을 내면 좋겠다고 늘 생각해왔습니다. 선생이 어떤 결정을 내리든 그대로 따르고 싶지만, 짧은 글 하나하나를 모아 다듬어서 그저 한 묶음으로 합치는 대신 그 글들을 토대로 책 한 권을 펴내는 게 훨씬 좋을 것 같습니다.

맥스

메릴랜드 볼티모어 찰스가 케임브리지 암스
1936년 6월 13일

친애하는 맥스

모던 라이브러리에 『밤은 부드러워』을 출간하는 데 동의해서 기쁩니다. …

이 얘기를 하다 보니 지난달에 편집자님에게 보낸 편지 내용이 생각나는군요. 논픽션 글들을 심지어 자전적 이야기로도 통일하지 **않고** 책으로 묶어내는 게 얼마만큼 실행 가능성이 있는지 물어봤었지요. 〈에스콰이어〉에 새로 연재하는 글들[44]이 꽤 마음에 들었는지 깅리치는 내게 편지를 보내 8월호에 게재된 글은(「작가의 오후Afternoon of An Author」) 지난 6년 동안 자신이 펴낸 글 중에 단연 최고였다고 말했습니다. 시선을 사로잡는 제목만 생각해낼 수 있다면 책 출간은 여전히 가능성 있는 계획으로 보입니다. … 부디 이 계획을 재고해보고 의견을 주시길.[45]

여름 계획은 아직 미정이지만, 우편물은 케임브리지 암스 주소로 보내면 됩니다.

안부를 전하며

노스캐롤라이나 애시빌[46]
1936년 9월 19일

친애하는 맥스

오늘은 편지를 쓸 줄이 난 둘째 날입니다. 아마도 해럴드 오버에게서 들었겠지만 내게 일어난 일을 간단히 요약하겠습니다.

다이빙을 하면서 쇄골이 부러졌습니다. 영웅적이랄 건 없습니다. 다만 약간 높았는지 근육이 스완 다이브를 할 때의 충격을 감당하지 못했나 봅니다. 처음에 의사들은 골결핵이 의심된다고 했는데, 엑스레이로는 그런 소견이 보이질 않아 젊은 의사의 엉터리 조간으로 24시간 동안 (몸을 제대로 풀지 않은 채 투구해 이따금 팔이 빠지는 투수처럼) 그렇게 팔을 덜렁거리며 늘어뜨리고 있어야 했습니다. 그런 다음 엑스레이를 다시 찍었고 골절을 찾아낸 뒤 정교하게 깁스를 대고 고정했습니다.

이제 다 적응했는가 싶었는데 화장실에서 전등을 켜려다가 그만 바닥에 넘어져 중증은 아니지만 '근염'이라는 관절염까지 겹치고 말았습니다. 그 바람에 5주를 더 침대에 누워 있어야 했습니다. 이 기간 집안에 우환이 들었습니다. 어머니가 병석을 지키다 돌아가셨는데, 이리저리 수를 써보았지만 결국 장례식에 참석하지 못했습니다. 아내와는 3킬로미터밖에 떨어져 있지 않건만 여름 내내 본 횟수가 대여섯

번에 그칩니다. 여름 동안 완성한 글이라고는 잘 썼다 할 수 없는 단편 하나에 〈에스콰이어〉 글 두 편이 고작이고, 그 글들 역시 마음에 들지 않기는 마찬가지입니다.

스카티가 갔으면 했던 학교가(코네티컷에 위치한 미스 이디스 워커스 스쿨) 꽤 학비가 비싼 곳이었는데, 스카티가 등록금을 면제받고 입학했다는 소식을 해럴드 오버에게서 들었을 겁니다. 그 외에는 좋은 소식이 없습니다. 다만 어머니에게서 약간의 돈을 상속받았는데 기대했던 것보다는 많지 않습니다. 6개월 후에 사용할 수 있는 현금 2만 달러와 채권 정도입니다. 도대체 무슨 이유인지 알 수 없지만 6개월이라는 시간이 필요하다는군요. 유산 일부에 지난 단편과 지금 집필 중인 단편 원고료를 합쳐 일단 청구서를 해결하고 그 다음에는 두어 달 근사하게 쉴 생각입니다. 5년 전만큼 활력에 넘치지 않는다는 사실을 인정해야 할 때가 된 듯합니다.

처음에는 그냥 두는 게 낫겠다 싶었지만 아무래도 편집자님에게 얘기해야 할 것 같습니다. 어니스트에게 그의 단편[47]과 관련한 편지를 보내 앞으로는 소설에 내 이름을 쓰지 말라는 의사를 최대한 정중하게 전달했습니다. 그러자 그 친구는 흥분해서 자기가 얼마나 훌륭한 '작가'인지, 자기 아이들을 얼마나 사랑하는지 한참 떠들더니 '내가 그 친구보다 오래 산다면'이라는 지점에 이르러서는 한발 물러서며 의구심을 표하더군요. 이 편지를 받고 답장을 쓰는 것은 불붙은 폭

죽을 가지고 노는 것처럼 어리석은 짓일 겁니다. 어쨌건 무슨 말을 하건 무슨 행동을 하건 그 친구를 좋아하지만, 한 번만 더 도발하면 깡패들과 함께 온몸을 던져 묵사발을 만들고 말 겁니다. 누구도 초창기 작품을 두고 그를 다치게 할 수 없겠지만, 이제 그 친구는 자기 통제를 잃은 나머지 분별력이 무디어져서 급기야는 연타를 맞아 휘청거리는 영화 속 복서처럼 되어갈 따름입니다.

질병으로 인한 이 지루한 일상 이외에 딱히 전할 소식은 없습니다. …

스콧

*

1936년 9월 23일

친애하는 스콧

6개월 후에 2만 달러가 생긴다면 큰 기회가 아닌가요? 선생은 지금까지 단 한 번도 돈을 벌어야 하는 필요에서 자유로웠던 적이 없습니다. 재정적 걱정에서 자유로웠던 적도 없고요. 근검절약해 걱정 없이 적어도 18개월, 혹은 2년 계획을 세워 선생이 늘 꿈꿔왔던 대작을 써보는 건 어떤가요? 선생에게 기회가 온 게 분명합니다.

스카티가 잘 지낸다니 다행입니다. 심스베리에 있는 그 학교를 잘 압니다. 한때 우리 딸들을 보내려고 했던 곳입니다. 좋은 학교지요.

어니스트에 대해서는 나도 분개했습니다. 단행본을 출간할 때에는 어니스트와 어떻게든 담판을 짓겠습니다. 부자들에 관한 말이 오가고 누군가 그렇게 응수하는 자리에 내가 있었던 반면, 선생은 수천 마일 떨어진 곳에 있었다는 것도 참 기묘한 일입니다.

맥스

노스캐롤라이나 애시빌 그로브 파크 인
1936년 10월 16일

친애하는 맥스

전보에 말했듯이 어머니 유산을 담보로 친구로부터 돈을 빌려서 편집자님에게 더 이상 짐을 지우지 않아도 될 듯합니다.[48]

전기적 이야기는 별로 내키지 않습니다. 소설을 계획했는데, 아직은 구상 단계라고 하는 게 상황에 보다 부합한 설명이겠군요. 어쨌건 유산을 받더라도 일반적인 재정 상태에 비추어보건대 그 작품을 쓸 수 있을지는 불투명합니다. 『밤은 부드러워』만큼 긴 장편이고, 끝없이 수정하고 개정하는 버릇을 잘 알 테니 완성까지 2년을 잡아야 합니다. 행운이 찾아오지 않으면 소설을 탈고하기까지 2년이라는 시간을 온전히 낸다는 게 얼마나 힘든 일인지 알 겁니다. 할리우드가 『밤은 부드러워』의 영화 판권을 산다든지, 혹은 그리스만 Sam H. Grisman이 커클런드 Jack Kirkland 같은 이들에게 연극 무대에 올려보라고 시킨다든지 하는 행운이 찾아오지 않을까 1년 내내 기다려왔습니다. (나 자신도 그런 작업을 싫어하는 데다, 데이비스 Owen Davis가 『개츠비』의 성공 이후 『밤은 부드러워』 극화를 추진할 만한데도 잠잠한 것은 그 작품이 『개츠비』처럼 극적으로 구성되어 있지 않고, 따라서 연극 무대에 적합하지 않다고 극작가의 본능으로 판단했기 때문입니다.) 상황이 이러하니 뜻하지 않게 행운이 찾아오는 것은 고려의 대상이 아닙니다. 신작 집필에 들어갈 현실적인 방도가 있는지 도저히 생각할 수 없습니다. 제안할 게 있으면 무엇이든 말씀해주십시오. 하지만 젤다 입원비에 보험료까지, 그리고 향후 2년간 1년 생활비를 1만 8000달러 이하로 줄이는 건 불가능합니다. 『밤은 부드러워』의 상업적 실패 이후 이를테면 3000달러를 선불로 받을 가능성 역시 없습니다. 지금 생각할 수 있는 계획은 끝없이 〈포스트〉 단편을 쓰거나 다시 할리우드로 돌아가는 길밖에 없어 보입니다. 할리우드로 갈 때마다 엄청난 급여에도 불구하고 재정적으로나 예술적으로나 후퇴하는 느낌이 듭니다. 자전적 이야기에 반대하는 이유는 다음과 같습니다.

첫째. 〈에스콰이어〉 글이 내게 큰 해를 입혔다고 생각하는 이들이 있고, 그 글들은 그런 생각이 투영된 채 책의 한 부분을 차지할 것입니다. 그때껏 쓴 글들을 모아 책으로 펴내겠다는 지난겨울의 의욕은 편집자님의 반대 앞에서 사라져버렸고, 잡문과 뻔한 글을 모은 책들이 숱하게 쏟아지는 마당에 내 책도 그러하겠지만, 높은 판매 부수는 기대할 수조차 없습니다. …

소설 한 편을 마음에 두고 있지만, 이 세상에 쓰이지 않은 많은 책들 가운데 하나로 남아야 할지도 모르겠습니다. 딸을 공립학교에 보내라든지 아내를 공립요양병원에 입원시키라든지 하는 하나마나한 소리를 가까운 친구들이 할 때마다 내 안의 무엇인가가 무너져 내리는 기분입니다. 관점이라는 예리한 연필 끝이 산산이 부서지는 그런 기분. 스스로를 이렇게 궁지에 몰아넣고서는 그다음 단계가 무엇인지 도무지 모르겠습니다.

추수감사절 즈음에 하루 이틀 뉴욕에 갈 생각입니다. 그때 이런저런 방도를 얘기해보면 좋겠군요. 야망도 결심도 의지도—한때 그 때문에 스스로를 그렇게 자랑스러워했건만—모두 퇴색해버렸다는 사실이 터무니없으면서도 한편으론 혐오스럽기도 합니다.

어쨌건 기꺼이 도와주려는 마음, 고맙습니다. 찰리에게도 고맙다고 전해주십시오. 찰리가 말한 양도 문제를 처리할 준비가 되어 있다는 것도 전해주십시오. 맙소사, 빚이라면 넌더리가 납니다!

스콧

[노스캐롤라이나 트라이온 오크 홀 호텔]
[1937년 2월 말]

친애하는 맥스

편지도 고맙고, 그 놀라운 수치의 명세서도 고맙습니다. 최근에 1만 달러라는 액수가 얼마나 크게 느껴지는지, 참 이상도 하지요. 〈칼리지 유머〉에서 『위대한 개츠비』 연재로 제시한 1만 달러를 거절했던 게 지금도 기억에 생생합니다.

1926년 이후로 실적이 가장 저조한 비생산적인 해가 마침내 지나갔습니다. 1926년에 단편 한 편과 소설 두 장을—후에 그 두 장을 써먹었지요—쓴 게 전부였습니다. 단편이라는 것도 아주 형편없었습니다. 작년에는 넉 달 동안 병상에 누워 있긴 했지만 단편 네 편과 〈에스콰이어〉 잡문 여덟 편을 팔았을 뿐입니다. 이 얼마나 한심한 실적인가요. 여느 때처럼 흥미도 없고 참신함도 없는 탓에 올해 역시 더디게 시작되었습니다. 생각을 그만하기 위해서라도 글을 써야 하는데 말입니다. 남쪽으로 내려온 뒤로 술은 입에도 대지 않아(근 6주 동안 맥주도 안 마셨습니다) 조금 초조하긴 하지만 몸은 한결 좋습니다. 하지만 예전의 그 충만한 기운은 돌아오지 않습니다. 솔직히 말해 개인기로 살아가는 권투선수와 배우, 작가는 전성기 때 매니저를 두어야 한다고 봅니다. 재능의 단명성은 숨어 있을 때에는 너무 멀리 떨어진 것 같아, 참 '그래 보이지 않아', 재능이 깃들어 있는 그 가엾은 개인,

결국 쌓이는 건 청구서뿐일 그 가엾은 개인보다 관리 능력이 탁월한 매니저에게 갈겨야 한다는 것이지요. 그래 거둔 가장 큰 성과는 젤다와 나의 지출을 최저 수준으로 줄였다는 것입니다. 그에 반해 가장 큰 실패는 실행 가능한 미래가 보이지 않는다는 것입니다. 돈을 위한 할리우드행은 그 자체로 꺼려질 이유가 너무 많고, 새로운 글감이 떠오르지 않는 한 단편은 이제 바닥이 났고, 장편은 돈과 시간이 필요합니다. 얼마간 시간을 할애해서 나의 영원한 신기루, 희곡을 쓸까도 생각 중입니다. 나이 마흔이면 자신에게 남아 있는 생명력과 자원을 조심히 써야 하는 법이지요. 희곡이라면 그 두 가지 측면에서 모두 가능할 것 같습니다. 장편과 자전적 책은 이 무거운 빚의 무게를 어느 정도 줄일 때까지는 기다려야 할 듯합니다.

내 얘기는 이제 충분합니다. 오히려 너무 많이 했군요. 어니스트와 톰 소식 그리고 신인 작가에 대한 이야기도 전해주십시오. 링의 책은 여전히 잘 팔리나요? 존 팍스는요?『환락의 집』은 어떤가요? 잘 팔리지 않는 베스트셀러 작가는 내가 유일한가요?

편집자님에게 개인적으로 빚진 금액은 명세서에 나와 있지 않더군요. 얼마인지 부디 알려주십시오.

… 제발 편지 좀 쓰십시오.「금이 가다」이후로 도덕적 훈계를 늘어놓지 않는 친구는 편집자님이 유일합니다. 실제로

싱싱과 졸리엣 교도소 수감자들로부터도 편지를 받는데 하나같이 위로하고 충고하는 내용들뿐입니다.

당신의 친구

*

1937년 3월 3일

친애하는 스콧

재정 상태가 밝아 보이진 않지만, 선생의 편지가 나쁘지 않았습니다. 선생은 진실로 최고의 진단의인 것 같습니다. 선생 자신을 그리 잘 아니 말입니다. 자전적 책을 서둘러 추진하려고 했던 것은—물론 책 자체가 좋을뿐더러 팔릴 것으로 내다봤습니다—교묘한 술책이었습니다. 무슨 말인가 하면 선생이 그 시기에 대한 모든 것을 글로 쓰고 하고 싶은 이야기를 모두 쏟아내고 나면, 선생이 그 시기를 지나 과거에 얽매이지 않고 새로운 영역에 발을 내딛지 않을까 기대했기 때문입니다. 무슨 심리학자도 아니지만, 그 계획에는 그런 면이 있을 수도 있겠다 생각했습니다.

지난주에 어니스트가 왔습니다. 토요일에 에반 쉽맨시인이자 헤밍웨이의 지인, 시드니 프랭클린과 함께 파리를 경유해 스페인으로 떠나는 그를 배웅했습니다. 그곳에서 아무 문제도 없기를. 일 때문에 가는 길이지만 모두들 피에 굶주린 사람들처럼 보였습니다. 어니스트는 장편『가진 자와 못 가진 자』을 끝냈는데, 6월이 돼야 원고를 보낸다고 합니다. 일단 5월에는 스페인을 떠날 계획이라고 합니다.

톰은 엄청난 분량의 원고를 쓰고 있지만, 소송으로 몹시 걱정하는 눈치입니다. 톰을 고소한 여주인이 현재로서는 합의를 해주려고 하질 않습니다. 보통 화가 난 게 아닌 것 같습니다.[49]

이디스 워튼 책은 신통찮은데『이선 프롬』만 예외적으로 잘 나갑니다.『환락의 집』과 나머지 책은 모두 부진합니다. 링의 책도 어느 이상은 나가지 않습니다. 반면에 존 팍스와 토머스 넬슨 페이지소설가이자 외교관 책은 성적이 좋습니다. …

〈포스트〉이번 호에 선생의 단편「문제Trouble」이 실렸군요.

맥스

1937년 3월 19일

친애하는 스콧

어니스트가 그 부분을 단편에서 잘라낼 것입니다. 얼마 전에 내게 말했고, 선생에 대한 감정은 선생이 생각하는 것과는 사뭇 달라 보입니다. 어니스트는 자기가 선생에게 일종의 '충격'을 준다고, 그래서 그것이 결국 선생에게 이로울 것이라는 조금은 이상한 생각을 하는 것 같습니다. 어쨌건 그 부분을 삭제할 것입니다.[50]

오버가 할리우드 가능성[51]을 얘기했는데, 잘 진행되기를 바랍니다. 오버가 선생에게 말했겠지만, 이런저런 상황을 고려해 선생에게 물어보지도 않고 300달러를 볼티모어 은행 계좌에 입금했습니다.

할리우드 일이 잘되기를. 설령 잘 안 되더라도 너무 낙심하지 마십시오. 이제 비로소 선생의 편지가 예전 편지처럼 보이고 들리기 때문입니다.

맥스

[노스캐롤라이나 트라이온 오크 홀 호텔]
[1937년 5월 10일]

친애하는 맥스

편지도 돈을 빌려준 것도 고맙습니다. 오버가 몇 주 후에는 갚을 수 있기를.

여긴 모든 것이 평온합니다. 영원히 이 상태로 가는 것도 좋겠습니다. 다만 단편을 위해서라면 환경 변화가 필요하겠지만 말입니다. 몇 년 동안 무덤에서 산 기분입니다. 로든 카운티로 떠난 첫 여행 같은 실제 경험은 곧 단편을 의미합니다. 한시라도 빨리 여행을 갔으면 좋겠습니다. 스카티를 많이 사랑하긴 하지만, 걱정할 스카티가 없는 것도 좋겠군요. 새로운 사람들을 만나고 싶습니다. (내 마음이야 언제나 그렇지만 그들은 곧 구면이나 다름없게 되고 또 그다지 친절하지도 않습니다.)

당신의 친구

어니스트에 대해 말해줘서 고맙습니다. 그 친구는 아무래도 너무 과하게 단언하는 것 같습니다.

실패한 재기

(사진) 피츠제럴드의 저택(미네소타 세인트폴)

[캘리포니아 할리우드 가든 오브 알라 호텔]
[1937년 7월 15일]

친애하는 맥스

편지 줘서 그맙습니다. 안 그래도 편지를 쓰려고 했습니다. 이곳 급여가 상당하다고 해럴드가 편집자님에게 벌써 얘기했겠지요. 하지만 빚을 다 갚고 '마흔의 위기'가 반복되지 않도록 안전망을 얼마간 구축할 때까지는 급여를 큰소리로 떠벌리지도, 아니 아예 한마디도 하지 않을 것입니다. 찰리 스크리브너가 몇 해 전에 추천한 사람에게 해럴드가 돈을 전달할 겁니다. 첫해에 스크리브너스에 돌아갈 돈이 2500달러뿐이어서 안타깝지만, 해럴드나 편집자님 같은 개인 빚부터 먼저 갚으려고 합니다. 이듬해는 사정이 한결 나을 것입니다.

계약 조항을 보면 일정 시간 휴식을 취할 수 있지만, 책을 펴내는 건 상당 기간 미뤄질 것 같습니다.

어니스트는 돌개바람처럼 휘몰아쳐 들어와서는 단번에 명감독 에른스트 루비치를 무색하게 만들었습니다. 루비치 감독이 어니스트의 영화[1]를 각테일파티의 할리우드 영화처럼 예쁘게 다듬어주겠다고 제안했지만, 어니스트가 단칼에 거절한 것입니다. 어니스트는 정신적으로 긴장한 상태인 것 같았는데, 종교적인 분위기마저 풍겼습니다. 미리엄 홉킨스가 도박으로 갓 딴 1000달러를 기부금으로 냈다는데, 소문으로는 하룻밤에 1만 4000달러를 모금했다고 합니다.

모두 내게 친절하게 대합니다. 술을 마시지 않는 걸 보고 놀라는 한편 안도하는 눈치입니다. 지난 몇 년 어느 때보다 행복합니다.

당신의 친구

*

[캘리포니아 할리우드 가든 어브 알라 호텔]
[1937년 8월 20일]

친애하는 맥스

이스트먼이 폴린어니스트 헤밍웨이의 부인과 상하이로 도망쳤다는 것 빼고는, 가능한 모든 이야기[2]를 들었습니다. 어니스트가 술에 취했던가요? 도대체 무슨 일이 일어난 것이지요? 지난날 신문기자 놈들을 겪어본 걸로 보건대 참 안되긴 했습니다. 그렇다고 해도 그 친구 바보인가요? 아니면 정치적 탄압인가요? 경솔한 행동이거나 박해이거나 둘 중 하나겠지요.

'인세' 보고서를 보내줘서 고맙습니다. 그쪽 세계에선 이제 더 이상 상급에 속하지 않는가 봅니다. 여긴 지금까지 모든 게 잘 돌아갑니다. 스카티는 크로퍼드, 시어로 등과 저녁을 먹고 프레드 아스테어를 비롯한 자신의 영웅들과 이야기를 나누며 젊은 나날을 보내고 있습니다. 어찌나 대견하던지요. 아, 그리고 할아버지³ 편집자님, 백 살이 된 기분이 어떤가요?

당신의 친구

*

1937년 8월 24일

친애하는 스콧

두 사내가—오랫동안 알아왔고 그 둘의 글을 내가 편집했지요—내 사무실에서 육탄전을 벌인 이후 엄중하게 중립을 지키고자 했습니다. 모든 신문기자에게 그리고 잘 알지 못하는 모든 이에게 '언쟁'은 순전히 두 사내의 문제이고, 나는 그에 대해 할 말이 없다고 말해왔습니다. 하지만 선생에게만 자초지종을 털어놓겠습니다.

맥스 이스트먼은 문을 등진 채 내 옆에 앉아 나를 바라보면서 최근에 새로 개정한 그의 책 『시의 즐거움』이야기를 하고 있었습니다. 그때 어니스트가 쿵쿵거리며 들어오더니 문 앞쪽에 멈춰 서서는 누가 내 옆에 있는지 알아채는 눈치였습니다. 이스트먼이 쓴 글1933년 6월 7일 〈뉴 리퍼블릭〉에 실린 「오후의 황소」을 읽고는 어떻게 하겠다는 소리를 어니스트에게서 여러 번 들었던 터라 좀 불안하긴 했습니다. 하지간 이미 오래전 일이고, 다들 예전보다 마음의 여유가 생긴 상태였지요. 그래도 분위기를 좋게 할 생각으로 이스트먼에게 말했습니다. "친구 분이 오셨습니다." 처음에는 모든 게 좋았습니다. 어니스트는 이스트먼과 악수를 했고 둘 다 서로에게 이런저런 일을 물었습니다. 그런데 별안간 어니스트가 만면에 미소를 짓더니 셔츠를 열어젖히고는 털이 북슬북슬한 가슴께를 보이는 것이었습니다. 맥스는 껄껄 웃었고, 어니스트는 기분 좋게 손을 뻗쳐 맥스의 셔츠를 열어젖혔습니다. 그러자 대머리나 다름없는 민숭민숭한 가슴이 드러났고 우리 모두 그 대조에 웃지 않을 수 없었습니다. 나는 적어도 2등은 할 거라고 내심 생각하면서 비슷한 일을 당할 마음의 준비를 하고 있었습니다. 그런데 어니스트가 표변하더니 노기 띤 목소리로 묻더군요. "내가 발기부전이라니 그게 대체 무슨 말인가요?" 이스트먼은 그런 말을 한 적이 없다고 부인하고, 서로 뭐라 몇 마디 주고받았는데, 불행히도 이스트먼이 "지금 선생은 자신이 무슨 말을 하는지 모르는 것 같습니다. 내가 뭐라 했는지 한번 읽어보세요" 하고는 내 책상에서 책 한 권을 집어 들더군요. 참고할 게 있어서 책상에 두었던 책인데 그 속에 「오후의 황소」가 있는 줄은 꿈에도 몰랐습니다. 어니스트는 이스트먼이 손가락으로 가리킨 구절 전체를 읽는 대신 한 부분만을 읽고는 뭐라 중얼거리면서 욕을 해대기 시작했습니다. 이스트먼이 "전부 다 읽어보래도. 이해하지 못하는 것 같군요. 편집자님이 한번 읽어보시오" 하고는 내게 책을 건넸습니다. 상황이 심각해진다는 느낌이 들었고 무슨 말이라도 해야겠다 생각하면서 그 글을 읽기 시작했는데, 느닷없이 어니스트가 책을 잡아채더니 "아니요, 내가 읽을게요" 하더군요. 책을 다시 읽는데 얼굴이 시뻘게져서 고개를 푹 숙이는가 싶더니 곧장 몸을 돌려 강타를 날렸습니다. 펼친 책으로 이스트먼 얼굴을 갈긴 것입니다. 당연히 이스트먼도 벼락같이 일어나 어니스트에게 달려들었지요. 어니스트가 싸움을 시작했으니 이스트먼을 죽일지도 모른다는 생각에 어니스트를 뒤에서 붙잡으려고 책상을 돌아 달려갔습니다. 어니스트에게 무슨 일이 일어날지도 모른다는 두려움은 들지 않았습니다. 그렇게 둘이 난투극을 벌임과 동시에 책상에 있던 책이며 모든 것이 바닥으로 쏟아졌고, 내가 책상을 돌아갔을 때에는 그 둘은 바닥에서 뒹굴고 있었습니다. 난 어니스트를 향해 소리를 질렀고 위에 있는 사내를 붙잡았습니다. 어니스트일 거라 생각했는데 내려다보니 어니스트가 얼굴에 웃음을 가득 지은 채 바닥에 누워 있더군요. 이스트먼을 강타하고 곧바로 이성을 되찾은 게 분명했고 그래서 어떤 저항도 하지 않았던 겁니다. 그럴 필요가 없었던 것이지요. 몸싸움이 벌어졌고, 몸싸움을 벌이는 두 남자는 필연적으로 넘어질 수밖에 없으며, 누가 위로 오느냐는 순전히 운의 문제입니다. 하지만 이스트먼이 위에 있었고 어니스트의 어깨가 땅에 닿았다는 것은 사실입니다. 그게 어떤 중요성이 있다면 말입니다. 어니스트는 분명히 그게 중요하다고 생각할 테니 나는 그에 대해 아무 말도 안할 수밖에요.

어니스트와 이스트먼이 자리를 뜬 뒤 그 장면을 보거나 들은 몇몇에게 함구하라고 했고 모두 동의했습니다.

맥스 이스트먼이 어떤 이유에서인지 그 일에 대해 썼고 그다음 날 신문기자들과 다양한 사람들이 섞여 있는 저녁 자리에서 자신이 쓴 글을 큰 소리로 읽은 모양입니다. 아무래도 아내가 그렇게 하라고 부추긴 것 같은데, 그 이상 퍼져 나가지 않을 것이라고들 했지요. 하지만 물론 이야기는 더 퍼져 나갔고, 급기야 기자들이 이스트먼을 찾아오자 그는 자신의 이야기를 들려줍니다. 금요일 석간에 그의 이야기가 실렸고 기자들은 온종일 내게 전화를 걸어왔습니다. 어느 늦은 오후 어니스트가 사무실을 찾았을 때 그 이야기를 들려주었지요. 이스트먼의 증언이라고 기자들이 전하는 바에 따르면, 실제론 넌지시 암시한 것이지만 어쨌건 이스트먼이 어니스트를 책상 위로 집어 던졌더니 어니스트가 머리를 바닥에 처박고 튕겨 나오더라는 겁니다. 어니스트가 기자 한 명과 인터뷰하기로 했는데 여럿이 동시에 나타난 모양입니다. 인터뷰 내내 밖에서 사람들과 얘기를 나누느라 어니스트가 무슨 말을 했는지는 신문을 보고 알았습니다. 너무 많은 걸 얘기했고, 그것도 그다지 현명하지 않게 했더군요. 아무 말도 안 하는 게 차라리 나았을 테지만, 이스트먼의 이야기가 아무 제약 없이 소비되어선 안 될 것 같은 상황이긴 했습니다. 어니스트는 책으로 강타한 다음에는 아주 훌륭히 행동했습니다. 그다음 날 승선하기에 앞서 부두에서 사람들에게 무슨 얘기인가를 더 하더군요. 이게 사건의 전모입니다. 이스트먼은 격투를 벌여 어니스트를 팼다고 생각하겠지만, 실제로 어니스트는 그를 죽일 수도 있었을 겁니다. 이성을 되찾지 않았으면 그런 일이 벌어졌을지도 모르지요. 진짜로 죽일지도 모른다고 생각했으니까요.

모든 게 잘되어간다니 다행입니다. 힘들 때 종종 그 생각을 하면서 혼자 웃습니다. 감탄스럽습니다.

싸움 얘기는 절대 비밀입니다.

맥스

*

캘리포니아 컬버 시티 메트로 골드윈 메이어 스튜디오스
1937년 9월 3일

친애하는 맥스

세세히 적은 장문의 편지를 보내줘서 고맙습니다. 비밀을 목숨처럼 간직하겠습니다. 편집자님의 묘사가 두척 재미있었습니다. 드러난 것으로 미루어보건대, 어니스트가 이곳에 왔을 때 어쩌면 할지도 모른다고 생각했던 그런 어리석은 짓을 했나 봅니다. 잠시 동안만 이성을 잃었다고 해서 이성을 잃을 그릇된 순간을 골랐다는 사실이 희석되진 않습니다. 분별력이 바닥을 친 게 틀림없습니다. 그렇지 않고서야 기자들을 또 믿었을 리 없지요.

그 친구는 지금 온전히 자신만의 세계에서 사는 터라 한때 친했다 하더라도 그를 돕는 건 불가능합니다. 이젠 더 이상 친하지도 않지만 말입니다. 그렇지만 그 친구를 워낙 좋아해서 무슨 일이라도 일어났다 하면 내가 먼저 움찔합니다. 천치 같은 자들이 빈정대면서 그 친구를 다치게 한 걸 생각하니 나 스스로 수치스럽습니다. 하지만 자기 나라에서 가장 저명한 작가의 반열에 올랐다면 그렇게 소동을 피우는 일은 하지 않아야 하지요.

모든 게 좋습니다. 영화 시나리오 이외에 다른 글은 쓰지 않습니다.

당신의 친구

말년의 맥스웰 퍼킨스(1943)

캘리포니아 할리우드 선셋대로 8152번지 가든 어브 알라
1938년 3월 4일

친애하는 맥스

뉴욕에 갔을 때 그렇게 잠깐밖에 못 봐서 미안합니다. 이야기할 시간도 없었군요.

나의 작은 음주 파티는 딱 사흘 동안이었고, 그 후론 한 방울도 마시지 않았습니다. 9월에 비슷하게 사흘 정도 한 번 더 마시긴 했습니다. 그때를 빼고는 작년 1월 이후로 술은 입에도 대지 않았습니다. 개과천선한 우리 알코올중독자는 모든 것에 앞서 술 문제부터 설명해야 한다는 것이 참 끔찍하지 않나요?

동봉한 편지는 얼마 전 대화를 보충하기 위함입니다. 어니스트가 「킬리만자로의 눈」에서 나를 공격한 걸 많은 사람들이 어떻게 해석하는지 단적으로 보여주는 편지입니다. 그 문제를 따지자 그 친구는 단행본으로는 더 찍지 않겠다고 약속했습니다. 물론 그 글은 오브라이언 작품집 『1937년 베스트 단편선—미국 단편소설 연감』에 실렸고, 어니스트가 어쩔 수 없었으리라는 건 이해합니다. 올가을 어니스트의 작품집을 출간할 계획이라면 내 이름을 빼겠다고 약속했다는 걸 기억해주십시오. 기분 더러운 일입니다. 어니스트만 아니면 내 마음 같아선 당장 맞붙고 싶습니다. 나를 그렇게 하찮은 인간으로 만드는 게 대체 왜 자기 소설에 힘이 된다고 생각했는지. 어

떤 이유로든 정당화할 수 없는 일입니다.

이곳 소식은 없습니다. 〈부정〉이라는 크로퍼드 주연의 영화 시나리오를 쓰고 있습니다. 잡지에 발표된 단편을 원작으로 하지만, 거의 창작이나 다름없습니다. 이 일이 좋습니다. 헌트 스트롬버그라고 저작자도 전보다 더 낫습니다. 일종의 리틀 솔버그인데 솔버그만큼은 아니지만 역량도 대단하고 일에 몰두하는 사람입니다.

한편으론 편집자님이 즉각적 관심을 보일 만한 글들을 공책에 적고 있긴 한데, 부디 내게 무슨 계획이 있다더라 하는 말은 하지 마십시오.『밤은 부드러워』가 그렇게 오래 걸렸으니 다음 작품은 어떤 즌비나 팡파르 없이 편집자님에게 전달될 것입니다.

톰 울프 일[4]은 안됐습니다. 이해할 수가 없습니다. 그 친구도 안됐고, 달리 말해 그 친구를 많이 좋아했다는 걸 알기에 편집자님도 안됐습니다.

부활절 즈음에 편집자님을 볼 수도 있겠습니다.

루이즈에게 안부 전해주십시오.

스콧

「킬리만자로의 눈」 얘기는 비밀입니다.

1938년 3월 9일

친애하는 스콧

선생 편지를 받아서 얼마나 기쁜지 모릅니다. 그곳 일이 재미있는가 봅니다. 너무 재미있는 나머지 그곳에 정착하지는 마십시오. 물론 선생보다 그 일을 더 잘할 사람은 없고, 〈부정〉이 충분히 가치 있는 일이라는 건 잘 압니다.

어니스트의 단편 「킬리만자로의 눈」에 대한 내 입장이 어떤지 알 겁니다. 걱정하지 마십시오. 올가을에 단편집을 낼 계획인데 그 속에 수록될 겁니다. 희곡「제5열」도 가을에 상영될 예정인데, 충분히 준비가 되었는지는 잘 모르겠습니다. 가정사에 다시 적응하기가 힘든 모양입니다. 무사히 잘 지나가기를 바랄 뿐입니다.

『개츠비』에 관한 편지를 돌려보냅니다. 왠지 선생이 간직하기를 원할 것 같다는 생각이 드는군요. 『개츠비』를 출간할 때의 그 기쁨이란! 지금껏 내가 미약하나마 힘을 보탰던 그 어떤 책보다 완벽한 책이었습니다. 그런 만족감은 이제 더는 맛볼 수 없을 것 같군요. 톰은 위대한 모험가이지만, 가혹한 그의 불완전성이 만족감을 상당 부분 앗아갔습니다. 이젠 홀로 가면서 자신의 일을 하니 톰도 마음속으론 어떤 생각을 갖고 있을 겁니다. 성공한다면 그것은 그가 자신의 일을 할 수 있는 단 하나의 길일 것입니다.

성사될 가능성이 거의 없기 때문에 선생에게 이 얘기를 꺼내면 안 되지만, 언젠가―신작 장편소설이 큰 성공을 거둔 이후에―꽤 긴 분량의 저자 서문을 달아 『낙원의 이편』 『위대한 개츠비』 『밤은 부드러워』로 구성된 선집을 내고 싶다는 비밀스러운 바람이 있습니다. 이 세 권은 고유의 영구성 이외에도 뚜렷이 구별되는 세 시기를 대변합니다. 이 시기에 관한 글을 선생보다 더 잘 쓴 작가는 없습니다. 하지만 현재로선 이 계획을 잊어야겠지요.

선생의 짧은 파티를 이해합니다. 충분히 정당화할 수 있는 것들이지요. 그리고 잠시나마 선생을 볼 수 있어서 기뻤습니다. 4월 1일에 마저리 롤링스를 위한 파티를 여는데 그때 선생이 오면 좋겠군요. 선생이 롤링스 부인의 『사우스 문 언더』를 좋아했지요. 최근에 『아기사슴 이야기 The Yearling』라는 책을 냈는데, '먼스 클럽'에서 4월의 책으로 선정되었습니다. 파티는 그것에 앞서 계획한 것입니다. 『사우스 문 언더』도 이달의 책으로 선정되었지만, 선정 날짜가 하필 연휴가 시작되는 날이라 판매는 1만 부에 그쳤습니다.

맥스

1938년 4월 8일

친애하는 스콧

선생도 알겠지만 어니스트가 스페인으로 돌아갔습니다. 그럴 만한 이유가 충분하다고 봅니다. 스페인 사정이 엉망으로 돌아가는 걸 알면서—그가 아는 모든 사람이 곤경에 빠졌습니다—키웨스트에 편히 앉아 있을 수 없었던 게지요. 자신이 믿고 싸우는 대의를 차마 저버릴 수 없었던 것입니다. 그래서 그는 통신사 특파원으로 취재하기 위해 다시 돌아갔고, 열흘 전 프랑스에 도착하자마자 편지를 보내왔습니다. 배에서 편지를 썼던데, 이전과는 사뭇 다르게 물의를 일으켜 미안하다—진지한 사과는 단 한 번도 한 적이 없습니다—내게 '헌신'해줘서 고맙다, 선생과 존 비숍을 비롯한 이곳 사람들에게 안부를 전해달라고 하더군요. 그가 스페인에서 돌아오지 못할 것으로 생각하는 것 같아 사실 그 편지를 받고 주말 내내 우울했습니다. 하지만 예감 같은 건 별로 믿는 편이 아닙니다. 육감이 발달하지도 않았고요. 어니스트는 얼굴이 좋아 보여서 기운이 넘치는구나 생각했는데, 그게 아니었던가 봅니다. 특히 선생 얘기를 하는 걸 보면서 선생에게 전해줘야겠다 생각했습니다.

하지만 희소식도 있습니다. 편지가 오고 곧 희곡이 발표되었는데, 아주 좋습니다. 어니스트가 발전하고 있다는 걸 보여주는 작품입니다. … 어니스트는 여러 가지 면에서 크게 성장했습니다. 그가 어디로 갈지 모르지만, 그곳은 분명 중요한 지점일 것입니다. 어쨌건 희곡으로 깊은 감동을 받았지만, 편지 때문에 내내 우울했습니다. 에반 십맨이 여단인가 하는 외국군에 들어가 있는데 걱정이 큰 모양입니다. 무슨 일이 일어났을지 모르는데, 십맨이 그곳에 있는 데 어니스트가 책임을 느끼는가 봅니다. 모든 게 잘되길 바랍니다. 선생이 이 소식을 궁금해 할 거라 생각했습니다. 어쨌건 희곡은 매우 훌륭합니다. 9월에 무대에 올린다고 하는군요.

맥스

캘리포니아 할리우드 가든 어브 알라 호텔
1938년 4월 23일

친애하는 맥스

편지 두 통을 동시에 받았습니다. 자세한 편지에 고맙습니다. 지금 이 순간 캘리포니아 사람 같은 느낌이 드는 만큼 뉴욕과는 단절된 느낌이 듭니다. …

어니스트에 대해. … 마치 마지막을 예감한 듯한 그 편지에서 나를 기억했다니 감동적입니다. 그리고 언제나처럼 그 친구의 바이런적 강렬함은 사람을 대료하는 구석이 있습니다. 〈로스앤젤레스 타임스〉에 그의 글이 두어 편 실리더니 지난 사흘 동안은 잠잠합니다. 빗나간 크루프 포탄이 우리 시대 가장 소중한 시민을 쓰러뜨리지 않기를 바라고 또 바랍니다. …

편집자님의 편지를 보니 『낙원의 이편』과 『위대한 개츠비』 『밤은 부드러워』로 선집을 내겠다는 이야기가 나오더군요. 먼 미래의 일인가요? 잊어야 하는 이유는 무엇인가요? 2년 정도 이곳에 더 있어야 한다면, 아마도 그래야 할 것 같은데, 그렇다면 『개츠비』와 『밤은 부드러워』 사이처럼 내 이름이 오래 잊히는 것은 바람직해 보이진 않습니다. 더욱이 지금은 〈새터데이 이브닝 포스트〉 단편조차 손을 놓고 있습니다.

중세 기사 필립에 관한 단편을 확장할 생각도 다시 했지만, 그 일을 할 시간이 될지 모르겠습니다. 이 놀라운 영화 산업이라는 게 정신없이 사람을 몰아치다가 쉴 때는 원기라곤 없이 반쯤은 취한 듯한 상태로 대기하게 하는데, 재정비하는 동안에는 손가락 하나 까닥하고 싶은 생각이 들지 않습니다. 영화를 만드는 사람은 기이하게 조합을 이룬, 피로에 지친 뛰어난 몇 명이 전부이고, 그 밑에는 형편없는 사기꾼과 잡부들만 우글거립니다. 그 결과 너나 할 것 없이 모두 협잡꾼에 누구도 서로를 믿지 않고 신뢰가 없다 보니 무한의 시간이 낭비됩니다.

편집자님은 물론 해럴드, 〈새터데이 이브닝 포스트〉의 로리머와는 언제나 관계를 맺는 게 즐거웠던 터라 데이 노프나 헌트 스트롬버그 같은 이쪽 세계에서 나름 유쾌한 사람들과 일하는 와중에도 신뢰의 부재를 느끼곤 합니다. …

톰 울프는 여전히 모르겠습니다. 이젠 그가 오히려 두렵습니다. 그가 왜 혼자 가려고 하는지, 그 끝나지 않는 힘든 싸움을 하면서 편집자님이 왜 스스로를 그토록 희생했는지 모르겠습니다. 편집자님이 아들들과 어떤 시간을 보내고 있는지 한번 보십시오. 어니스트는 스페인에, 나는 할리우드에, 톰 울프는 예술가 촌뜨기에게로 갔습니다. …

애정을 담아

1938년 5월 24일

친애하는 스콧

알다시피 선생이 다시 '필립'으로 돌아갔으면 좋겠습니다. 그 작품을 쓸 때 선생은 지쳐 있었고, 그 탓에 온전히 글에 집중할 수가 없었지요. 하지만 지금 다시 쓴다면 다를 겁니다. 그 시대를 그린 멋진 역사소설이 나오리라 봅니다. 기본적인 생각도 훌륭하고, 그때보다는 지금이 글을 이해하고 제대로 평가하기에 나은 시기입니다. 하지만 현재 하는 일이 대부분의 시간을 잡아먹겠지요. 여름에 조금이라도 여유가 생기지 않을까요? …

장편 세 편을 선집 한 권으로 묶는 것은 가망이 없어 보입니다. 어느 때보다 경기가 안 좋고, 경기가 안 좋을 때 얼마나 심각한지 선생도 잘 알 겁니다. 책이 호경기에 비해 3분의 1밖에 팔리지 않습니다. 그나마 우리는 『아기사슴 이야기』가 있어서 운이 좋은 편입니다. 다음 주면 베스트셀러 상위권으로 올라갈 듯합니다. 가을에는 꽤 괜찮은 신인 작가의 첫 소설도 펴낼 계획입니다. 하지만 전반적으로 출판 시장이 침체돼 있는 터라 선생의 장편 선집을 이런 악조건 속에서 낭비하고 싶지는 않습니다. 품만 들 것이고 기회는 영영 날아가게 될 것입니다. 더욱이 다소 이른 감이 있습니다. 『낙원』과 『개츠비』 모두에 해당하는 이야기인데, 과거가 낭만적 매력을 띠게 될 대가 옵니다. 『밤은 부드러워』는 아직 그 단계엔 이르지 못했고, 후일에도 『낙원』만큼은 아닐 것입니다. 호시절이 다시 올 때까지—전쟁만 없다면 분명 오겠지요—기다리는 게 좋겠습니다. 어떤 구상이 떠올랐을 때 실행을 미루는 게 어려울 뿐, 우리가 잃을 건 없습니다.

어니스트의 편지를 얼마 전에 받았습니다. 곧 돌아온다고 합니다. 특유의 멋진 편지입니다. 돌아와서 글을 쓰고 싶다고, 쓸거리가 많다고 하는군요. 그가 옳았던 것 같습니다. '에브로 강을 수영해서 건너지 않은 사람 중에 사회적 명성을 얻은 자는 없다'고 그는 말합니다. 지금쯤이면 바다를 건너고 있을지 모르지만, 마르세유에서 보내온 편지에는 비행기를 타고 마드리드로 돌아간다고 합니다. 마드리드에서 띄운 특전이 신문에 나오더군요. 그곳 사정을 살펴본 뒤 다시 미국으로 돌아올 것이라고 합니다. …

맥스

1938년 9월 1일

친애하는 스콧

… 어니스트는 프랑스행 배에 타기에 앞서 엊그제 이곳을 총알처럼 스쳐 지나갔습니다. 스페인을 한 번 더 살펴보겠지만, 진짜 목적은 일을 하러 가는 것입니다. 어니스트에 대해 선생에게 얘기할 수 있으면 좋을 텐데요. 어니스트가 자기 계획이 어떠냐고 묻기에 퍽 열정적으로 충고를 해주었는데 후에 과연 잘한 짓일까 의구심이 들더군요. 그래도 맞는 말을 한 것 같습니다. 진정으로 이해할 사람과 그 일에 대해 이야기를 나누고 싶습니다. 헤밍웨이의 바람에 맞춰 계획을 여러 번 바꾸고 상당한 논의를 거쳐 '제5열과 49편의 단편'이라는 제목의 책을 펴내기로 했습니다. 희곡 「제5열」과 신작 단편 네 편, 나머지는 모두 발표한 단편들로 선집 형태가 될 것입니다. 희곡은 꼭 단편처럼 보이는데 실제로 그렇게 읽힐 수도 있습니다. 연극으로 상연되면 수요가 생길 것이기에 희곡만 따로 엮어 별권으로 펴낼 생각입니다. 지금 보면 꼭 단편처럼 보입니다. 서문도 좋습니다. 신작에 「킬리만자로의 눈」이 들어가 있지만 선생 이름은 없습니다. 그 작품이 수록된 오브라이언 단편선은 우리와는 하등의 관계가 없고, 단편선이 나올 때까지는 작품이 수록되었다는 사실 자체도 몰랐습니다. 어니스트는 오랫동안 보아왔지만 어느 때

보다 몸도 좋고 기운도 넘쳐 보였습니다. 주위에 사람도 그렇게 많지 않았고요. 요샌 〈에스콰이어〉의 그 왁자한 무리가 늘 그를 에워싸고 있어서 조용히 대화를 나눌 기회조차 잘 나질 않습니다. 한데 이번엔 기회가 났습니다. 기정사가 얼마간은 해결된 것 같지만, 당파 간 갈등이 극심한 스페인 문제에 관여하다 보니 여기서 일을 제대로 할 수 없었던 모양입니다. 사람들이 이런저런 대의를 내세우며 그를 성가시게 했던 게지요. 공산주의자들은 이제 그를 자기 두리의 일원으로 생각해서 온갖 이유를 내세우며 그를 괴롭혀 댑니다.

시간을 내서 외로운 울프에게 편지를 써줄 수 있나요? 북서부 지방을 한 번도 본 적이 없다고 오디세이를 떠났는데 6주인가 8주 후에 보니 자신이 시애틀에 가 있더라고, 그런데 몸이 많이 아팠답니다. 기관지 폐렴이라는데 7주가 지났는데도 호전되기는커녕 열이 나고 여전히 아프다고 합니다. 죽음 직전까지 갔던 모양입니다. 내 편지에 멋진 답장을 보내왔는데 그러다 보니 또 열이 났나 봅니다. 지금 그에게 필요한 것은 응원과 격려입니다. 자신이 허비하는 시간에 극도로 당황할 것임을 잘 알기 때문입니다. 아파서 긴 휴식을 취했던 게 종국에는 불운이 아니라 행운이겠지만 말입니다. 그를 알아온 이후로 쉬는 모습을 단 한 번도 본 적이 없습니다. 마땅히 그가 할 일을 지금 할 수 있다면, 당장 캘리포니아로 가서 몇 달 아무 일도 하지 않고 쉬는 것입니다. 할리우드를 너무 재미있어 할까 싶으니 선생에게는 가지 않는 편이 낫겠군요.

… 루이즈를 영영 코네티컷으로 이사시켰습니다. 아내는 두어 달 아파트든 호텔 스위트룸이든 가자고 할지도 모르지만, 집에는 아이들이며 손주들이 들끓어서 감사하게도 다시 그곳으로 돌아갈 수는 없는 노릇입니다. 다시 통근을 할 수 있게 되어 기쁩니다. 처음을 그렇게 시작했고, 통근 습관을 잊은 적이 없습니다. 지피퍼킨스의 딸 아들은 나폴레옹 같은 두상에 빨간 머리칼이 아주 멋들어집니다. 페기퍼킨스의 또 다른 딸는 버그도프 굿맨에서 일하는 게 좋은 모양이지만, 아예 대놓고 얘기합니다. 조심하지 않으면 꼼짝없이 결혼하게 될 수도 있다고요. 나름 매력도 있고 괜찮은 녀석이지만, 무일푼입니다. 페기는 78번가 아파트에 살고 있습니다.

맥스

영화 〈지니어스〉(2016)의 한 장면. 콜린 퍼스(퍼킨스 역)와 주드 로(울프 역)

캘리포니아 컬버 시티 메트로 골드윈 메이어 스튜디오스
1938년 9월 29일

친애하는 맥스

톰과의 관계에 관해 편집자님에게 편지를 쓰고 싶군요. 그의 죽음토머스 울프는 9월 15일에 죽었다이 편집자님에게 얼마나 큰 충격이었을지, 그의 문학 경력에 편집자님이 얼마나 크게 기여했는지, 그에게 얼마나 큰 애정을 가지고 있었는지 잘 아는 까닭입니다. 자세한 내막은 도릅니다. 톰이 시애틀에 있다는 편집자님의 편지를 받고 얼마 지나지 않아 그가 아픈 몸으로 동부로 간다는 기사를 신문에서 읽었습니다. 걱정이 되더군요. 외롭고 쓸쓸하고 슬픈 일이었지만, 그의 왕성한 생명력이 어떻게든 이겨내고 넘어설 것이라고 생각했습니다. 하지만 얼마 후 볼티모어에서의 최후, 이윽고 고요해진 생명으로 고동치던 몸. 그가 죽은 후 거대한 고요가 찾아왔습니다. 오랫동안 죽음의 문턱을 오간 링이 운명했을 때보다 더 지독한 고요였습니다.

상황이 어떻게 된 건지 알고 싶습니다. 기묘한 일이지만, 편집자님이 유저 관리인으로 지정되었으니 살아 있었을 때보다 그의 문학적 운명을 더 관리하게 되었군요. '수천수만의 단어'로 그의 원대한 계획이 풍성해진다고는 보지 않지만, 계획이 변화하고 진보했을 터이니 그 문제가 그리 중요하다고는 보지 않습니다. 톰의 글에서는 중요한 부분일수록 서정성이 짙어집니다. 다시 말해 『시간과 강에 대하여』에서 허드슨 강으로 떠난 여행 장면처럼 서정성이 예리한 관찰력과 잘 어우러진 순간들이 있습니다. 그가 길을 잃었든 혹은 다시 찾았든 최후의 작품이 무엇이었는지 궁금합니다.

편집자님과 톰의 가족에게 깊은 위로의 말을 전합니다. 그의 가족에게 편지를 쓰는 게 조금이라도 도움이 될까요? 그렇다면 누구에게 보내야 할지.[5]

당신의 친구

캘리포니아 컬버 시티 메트로 골드윈 메이어 스튜디오스
1938년 12월 24일

친애하는 맥스

『낙원』은 절판된 반면[6] 『제5열』은 성공을 거두니(성공작이 맞지요?) 방치된다는 느낌이 드는군요. 내 명성이 이렇게 사라지는 건 아니겠지요? 명성이 남아 있다면 말입니다. 여전히 난 많은 이에게 유명 인사이고, 〈타임〉이며 〈뉴요커〉 등에는 여전히 내 이름이 빈번하게 오르내리는데 이렇게 아무렇지도 않은 듯 사라지는 것인가요. …

내년 봄에는 뭐라도 발표해야겠습니다. 편집자님에게 내 소설 세 편을 묶는다는 계획이 있었다면, 내겐 대작을 쓸 계획이—자세한 건 추후에—있습니다. 불황도 당분간은 지나갔고, 글로써 새로운 세대에게 다가가겠다는 지극히 자연스러운 야망이 생깁니다. 베넷 세프가 『밤은 부드러워』와 관련해 움직일 성싶지는 않고, 그런 일은 원출판사가 추동해야 하는 게 아닐까 싶습니다. 불경기에 나온 양서 열두어 권 가운데 하나인 『밤은 부드러워』가 문학 길드로부터 제안을 받았던 게 불과 얼마 전의 일입니다. 그렇다면 나는 이를테면 캘러핸 같은 가망 없는 작가는 아닐 것입니다. …

『밤은 부드러워』가 유독 걱정이 됩니다. 이 책은 아직 죽지 않았습니다. **강한** 호소력이 여전히 존재합니다. 『개츠비』나 『낙원의 이편』에 느끼는 것 같은 애착을 이 책에서 똑같이 느낀다는 독자를 지금도 쉼 없이 만납니다. 스스로를 딕 다이버와 동일시하는 이들을 말입니다. 책 중간에서 **진정한 이야기가**—스위스의 젊은 정신과 의사—시작된다는 게 최대의 패착입니다. 151쪽에서 212쪽까지를 현 위치에서 들어내 맨 앞으로 뺀다면 호소력이 몰라보게 좋아질 겁니다. 실제로 서평가 여럿이 그 실수를 넌지시 알려주고 **때론 지적**도 했습니다. 물론 그렇게 변경하려면 다른 대여섯 쪽도 함께 변경해야 할 일입니다. 편집자님이 제안했듯이 장편 선집에는 서문이 한 편 이상 실려야 하고, 『밤은 부드러워』의 경우에는 내가 직접 책 속의 모순과 오류를 정리한 주해를 다는 겁니다. 뒤의 작업은 유쾌한 주목을 끌 것입니다. …

편집자님이 내게 얘기하지 않은 부분이 있다면 모르겠지만, 일단 장편 선집이 나와야 한다고 봅니다. 자꾸만 출간을 미루다니 유감입니다. 처음부터 불티나게 팔리지는 않겠지만, 출판사 측에서 어떤 신뢰의 몸짓을 보이지 않는다면 내 명성은 영양 부족으로 사그라지고 말 겁니다. 로스앤젤레스 공공 도서관에서 내 책들이 지금도 꾸준히 대여되는 걸 보면 내 책이 미국 전역에 고루 배포되지 않았음을 알 수 있습니다. 『낙원의 이편』이 〈북맨〉 월별 순위에서 1위를 차지했을 때에도 서부 주에서는 아예 순위권에도 들어가지 않았습니다.

이렇게 제 자랑을 제 입으로 한다는 게 참으로 민망한 노릇임을 알지만, 이런 말을 꺼낸 것은 나의 문학적 명성과 관련해 즉시 손을 쓸 일이 있다면 움직여야 한다고 생각하기 때문입니다. 언제나처럼 조금의 명성이라도 있다는 걸 인정한다면 말입니다.

당신의 친구

*

1938년 12월 30일

친애하는 스콧

선생과 같은 고민을 하던 참이지만, 먼저 기억해야 할 것은 언제나 독립된 한 권의 책이 모음집보다 낫다는 것입니다.[7] 더욱이 장편 세 편을 한 권에 수록하는 것 같은 큰 작업은 선생이 신작을 쓸 때에야(지금으로선 현재진행형으로 보입니다) 가능할 것으로 보입니다. 설령 그런다 하더라도 쉽지 않은 작업일 것입니다. 하지만 언젠가는 꼭 그 작업을 했으면 합니다. …

내년 여름에 '필립'만 따로 떼어 한 권으로 내고 싶습니다. 깊이 있는 글이라는 것을, 또 인기도 상당했다는 걸 압니다. 선생이 그 글을 쓰던 당시보다 오히려 지금이 그런 역사 소설에 더 부합한다고 봅니다. 잘될 겁니다. 분량도 『위대한 개츠비』만큼은 되지요. 어쨌건 그리한다면 우리가 원하던 대로 선생 책을 다시 출간해 명성을 드높일 수 있을 것입니다. 명성에 관해 선생이 실제보다 너무 민감하게 생각하는 걸지도 모릅니다. 신간을 내면 큰 관심을 불러일으킬 테니 말입니다. 지금까지의 선생 책과는 다른 특별한 책이라 잘 될 겁니다. 관심도 끌 것이고요. 이 책을 낼 수 있을까요? 셴튼 같은 이가 책을 디자인하게 할 겁니다.

공공 도서관에서 선생 책의 수요가 끊이지 않는다는 것은 뉴캐넌에서도 마찬가지입니다. 그렇게 수요가 끊은데 책이 계속 나가지 않는 게 참 이상합니다. 도저히 이해가 안 갑니다. 나 역시 몇 해 전부터 알고 있었던 사실입니다. 딸들이 뉴캐넌 도서관에서 빌려오는 선생 책들을 보면 하나같이 13년 전부터 구석구석 읽은 흔적이 역력하기 때문입니다.

어니스트의 책은 지금까지 9000부에서 1만 부가량 팔렸지만, 위탁 판매된 것 중에 팔린 게 상당할지도 모릅니다. 1월 말이 돼야 정확히 알 수 있습니다. 하지만 어디에서도 찾을 수 없는 단편들이 수록된 터라 일종의 재고 장부처럼 꾸준히 나갈 것입니다. 내년에 1만 5000부는 나가겠지요. …

제인퍼킨스의 팔로 배서대학을 피츠제럴드의 딸과 함께 다녔다이 이따끔 스카티 얘기를 합니다. 인기가 엄청 좋다며 제인이 보기엔 학생으로도 우수한 것 같다고 하는군요. 그 말이 사실이기를.

선생에게 할 얘기가 많지만, 지금을 휴일이라 부르는 자는 누구든 놀리는 화법으로는 단연 최고가 아닐까 싶습니다. …

맥스

추신 〈케년 리뷰〉에 실린 톰 울프에 관한 존 비숍의 글을 읽었나요? 흥미로운 글입니다.

캘리도니아 컬버 시티 메트로 골드윈 메이어 스튜디오스
1939년 1월 4일

친애하는 맥스

… 가장 신경 쓰이는 건 절판 문제입니다. '필립' 문제는 잠시 후 얘기하겠습니다. 『낙원의 이편』이 아예 절판되느니 그 싸구려 아메리칸 머큐리 판본으로라도 출간되는 편이 더 낫겠습니다. 엘리엇 폴의 『지울 수 없는Indelible』도 그 판본으로 나왔더군요. 그쪽에서 어떻게 나올 거라고 생각하나요? 이 문제에 관한 편집자님의 생각은?

이제 '필립' 문제에 대해. 지난 편지를 쓸 때에는 이곳에서 1년 꼬박 일할 것을 예상했습니다. 현재로선 이곳에 1년 더 머물러야겠지만, 영화 따라 일하는 도중에 서너 달, 혹은 그 이상도 작품 쓰는 데 할애할 수 있을 것 같습니다. '필립'은 흥미가 갑니다. 하지만 아무래도 소설을 뒷받침하는 보다 본질적인 무엇이 필요합니다. 『개츠비』만큼의 분량이 되려면 1만에서 1만 5000단어 정도를 더 써야 하는데 그 속에 **견고한** 통일성이 있을지도 잘 모르겠습니다. 애초 계획은—부의 기반을 닦는 청년 필립, 프랑스 국가 성립을 주도하는 우두머리 무리에 합류하는 중년의 필립, 노년의 필립과 공고해지는 봉건제—원대했다는 것을 기억할 겁니다. 880년부터 950년까지 60여 년의 시간을 다룹니다. 후반의 두 편을 쓰기 위해선 가히 엄청난 조사가 필요하고, 그렇게 하지 않으면 제멋대로 굴러가는 글이 되었을(혹은 될) 것입니다. 그런 글이 때론 뜻하지 않은 배당금을 나누어주기도 하지만.

그럼에도 내년에 서너 달의 여유가 생긴다면 현대 소설을 쓰고 싶습니다. 『밤은 부드러워』를 리비에라에서 구상한 그대로 써내려갔듯이 참신한 아이디어가 번뜩이는 오직 그 순간에만 쓸 수 있는 그런 소설 말입니다. '필립'에 1만 5000단어를 덧붙이고 전면적인 수정 작업에 들어가는 것보다 5만에서 6만 단어 사이의 그런 소설을 쓰는 게 훨씬 빠를 겁니다. 어느 경우든 내달에는 결정해서 알리겠습니다.

편지 보내줘서 고맙습니다. 톰 울프 관련 글은 여기서는 볼 수 없으니 보내주면 좋겠습니다. 존은 〈버지니아 쿼털리〉에 나에 관한 글존 필 비숍이 쓴 「더 미싱 올The Missing All」도 썼습니다.

당신의 친구

추신 스카티가 계속 그곳에 머문다면 제인과 자주 보면 좋을 텐데요. 하지만 예상대로 플레이걸 성향이 있어서 근신을 받았습니다. 2월을 무사히 넘겨야 할 텐데요.[8]

캘리포니아 엔시노 아미스로이 5521번지
1939년 2월 25일

친애하는 맥스

편집자님을 그렇게 짧게 봐서 유감이었지만, 딸과 긴히 할 말이 있어 보여 왠지 방해가 될 것 같았습니다. 달이 참 예쁘던데요. 한데 무슨 이유에서인지 나를 두려워하는 눈치였습니다. 아니면 내가 과민했던가. …

틀림없이 해럴드와 생명보험 문제[9]를 얘기했을 줄 압니다. 당연히 해럴드는 내가 성급하다고 하지만, 이곳에서 계속 공장 노동자처럼 일하는 건 영혼을 파괴하는 짓입니다. 영화계 현실은 다음과 같은 역설을 보여줍니다. '당신의 개성을 보고 이곳으로 데리고 왔지만, 당신은 이곳에 있는 이상 개성을 드러내지 않기 위해 최선을 다해야 합니다.'

몇 가지 계획이 있는데, 하루나 이틀 사이에 첫 계획부터 먼저 착수할 겁니다. 글을 갖다 붙이는 대신 다시 쓸 수 있다니 멋집니다. 〈바람과 함께 사라지다〉에서 마거릿 미첼의 단어 이외에 어떤 단어도 쓸 수 없었다는 사실을 혹시 아나요? 문장을 새로 써야 하는 경우가 생기면 마치 성서라도 되는 양 원작을 획획 넘겨보면서 그 상황에 맞는 미첼의 문구를 찾아야 했습니다!

안부를 전하며

추신 편집자님이 내게 하라고 했던 것을 톰의 책이 했으니 놀라지 않을 수 없습니다. 톰이 살아서 편집자님을 그릴 셈이었다면 온당한 분위기를 부여하지, 악당으로 만들지는 않았을 텐데요.[10] 하지만 사람들이 하는 행동을 보면 놀랍습니다. 어니스트가 내게 등을 돌린 것은 별 뜻 없이 벌인 유치한 행동으로만 보여서 실은 화가 났던 적은 없습니다. 울프 문제에서 편집자님의 위치는 참 아이러니합니다.

*

1939년 2월 27일

친애하는 스콧

… 선생의 계획을 자세히는 모르지만, 잘되길 기원합니다. 얘기를 들어보면 할리우드에서 선생이 한 일이 참 재미없어 보입니다. 국세청만 아니었으면 선생은 벌써 모든 셈을 치르고 자유로운 몸이 되었을 텐데요. …

제인은 수줍음을 많이 탄다는 게 문제입니다. 적어도 내가 주위에 있을 때에는 그렇습니다. 선생이 가고 난 뒤에는 큰 관심을 보이더군요. 아무래도 내가 선생에게 톰에 대한 잘못된 인상을 준 것 같습니다. 어떤 연유이건 나에 관한 이야기가 나오는 건 싫습니다. 톰이 스크리브너스에 대해 온갖 계획을 갖고 있었음에도 책에 부합한다며 유일하게—그것도 꽤 길게—쓴 게 하필 너 얘기라니 참 묘한 일입니다. 내가 톰을 그토록 강력하게 지지했고 그의 글은 모두 실제 인물에 관한 이야기이니 그 속엔 어떤 시적인 정당성이 있다 하겠습니다. 유언 집행자로, 그리고 그를 지지했던 한 사람으로 그것을 받아들여야겠지요. 하지만 톰은 나를 악당으로 그리지 않습니다. 책을 대충 훑어보았는데, 문제는 그 인물이 나와 닮은 구석이 전혀 없다는 것입니다. 그 부분을 읽으면서 내가 진짜로 이 사내와 비슷하다면 나 스스로를 자랑스러워해도 되겠다는 생각이 들 정도였습니다.

맥스

캘리포니아 엔시노 아미스토이가 5521번지
1939년 5월 22일

친애하는 맥스

… 고질병이 살짝 도지는 바람에 몇 주 침대에 누워 있었던 걸 빼면 소설은 잘 진행되고 있습니다. 특히 마지막 날, 편집자님을 잠시나마 볼 수 있어서 기뻤습니다. 4시 반 비행기를 타고 서부로 와서 특별할 것 없는 여행을 했습니다.

틀림없이 올여름 내내 머물게 될 캘리포니아 가운데서도 이 특별한 모퉁이가 점점 좋아지고 있습니다. 알다시피 소설이 언제 끝날지는 모르겠지만, 나름으로 대강의 계획을 세우고 있는 터라 『밤은 부드러워』와는 달리 한 달 정도 연필을 놓았다가도 그만둔 지점에서 내용적으로도 감정적으로도 곧바로 시작하는 게 가능합니다.

새 소식이 있으면 좋으련만, 최근에는 편집자님이 창문 밖으로 보는 것과 똑같은 걸 볼 따름입니다. 모든 이에게 안부를. …

당신의 친구

캘리포니아 엔시노 아미스토이 가 5521번지
1939년 10월 20일

친애하는 맥스

전보를 받았지만, 콜리어의 제안이 기대치에 훨씬 못 미치는군요.[11] 고료로 1만 5000달러를 주겠다고 합니다. (소득세 납부를 포기하고 생명보험을 환급받거나 스카티를 대학에서 데리고 오고 젤다를 공공요양원에 입원시킨다든지 하는 조치를 취하지 않는다면) 그거로는 넉 달도 견딜 수 없습니다. 남아 있는 빚이 있는 터라 1만 5000달러의 상당 부분은 이미 지출된 것이나 다름없습니다. 가령 하숙집에서 방 한 칸을 빌려 기거하고 일체의 의학적 치료를 포기하면서(지금도 일주일에 한 번씩 의사를 봅니다) 나 자신에 들어가는 돈을 최소한으로 줄인다 해도, 종국에는 무일푼이 된 뒤 지금보다 더 한 빚을 지게 될 겁니다. 물론 집 한 채를 갖게 될 수도 있겠지요. 하기야 『밤은 부드러워』를 끝냈을 때에도 집 한 채를 갖게 될 줄 알았습니다. 반면에 파산 신청을 하게 되면, 모아 놓은 게 있을 리가 없지요. …

소설을 시작하려면—첫 1만 단어를 풀어내기 위한—돈 문제가 추가로 나오는데, 이 문제는 편집자님이 어떻게 해결해주었으면 좋겠습니다. 이 문제와 관련해 해럴드는 아무짝에도 쓸모가 없습니다. 중간에서 한 일이라곤 아무것도 없고 피리만 불어대는 이자에게 수수료는 꼬박꼬박 물어야 하니까요. 이 아둔한 돌대가리는 내가 어떻게 사는지 완전히 잘못된 생각을 갖고 있습니다. 더욱이 기회가 생길 때마다 나를 충실히 우울감에 빠뜨리는 걸 고귀한 의무로 여기는 모양입니다. **소설의 글감 이외에는 이자에게 아무것도 알리고 싶지 않습니다.**

지난 몇 달 동안 단편 열 편을 〈에스콰이어〉에 편당 무려 250달러나 받고 팔았습니다. 그중에 다른 잡지에 넘긴 건 두 편밖에 안 됩니다. 가난할 때에는 현금을 빨리 확보해야 하기 때문에 본래의 가치보다 4분의 1밖에 안 되는 가격에 물건을 넘겨야 하는 법이지요. 그렇게 내놓지 않으면 경매인이 붙을 리가 없습니다.

찰리 스크리브너에게 얘기를 해봤나요? 아니면 달리 생각한 게 있나요? 결론이 좋게 나면 야간 발송 전보를 띄워줄 수 있나요? 케네스 리타어에게 보내는 편지를 동봉합니다. 편지를 보면 현 상황을 파악할 수 있을 겁니다.

스콧

1939년 11월 30일

친애하는 스콧

전보를 보내고 곧장 편지를 쓸 생각이었지만 너무 바빴습니다. 선생이 글에 불어넣는 마법이 느껴졌습니다.[12] 나 같은 많은 이에게 강렬하고 착실하게 다가올 이야기가 대륙을 오가며 놀랍게 펼쳐지더군요. 스타Stahr, 『마지막 거물』의 주인공에 흥미와 호기심이 생기고 여성 화자에게도 공감할 수 있었습니다. 모든 것이 훌륭합니다. 그렇지 않다면 더 이상의 판단을 하지 않겠습니다. 내가 보기에 리타어는 선입관이 있었던 것 같습니다.[13] 『밤은 부드러워』를 읽지 않은 데다 선생이 마지막 작품 이후로 『개츠비』로 돌아갔다고 생각한 모양입니다. 어쨌건 연재에 대해선 옳았을지 몰라도 그가 잘못 생각한 겁니다.

250달러를 보냈습니다. 리타어가 내게 말해주기를—개의치 않기를—선생이 그 돈을 필요로 한다고 했습니다. 급한 것 같다고 판단했습니다. 1000달러도 얘기를 해봤습니다. 1월 1일 이전에 얼마 안 되는 유산을 받게 됩니다. 그걸로 한 사내의 보증을 서느라 지게 된 빚을 갚아야 합니다. 호구처럼 굴지는 않았습니다. 당시 그 사내는 도움이 절실했고 혼자서는 도저히 해결할 수 없겠다 싶은 상황이었습니다. 어쨌건 그래도 이른바 '공돈'이라는 것이 1000달러가 남으니 지금 소설을 쓰는 데 도움이 된다면 언제든 가져다 쓰십시오. 선생이 할리우드의 심장에 도달하리라, 다른 모든 배경과 함께 그 속의 멋진 이야기를 그려내리라 믿습니다. … 할 수만 있다면 전쟁 소식에 눈과 귀를 닫고 앞으로 나아가십시오.

맥스

*

캘리포니아 엔시노 아미스토이가 5521번지
1939년 12월 19일

친애하는 맥스

소설에 대한 호오는 반반입니다. 달리 말해 이곳의 서너 명은 열광하고 리랜드와 편집자님도 글이 좋다 하지요. 반면에 〈콜리어스 매거진〉은 대략적 줄거리는 마음에 든다고 하면서도 시큰둥한 반응을 보입니다. 내 계획은 그저 계속 앞으로 나아가 될 때까지 파고드는 것입니다. 관심을 보이는 잡지사가 있다면 당연히 큰 도움이 되겠지만, 오늘 〈포스트〉에서 온 편지를 보니 그들이 원하는 글감이 아니라고 합니다. 첫 개요를 잡을 때와는 구성이 조금 달라졌지만, 본질적으론 편집자님이 아는 그대로입니다.

1000달러를 더 빌려주겠다는 편집자님의 제안만큼 친절한 호의를 받아본 적이 없습니다. 그것도 적시에 말입니다. 두 달 치 집세가 가장 시급하니, 허락도 구하지 않은 채 편집자님 앞으로 된 205달러짜리 어음을 집주인에게 건네겠습니다. 150달러에 이것을 합치면 이미 빌려준 돈이 355달러군요. 나머지 645달러는 언제쯤 쓸 수 있을까요?[14]

1935~1937년처럼 빚더미에 눌린 것은 아니지만 그래도 상당한 빚이 있습니다. 건강도 점차 호전되고 있고, 소설 한 장이 끝날 때마다 이 돈도 안 되는 〈에스콰이어〉 단편 대신 영화사 일을 틈틈이 한다면 봄쯤에는 상황이 훨씬 좋아지겠지요.

편집자님은 정말 친절한 분입니다. 해럴드가 나의 자금 담당자라는 의심쩍은 명예직을 던져버렸을 때에는 경제적 무감각 상태였습니다. 그러다 문득 돈이 무엇인지, 그리고 돈이 어디서 나는지 궁금해졌습니다. 그때까지는 얼마 안 되는 돈이라도 어디에선가 늘 나왔는데, 그 길이 뚝 끊겨버린 것입니다.

어쨌건 고맙습니다.

당신의 친구

캘리포니아 베벌리힐스 윌셔대로 9484번지 필 버그 에이전시 전교
1940년 5월 20일

친애하는 맥스

몇 달 동안 편지 한 장 못 띄웠습니다. 첫째, 작은 아파트를 찾아 헤매는 지금, 위의 주소가 최선이기 때문입니다. 2300달러를 받게 될 8주짜리 영화 작업을 하고 있는데 현재 마지막 주에 접어들었습니다. 그걸로 편집자님에게도 정부에도 돈을 갚을 수 없지만, 상당히 중요한 영화 작업입니다. 나의 단편 「다시 찾아간 바빌론」을 영화로 옮기는 작업이고 새로운 영화 편성을 이끌 수도 있기 때문입니다. 하지만 예상만큼 성공하지는 못했습니다. 모든 일이 다 그렇겠지만 이 일 역시 고도로 숙련된 기술이 필요한 법입니다.

생캉탱이 함락되었다는 소식이 방금 라디오에서 나오는군요! 맙소사! 전쟁이 새로운 국면에 접어들어 앙드레 샹송의 책이 지나간 고요한 시대의 진부한 이야기가 되어버린 마당에, 그가 대성공을 거두었다고 전보를 친들 무슨 소용이 있겠습니까.

내 책이 절판되지 않아야 할 텐데요. 1년 후쯤에는 스카티가 제 친구들에게 아빠가 작가였다고 목소리 높였다가 시중에서 구할 수 있는 책이 한 권도 없다는 사실을 깨닫게 될지도 모릅니다. 당연히 편집자님 잘못은 아닙니다. 지난 5년 힘든 시기를 보낼 때마다 편집자님은 (한 사람 더, 제럴드

머피[15]도) 변함없는 친구였습니다. 친구라는 게 참 우습습니다. 「킬리만자로의 눈」으로 어니스트와는 불화를 겪고 가엾은 존 비숍은 〈버지니아 쿼털리〉에 그런 글을 싣고(이 친구를 문학적으로 자리매김하기 위해 10년 동안 애썼건만 그 대가로 받은 보답입니다) 극히 부적절한 때 해럴드는 갑작스레 떠나고, 이들을 친구라 할 수는 없겠지요. 한때 난 우정을 믿었고, 사람들에게 행복을 줄 수 있다고(항상은 아니지만) 믿었으며 또 그런 우정은 어느 것보다 즐거웠습니다. 지금은 그런 것들이 한낱 천국을 꿈꾼 희극 작가의 싸구려 꿈—인물이 영원한 '중심'이 되는 거대한 연예 쇼—에 지나지 않는 듯합니다.

전문적인 관점에서 볼 때 다음 조치는 나로부터 비롯되어야 한다는 걸 압니다. 25센트짜리 책이면 대중이 『개츠비』에 주목할까요? 아니면 **책이 인기가 없는 것인가요?** 가능성을 **가졌던** 적이 있던가요? 느 **아닌** 그 책의 숭배자가—내가 한 명을 추천할 수도 있습니다—서문을 달아 대중판으로 재출간하면 학교 교실이나 교수들, 영어 산문을 사랑하는 독자들, 혹은 그 누구에게라도 인기를 끌 수 있을까요? 그토록 많은 것을 준 뒤 이렇게 완전하고 부당하게 사라진다니. 심지어 지금 출간되는 미국 소설 중에 내 흔적이 엿보이지 않는 작품은 거의 없습니다. **좁은** 의미에서 보면 나는 오리지널입니다. 편집자님과 몇 번 사소한 논쟁을 벌였던 적이 있는데 그중 하나가 기억납니다. '앞뜰에 라일락이 마지막으로'라는 시구를 사랑하는 사람에게는 톰 울프가 위대한 독창적 작가가 될 수 없다고 말했을 때였지요. 그 이후 그에 대한 생각이 바뀌었습니다.『죽은 자들만이 브루클린을 안다』와 '아서, 가필드 등이 나오는 단편'도 그의 대표작과 똑같이 좋아합니다. 심리학 운운하는 로베스피에르들이『콘크리트 속의 그리스도』^{피에트로 디 도나토 소설} 같은 통속극으로 베스트셀러 상위권을 싹쓸이하면서 미국 문자 사이를 횡행하고, 청년들은 한때 맹켄을 읽듯 스타인벡을 읽는 지금, 톰과 나를 비롯한 나머지 작가들은 어디에 있는 것일까요! 그래도 나는 아직 믿음을 잃지 않았습니다. 사람들은 나의 신작을 **구매**할 것이고, 나 스스로『밤은 부드러워』처럼 많은 실수를 하지 않기를 부디 기원합니다.

시간이 나거든 소식을 알려주십시오. 어니스트는 어디에서 무엇을 하고 있나요? …

모두에게, 모든 세대에게 사랑을 전하며

1940년 5월 22일

친애하는 스콧

주소를 다시 알게 되어 정말 기쁩니다. 편지를 쓰고 싶었습니다. …

편지 내용이 어둡지만 그래도 좋았습니다. 오늘자 신문에 좋은 소식이 얼마간 보이더군요. 비관적으로 생각할 수밖에 없지만, 난 원래 천성이 낙천적입니다. 어쨌건 얼마라도 좋은 소식이 있으니 기운이 한결 납니다. 선생의 위치는 확고합니다. 선생에 대해 물어보지 않는 편집자나 작가가 없을 정도입니다. 선생의 글이 가진 위력을 보여주는 것입니다. 한때 유명했고 창대한 결과물을 냈다고 여겨졌지만 흔적도 없이 사라진 많은 작가들을 생각해보십시오. 그에 반해『개츠비』는 진정 위대한 작품이라는 것을 우리는 알았습니다. 그렇다고 25센트짜리 책으로 펴낼 필요는 없다고 봅니다. 선생도 알겠지만 대부분의 학교 선집에 선생 작품이 실려 있습니다. 많은 걸 기대하게 하는 신작을 계속 밀고 나갔으면 좋겠습니다.

어니스트는 장편소설 마무리에 매진하고 있는데 6월 10일에 이곳으로 온다고 합니다.『제5열』은 개정판을 낸 뒤 눈부신 성공을 거두었습니다. 선생도 이 모든 소식을 들었으리라 생각합니다. 즈만간 영화 판권도 팔린다고 하는군요.

… 선생 자신의 작품을 영화로 만드는 건 재미있고 행복한 경험일 것 같군요. 물론 고정 작가도 아니고, 그것을 천직으로 여길 마음도 없겠지만요.

　스카티의 경력을 흥미롭게 지켜보는 중입니다. 선생이 예전에 말한 것에도 불구하고 스카티는 역량이 대단해 보입니다. 용기와 추진력이 있습니다. 제인은 집에 올 때마다 스카티 얘기를 많이 합니다. 스카티가 대본을 쓰고 제작한 연극이며 클럽 '맙다월'(맙소사 다시 월요일이야)에 대해 말입니다. 내가 제대로 이해한 것인지 모르겠지만. 어쨌거나 토머스 울프는 책에 제인을 그렸습니다. 제인과 낸시를 합친 것이라 할 수 있지만, 물리적으로는 열네 살의 제인을 그린 것이지요. 이를테면 '여자아이는 햇살처럼 조용하면서도 빠르게 식당으로 들어왔다' 같은 문장에서 확인할 수 있습니다. 추후에 자세히 쓰겠습니다.

　가을 출간 목록을 논의한 '판매 회의'에서 선생이 무슨 작품을 쓰고 있는지 판매원들이 모두 궁금해 했습니다.

맥스

캘리포니아 할리우드 로렐가 1403번지(새 주소)
1940년 6월 6일

친애하는 맥스

따듯한 장문의 편지를 보내줘서 고맙습니다. 책도 고맙습니다. 책J. F. C. 풀러의 『결전: 역사와 문명에 미친 영향』은 감사 인사를 했던가요? …

책이 절판되면 판권은 어떻게 되는 건가요? 예컨대 『아가씨와 철학자』 경우 말입니다. 영화화 등의 가능성을 위해 지금 판권을 갱신해야 하는 건가요? 이것에 대해 전혀 아는 바가 없습니다.

어니스트는 현 사태를 어떻게 보나요? 화가 나 있나요? 아니면 철학적 태도를 견지하나요? 연합국이 작살나고 있다는 건 분명해 보입니다. 사람들 때문에 마음이 아픕니다. 스카티에게 썼듯이 스카티의 친구 여럿이 볼리비아의 늪지대에서 죽음을 맞이할 것입니다. 어쨌건 스카티는 지금 잘 지냅니다. 1년 전에 원했던 것을 지난가을에야 얻은 셈이지요. 열여섯 살 때 딸아이를 뉴욕에 있지 않게 하려고 배서 대학에 묶어두었습니다. 학장이 스카티와 면담을 하면서 학교에 계속 다닐 가능성이 **25퍼센트밖에** 되지 않는다고 말했답니다. 그 소리에 등골이 서늘해져서 정신을 차린 모양입니다. … 딸아이는 지금 생판 다른 사람이 되었습니다. 배서가 엄청난 일을 한 것입니다. … 아비로서 뿌듯합니다. 한동안은 아슬아슬했습니다. 「다시 찾아간 바빌론」 대본을 끝냈고 다음 주에 수정 작업에 들어갈지 모르겠습니다.

판권 문제가 어떻게 되는지 알려주십시오.[16] 어니스트의 태도를 귀띔이라도 해주십시오.

당신의 친구

캘리포니아 할리우드 로릴가 1403번지
1940년 8월 15일

친애하는 맥스

지금쯤이면 순례자 행렬이 대륙을 가로질러 가고 있겠군요.[17] 한 번밖에 못 봐서 아쉬웠지만 그 주에 그 친구들을 다시 스튜디오로 불러들일 만한 흥밋거리가 없었습니다. 실라Sheilah Graham. 할리우드 칼럼니스트로 피츠제럴드가 죽을 때까지 곁을 지켰다 없이 나 혼자 조율할 수 있는 게 아무것도 없다는 말이지요. 누군가 함께 다니지 않으면 안내원들이 재미라곤 없이 세트장 바깥만 휙 보여주고 맙니다. 그 친구들이 캘리포니아에 있는 동안 내내 평소처럼 침대에 누워 있었고, 단 하루 자리를 털고 일어나 저녁을 함께하러 나갔습니다. 그래도 제인과 다른 친구 하나는 진짜배기를 어렴풋이나마 본 것 같아 다행입니다.

셜리 템플을 위한 시나리오 작업을 이제 막 끝냈습니다. 도박 같은 심정으로 지난 몇 주간 보수 한 푼 받지 않고 매달린 작업입니다. 다시 소설을 쓸 수 있게 상당한 돈을 받을지도 모릅니다.

여기에서는 길을 잃은 기분이 듭니다. 동부에서는 뭐라고들 하나요? 고립주의자들이 습격을 받아 가로등 기둥에 매달리지 않는 이유는 무엇이지요? 여기서 바라보면 마치 꿈속에 사는 것처럼 모든 게 모호해 보입니다. 어니스트는 어떤가요? 그 친구는 어떻게 생각하나요? 영국인들이 세상에 내놓고 있는 게임 조각이 그나마 기운을 돋웁니다.

당신의 친구

*

1940년 8월 20일

친애하는 스콧

제인에게 신경을 써줘서 고맙습니다. 제인 편지를 받았지만 선생이 병상에 누워 있었다는 사실을 전혀 몰랐습니다. 실라가 더없이 친절했다고 하더군요. 언젠가 실라와 함께 이곳으로 오기를 바랍니다. 그래서 애를 많이 쓴 실라에게 루이즈와 내가 개인적으로 고마움을 표할 수 있으면 좋겠군요. 전쟁에 대해 내가 생각하고 들은 바를 모조리 편지에 쓰겠습니다. 다만 위크코프 양을 비롯한 대부분의 사람이 휴가를 떠났습니다. 이곳 사람들은 전쟁 소식에 촉각을 곤두세운 채 모든 방면에서 '전쟁할 수준이 안 되는' 영국을 돕기 위해 그사이 준비해야 한다고 목소리를 높입니다.

어니스트의 현 상황이 어떤지 알 겁니다. 폴린은 아마 선생 있는 곳, 캘리포니아 어딘가에 있을 겁니다. 어니스트는 언덕 위 큰 집에서 잘 지내고 있습니다. (비밀이긴 한데) 마사Martha Gellhorn. 1940년 달에 헤밍웨이의 셋째 부인이 되었다가 어니스트 곁을 지킵니다. 장편을 막 끝냈습니다. 아니 거의 끝냈습니다. 출판사로선 가을 출간을 희망하고 있습니다. 3주 전에 이곳에 왔는데 요 몇 년간 어느 때보다 건강해 보이더군요. 어니스트의 신작 『누구를 위하여 종은 울리나』과—걸작입니다—버니 윌슨이 집필 중인 소설에 대해 한참 얘기할 수 있지만, 위크코프 양이 돌아올 때까지는 기다리는 편이 낫겠습니다.
…

맥스

*

1940년 9월 19일

친애하는 스콧

존 오하라John O'Hara가 어제 전화로 전해준 말을 듣고 기뻤습니다. 선생이 2만 5000단어가량 썼다고, 매우 인상적인 글이라고 하더군요. 그렇게 많이 쓴 줄 몰랐습니다. 이번 작품도 짧은 책일 테니 걸반은 쓴 것 같습니다. 그 이외에는 더 전해준 말이 없는데 1장과 그 뒷부분을 조금 읽은 상황에서 차라리 모르는 편이 나을 뻔했습니다. 하지만 이런 분위기 속에서 할 일도 많고 몸도 안 좋은데 그만큼 썼다는 것은 정말 대단한 일입니다.

　스카티에게 전화를 걸었는데 모든 게 좋다고 하더군요. 목소리도 여느 때와 같았습니다. 이렇게 학구파가 되어 졸업할 마음을 굳게 먹고 하버드 여름학교도 열심히 다니는 게 참 대견합니다. 글은 어떻게 돼가냐고 물었더니 자기가 쓴 글에 대해 말하더군요. 졸업반으로 다시 학교에 돌아간 제인을 통해 틈틈이 스카티 소식을 듣겠습니다.

　어니스트에게 좋은 일이 있다는 걸 들었겠지요. '먼스 클럽'에서 『누구를 위하여 종은 울리나』를 이달의 책으로 선정했습니다. 부르주아적 승인 도장인 셈이지요. 어니스트는 그런 식으로 생각하는 걸 싫어하지만, 현실적으로 볼 때 좋은 일입니다. 한 부 구하는 대로 보내겠습니다. 10월 초쯤 될 거 같은데, 지금으로선 더 이상 얘기하지 않겠습니다. 선생도 알겠지만 어니스트는 폴린과 이혼 후 마사 겔혼과 결혼할 생각입니다. 익히 알려진 이야기라 선생도 들었을 테지만, 어쨌거나 비밀에 부쳐야 하는 이야기입니다. …

　선생이 이렇게 큰 진전을 보여서 얼마나 기쁜지 모릅니다. 좋은 결과가 있을 겁니다.

　　　　　　　　　　　　　　　　　　　　　　　맥스

캘리포니아 할리우드 노스 로렐가 1403번지
1940년 10월 14일

친애하는 맥스

20세기영화사 일이 끝바지에 이르렀으니 곧 소설로 돌아갈 수 있으면 좋겠습니다. 지금부터 2월 1일까지 내내 소설만 쓰고 싶습니다. 너무 큰 바람이지만, 영화 제작자가 셜리 템플 시나리오를 괜찮은 가격에 팔 수만 있다면 가능할지도 모릅니다. …

어니스트가 진실로 매력 넘치는 여자와 결혼한다고 생각하니 묘합니다. 피그말리온처럼 그 친구가 빚어온 여자들과는 양상이 사뭇 다를 것 같다는 생각이 드는군요. …

당신의 친구

*

1940년 10월 16일

친애하는 스콧

… 어니스트가 편지를 보내 선생 주소를 알려달라고 해서 그리했습니다. 『누구를 위하여 종은 울리나』 한 부를 틀림없이 보낼 것이기에 내가 따로 책을 보내진 않았습니다. 그 책을 두고 영화계가 벌써부터 들썩이는 모양입니다. 책으

로 큰 성공을 거둔 게 분명해 보입니다.

　며칠 전에 제인에게 편지를 쓰면서 스카티와 같은 수업을 듣거나 지나가다 마주치게 되면 소식을 전해달라고 말해두었습니다. 스카티는 장학금 욕심이 난다고 할 정도이니 배서 과정을—내가 판단하기로 프린스턴이나 하버드보다 나아 보입니다—무사히, 그것도 매우 어린 나이에 마칠 것 같습니다. 설령 좋은 점만을 취한다 하더라도 스카티에게는 충분히 가치 있는 일일 것입니다.

　지금껏 매달렸던 시나리오 작업이 소설을 쓸 수 있는 긴 시간을 보상해주면 좋겠군요. 존 오하라가 선생 책을 뭐라 했는지 예전에 말했지요. '가엾은 스콧' 같은 말은 일절 하지 않았습니다.

　　　　　　　　　　　　　　　　영원한 당신의 친구

[캘리포니아 할리우드 노스 로렐가 1403번지]
1940년 12월 13일

친애하는 맥스

편지를 보내줘서 고맙습니다. 소설은 진척되고 있습니다. 그것도 빨리. 1월 15일 이후 언젠가 초고가 나올 것 같은데 그때까지는 멈추지 않을 생각입니다. 하지만 완성에 가까워질 때까지는 아예 존재하지 않는 것처럼 합시다. '쓰이기도 전에 전설'이— 윌락John Hall Wheelock, 스크리브너스 편집자이 『밤은 부드러워』를 두고 한 소리로 알고 있습니다—되는 건 원치 않습니다. …

어니스트의 신작과 톰 울프의 소설 대부분을 읽으며 글쓰기라는 업이 무엇인지 곰곰이 생각해보았습니다. 편집자님과 울프가 왜 갈라섰는지 자신이 명확히 설명하지 못하기에 그의 작품은 어딘가 훼손되어 보입니다. 그렇지만 그 속엔 위대한 무엇인가 있습니다. 잭 부부와(도대체 그들이 누구인가요?) 에밀리 밴더빌트의 초상은 정말이지 환상적입니다.

프란츠 카프카가 사르얀William Saroyan에 어떤 영향을 미쳤는지 지적하는 사람은 아무도 없습니다. 카프카는 범상치 않은 체코슬로바키아 유대인으로 1936년에 세상을 떴습니다. 넓은 독자층을 갖지는 못하겠지만, 『심판』과 『미국』은 작가라면 결코 잊을 수 없는 그런 책입니다.[18]

몇 달 만에 처음으로 하루 쉽니다. 책이 잘 진행되고 있다고, 비교적 모든 게 좋다고 말하고 싶었습니다.

영원한 당신의 친구

추신 『낙원의 이편』 인쇄판을 얼마에 팔 건가요? 새 생명을 위한 기회가 온 것 같습니다.

주

친애하는 스콧, 친애하는 맥스

1 1918년 5월 6일 아일랜드 소설가이자 평론가인 셰인 레슬리Shane Leslie는 피츠제럴드가 군대에 있는 동안 쓴 소설 『낭만적 에고티스트』의 원고를 찰스 스크리브너스 선스Charles Scribner's Sons 출판사로 보냈다. F. 스콧 피츠제럴드와 스크리브너스의 인연은 그렇게 시작되었다. 스크리브너스사는 그해 8월 원고를 피츠제럴드에게 돌려보냈다. 그때 원고에 동봉한 편지는 피츠제럴드 전기 작가 아서 마이즈너Arthur Mizener에 따르면 '맥스웰 퍼킨스가 쓴 게 거의 분명했다.' 피츠제럴드는 편지에 적힌 제안을 최대한 반영해 원고를 수정한 다음 출판사에 다시 보냈지만 1918년 10월에 최종 거절 편지를 받았다. 출간을 찬성하는 사람은 맥스웰 퍼킨스가 유일했다.

피츠제럴드는 제대한 뒤 뉴욕으로 건너가 낮에는 광고회사 카피라이터로 일하고 밤에는 소설을 썼다. 1919년 4월부터 6월까지 19편의 단편소설을 썼지만, 〈스크리브너스 매거진〉의 로버트 브리지스를 비롯한 여러 잡지사 편집자들에게 모두 거절당했다. 1919년 7월 4일에 피츠제럴드는 『낭만적 에고티스트』를 고쳐 쓰기 위해 세인트폴의 가족에게 돌아왔다. 자신이 열망하는 유명한 소설가가 되어, 군대에서 사랑에 빠진 앨라배마 몽고메리의 야심 찬 남부 미녀 젤다 세이어Zelda Sayre의 마음을 사로잡기 위함이었다. 7월 말 그는 수정 작업을 끝냈다.

2 1918년에 피츠제럴드가 스크리브너스에 보낸 첫 장편소설 제목.

3 8월 13일에 퍼킨스는 피츠제럴드에게 완성되는 대로 소설 몇 장을 더 보내달라고 편지를 보냈다.

4 한 편은 3월 20일에 〈포스트〉에 실린 「마이라, 그의 가족을 만나다」, 다른 한 편은 2월 21일에 같은 잡지에 실린 「머리와 어깨」로 추정된다.

5 『낙원의 이편』의 로절린드는 젤다 세이어 피츠제럴드를 모델로 삼았다.

6 1월 28일 편지에 퍼킨스는 교정쇄를 받는 대로 부제 양식을 고치겠다고 답했다.

7 5월 초에 피츠제럴드 부부는 코네티컷 웨스트포트에 집을 빌렸다.

8 6월 30일에 퍼킨스는 런던 윌리엄 콜린스 선스사가 『낙원의 이편』 영국판을 펴내는 데 관심이 있다고 알렸다.

9 피츠제럴드는 신작 소설에 붙였던 제목 '로켓의 비행'을 후에 '아름답고 저주받은 사람들'로 바꾼다. 8월 12일 찰스 스크리브너스에게 보내는 편지에 피츠제럴드는 "신작 소설 '로켓의 비행'은 스물다섯 살부터 서른세 살까지(1913~1921년) 앤서니 패치의 삶을 그린다. 예술가적 취향과 나약함을 동시에 가진 주인공은 실제론 창조 능력이 결여된 인물이다. 주인공과 그의 아름답고 젊은 아내가 방탕한 생활을 하다 파멸에 이르는 과정이 소설에 그려진다. 부도덕하게 들릴지도 모르겠지만, 아주 감각적인 이야기다. 첫 소설을 호평한 평론가들이 실망하지 않았으면 좋겠다"고 적었다.

10 9월 말에 출간되었다.

429

주

11   피츠제럴드는 내셔널 아츠 클럽National Arts Club에서 연설할 예정이었다.
12   11월 9일 편지에 퍼킨스는 1500달러를 동봉하면서 그때까지 『낙원의 이편』 판매 부수가 3만 3796권이라고 썼다.
13   피츠제럴드 부부는 배를 타고 유럽으로 여행 갈 준비를 하고 있었다.
14   플로이드 델Floyd Dell의 최근작 『몽상가』에 대해 노프 출판사가 벌인 신문 광고를 말한다.
15   끝맺는 말 없이 여기서 편지는 끝난다.
16   『아름답고 저주받은 사람들』의 주인공 앤서니 패치는 퍼킨스처럼 하버드대학교에 다녔다.
17   10월 20일에 퍼킨스는 피츠제럴드에게 답장을 보냈다. 피츠제럴드가 말한 '작품 목록'은(퍼킨스는 '명함판'으로 부른다) 항상 '마지막 순간'에 삽입되기 때문에 저자가 보는 교정쇄에는 들어가지 않는다고 설명했다. 또한 2월 출간은 예상 판매 부수에 대한 판매팀의 의견을 따라야 한다고 답했다. 마지막으로 그날 아침 1000달러를 채텀 피닉스 은행 계좌로 입금했다고 말했다.
   10월 28일에 피츠제럴드는 퍼킨스에게 '젤다가 어제 여자아이를 낳았다. 산모와 아기 모두 건강하다'고 편지에 썼다. 퍼킨스는 11월 1일에 축하와 함께 '여자아이인 것을 젤다가 기쁘게 생각할 줄 안다. 물론 선생도 그럴 것이다. 하지만 선생이나 같다면 약간의 위로가 필요할 것이다. 딸들—네 딸—을 키운 경험으로 비추어 보건대, 곧 만족하리라 본다'고 덧붙였다. 또한 11월 첫 주에 피츠제럴드는 700달러를 선불해달라고 부탁했고, 퍼킨스는 11월 10일에 입금했다.
18   1921년 〈브렌타노의 북 채트〉 9/10월 호에 실린, 유럽 여행을 다룬 피츠제럴드의 에세이 「세 도시Three Cities」.
19   1922년 2월 11일 호와 18일 호에 발표된 「인기 많은 여자The Popular Girl」.
20   『아름답고 저주받은 사람들』에서 모리 노블은 성경을 고대 무신론자들의 작품으로 부르면서 그들의 주된 목적은 성경을 통해 문학적 불멸성을 획득하는 것이라고 주장한다.
21   12월 20일에 퍼킨스는 편지에 피츠제럴드가 모리의 연설을 수정해 '기쁘다'고 하면서도 '의도가 제대로 전달되지 않은 것 같다'고 썼다. 그러고는 '항상 선생의 생각을 자유롭게 말하기 바란다. 그리고 이번에 그렇게 해서 기쁘게 생각한다'고 덧붙였다.
22   12월 23일에 피츠제럴드는 젤다가 『아름답고 저주받은 사람들』이 '배에서 하는 앤서니의 연설'로 끝나야 한다고 생각한다는 전보를 보냈다. '아내는 새로 바꾼 결론이 너무 도덕적이라고 한다. 편집자님의 생각을 여쭌다'고 덧붙였다. 12월 27일 퍼킨스의 편지에 피츠제럴드는 그다음 날 '그 섬세한 천국의 아이러니'로 시작하는 부분을 다 들어내라고 답장을 보냈다.
23   1월 6일에 퍼킨스는 일반 독자가 피츠제럴드의 글을 '즐기기만 할 뿐' 그 글이 마땅히 누려야 할 문학적 중요성은 인식하지 못한다고 적었다. 그러면서 '이것—아

24 스크리브너스사의 베스트셀러 작가. 피츠제럴드는 이날 편지에 'F 존 스콧 팍스 피츠제럴드 주니어'로 서명했다.

25 1월 초 편지에 피츠제럴드는 '평생의 부를 안겨다줄 엄청 재미있는 희곡을 한 편 쓰고 있다. 정말로 그렇게 될 것이다. 수입에 맞춰 간신히 사는 것에 신물이 난다'고 썼다.

26 1월 23일에 퍼킨스는 표지 인쇄가 끝났기 때문에 피츠제럴드의 연을 쓸 수 없다고 답장했다. 그러나 "단편 걸작 여덟 편 수록"보다는 더 나은 광고 문구를 사용했다"고 덧붙였다. 또한 출간일이 3월 3일이라고 알렸다.

27 1922년 〈북맨〉 3월 호에 서명 없이 실린 윌슨의 글을 말하는 것으로 보인다.

28 작품집에는 '리츠 호텔만 한 다이아몬드'라는 제목으로 수록되었다.

29 2월 3일 편지에 퍼킨스는 제목으로 '막간 쇼'가 별로 좋지 않다는 의견을 밝혔다. '생명력이 느껴지질 않는다. … 부차적인 무엇인가를 떠올리게 하는데, 물론 단편집 이야기가 그런 건 맞지만, 그렇다고 그걸 강조하고 싶진 않다'고 적었다.

30 2월 말에 피츠제럴드는 1000달러 입금을 부탁했고, 퍼킨스는 3월 2일에 돈을 입금했다고 썼다.

31 책 뒤표지에 적힌 줄거리 요약을 말하는 것으로 보인다.

32 피츠제럴드는 『아름답고 저주받은 사람들』을 '문학적 지원과 격려를 아끼지 않은' 셰인 레슬리, 네이선, 퍼킨스에게 헌정했다.

33 스크리브너스 편집자 로저 벌링에임Roger Burlingame을 말하는 것으로 보인다.

34 4월 10일 편지에서 피츠제럴드는 『아름답고 저주받은 사람들』과 관련해 말씀을 아끼는 걸 보니 판매가 여전히 실망스러운 모양이다'라고 썼다.

35 5월 8일에 퍼킨스는 스크리브너스 판매팀 회의에서 "'재즈 시대 이야기'라는 제목을 놓고 거센 반대 의견이 나왔다. 재즈에 대한 강력한 반발이 있으며 그 단어가 무엇을 의미하건 판매계는 악영향을 끼칠 것이라고 한다"고 편지에 적었다.

36 피츠제럴드는 목차에 각각의 작품에 대한 주석을 달았다.

37 퍼킨스는 5월 26일에 피츠제럴드가 '새 소설을 생각하고 있는지' 물으면서 '새 소설은 대작이 될 것'이라고 덧붙였다.

38 강간범으로 묘사되는 인물은 윌리엄 셰익스피어이다.

39 매해 잡지에 발표된 단편 중에서 최고 단편을 모아 작품집을 펴내면서 작품 등급을 표시하기 위해 별점 제도를 사용했다.

개츠비가 마음속에서 떠나지 않았습니다

1 1월부터 4월까지 피츠제럴드는 롱아일랜드 그레이트 네크에 머물며 장편소설을 썼다. 4월 1일에 퍼킨스는 광고문을 미리 준비할 수 있게 제목을 정했는지를 물

었다. 피츠제럴드가 제안한 제목은 '잿더미와 백만장자 사이에'였지만, 4월 7일에 퍼킨스는 "'잿더미'라는 단어가 문제다. 주제를 전달하기에 명확하지도 구체적이지도 않다"라고 반대했다.

2 셸리는 바다에서 조난을 당해 죽은 뒤 화장되었으나, 심장은 타지 않았다고 한다. 혹자는 셸리의 심장이 서서히 석회화했을 것이라고 주장한다.

3 「1년에 3만 6000달러로 사는 법How to Live on $36,000 a Year」. 1924년 4월 5일 〈새터데이 이브닝 포스트〉에 발표된 에세이.

4 피츠제럴드 부부는 그해 여름을 유럽에서 나기 위해 유럽행 배를 탔다.

5 링 라드너의 『단편소설 작법(견본 수록)』. 피츠제럴드는 그레이트 네크 이웃인 소설가 링 라드너를 퍼킨스에게 소개해 단편집이 나오도록 도왔다.

6 시인이자 수필가, 소설가. 스크리브너스사에서 책을 출간했다. 퍼킨스는 버트와 피츠제럴드가 만나보면 좋겠다고 말했다.

7 『미국인의 형성The Making of Americans』. 당시 〈트랜스애틀랜틱 리뷰〉에 연재 중이었다.

8 링 라드너는 1922년부터 1925년까지 자신의 소설 『나는 신출내기 투수You Know Me Al』를 신문에 만화로 연재했다.

9 1917년부터 1923년까지 라드너는 밥스메릴Bobbs-Merrill사에서 여덟 권, 조지 H. 도란George H. Doran사에서 두 권을 출판했다.

10 피츠제럴드가 말한 표지에는 뉴욕을 내려다보는 데이지 페이의 커다란 눈 두 개가 그려져 있었다. 이 그림에 영감을 받아 피츠제럴드는 『위대한 개츠비』에 T. J. 에클버그 의사의 눈을 묘사했다.

11 『생동하는 일곱 개의 예술The Seven Lively Arts』(1924)을 말하는 것으로 보인다.

12 편지는 여기서 서명 없이 끝난다.

13 1924년 봄, 파리에서 윌리엄 버드William Bird가 출판한 『우리 시대에In Our Time』를 말하는 것으로 보인다. 에즈라 파운드는 헤밍웨이가 이 책을 출판하는 데 도움을 줬다.

14 1924년 스크리브너스사에서 출간된 단편소설집 『세 개의 계단참 위로Three Flights Up』.

15 10월 28일에 퍼킨스는 소설을 언제 받아볼 수 있을지 전보를 보냈다. 같은 날 피츠제럴드는 원고를 부쳤는데 제목은 아직 결정을 못했다고 전보로 답했다.

16 750달러를 입금해달라는 부탁과 함께 제목 변경에 관한 내용은 12월 15일 전보로 전달되었다.

17 작가 대리인 해럴드 오버Harold Ober. 당시 폴 레이놀즈의 동료. 오버는 피츠제럴드의 대리인으로 레이놀즈의 업무를 인계받는 중이었다.

18 퍼킨스는 12월 15일 피츠제럴드의 전보 요청에 따라 750달러를 입금했고, 그로써 『개츠비』의 선인세는 총 5000달러가 되었다.

19 증권회사 파트너인 에드워드 M. 풀러Edward M. Fuller와 윌리엄 F. 맥기William

F. McGee는 고객 돈을 횡령한 혐의로 네 번의 재판 후 유죄 판결을 받았다. 『위대한 개츠비』에 나오는 마이어 울프샤임의 모델인 유명한 도박사 아놀드 로스스타인Arnold Rothstein은 뒤에서 풀러와 맥기를 조종하는 자였다. 풀러는 피츠제럴드의 그레이트 넥 O 웃기이도 했다.

20 Edith Cummings. 유명한 여성 골프 선수로, 한때 여성 전국 대회에서 우승하기도 했다. 피츠제럴드는 프린스턴대학 재학 시절 그녀와 사귀었다.
21 2월 초에 피츠제럴드는 편지에 '거듭 생각해본 결과, 3장의 톰과 머틀 일화가 『아름답고 저주받은 사람들』의 많은 부분에 비해 절반도 안 되게 거칠다는 결론을 내렸다. 그래서 그냥 가기로 했다'고 적었다.
22 미국의 시인이자 소설가, 평론가인 윌리엄 로즈 베넷은 1923년 여성 시인 엘리너 와일리와 결혼해 1928년 그녀가 갑작스레 요절할 때까지 함께 살았다.
23 3월 7일에 피츠제럴드는 제목을 바꾸기에 너무 늦었는지를 묻는 전보를 띄웠다. 퍼킨스는 3월 9일에 '지금 제목을 변경하면 출간이 지체될 뿐만 아니라 혼란이 초래될 것이다'라고 전보로 답했다.
24 피츠제럴드는 3월 19일에 "제목 '빨강, 하양, 파랑 아래'에 꽂힘. 얼마나 지연?"이라고 전보를 쳤다. 같은 날 퍼킨스는 '4월 10일 출간에 맞춰 광고, 판매 예정. 제목 변경으로 몇 주 지연, 큰 심리적 타격, 덜 드러내는 제목 아래 반어가 더 효과적임. 모두 현 제목이 좋다 함. 이것으로 가길 추천'이라고 전보를 보냈다. 피츠제럴드는 전보로 동의를 표했다.
25 글렌웨이 웨스콧Glenwcy Wescott의 소설. 피츠제럴드는 스크리브너스 판매팀에 이 책을 보내달라고 부탁했다.
26 3월 31일에 전보로 입금을 부탁했다.
27 4월 20일자 퍼킨스의 전보에는 '판매 회의적. 호평 일색'이라고 적혀 있었다.
28 전보에는 '우호적 개선. 호평 지속. 기다릴 것'이라고 적혀 있었다. 4월 24일 전보였다.
29 4월 18일 브룩클린 〈이글〉에 루스 헤일은 '『위대한 개츠비』에서 마법과 삶과 반어와 로맨스와 신비주의에 관한 단 하나의 화학적 흔적도 발견하지 못했다'라고 썼다. 4월 12일 뉴욕 〈월드〉의 이름을 밝히지 않은 짧은 서평에는 'F. 스콧 피츠제럴드의 최신 불발탄'이라는 제목이 달렸다.
30 로렌스 스톨링스의 서평은 4월 22일자 뉴욕 〈월드〉에 실렸다.
31 4월 29일에 피츠제럴드는 '1000달러를 입금해준다면 이번이 분명 마지막이 될 것이다'라고 전보를 보냈다. 같은 날 찰스 스크리브너는 전보로 답장을 보냈다. '기꺼이, 스콧.'
32 윌리엄 콜린스는 피츠제럴드의 장편소설 두 권과 단편집 두 권을 펴낸 영국 출판사다.
33 피츠제럴드가 스크리브너스를 떠나, 보니&리브라이트와 계약할 것이라는 소문을 말한다. 퍼킨스의 '손으로 쓴 편지'는 전하지 않는다. 6월 1일에 피츠제럴드는

주

'리브라이트 소문 엉터리'라는 전보를 보냈다. 퍼킨스는 6월 10일에 '전보에 감사'라고 답장 전보를 보냈다.

34 〈새터데이 이브닝 포스트〉 편집장 조지 호러스 로리머, 〈허스트 인터내셔널〉 편집장 레이 롱.
35 피츠제럴드가 집필 중인 새 장편소설에 붙인 제목.
36 6월 26일에 퍼킨스는 『모든 슬픈 젊은이들』의 표지에 넣게 작가를 그린 그림을 보내라고 했다.
37 6월 26일에 퍼킨스는 인터뷰 진행자에게 질문 목록을 받아 피츠제럴드에게 보냈다.
38 〈더 레드북〉이 「부잣집 아이」를 게재하기로 결의하자 스크리브너스는 『모든 슬픈 젊은이들』 출간 이전에 단편이 나오도록 신경을 썼다. 단편은 1926년 1월과 2월에 걸쳐 발표되었고, 이에 책 출간은 1926년 봄으로 연기되었다.
39 1925년 고등학교 교사 존 스콥스는 주법을 어기고 진화론을 가르친 혐의로 재판에 회부돼 벌금형을 선고받았다. 이 사건은 기독교 근본주의와 과학 분야의 논쟁으로 확대되어 전국적 관심을 끌었다.
40 피츠제럴드는 「주사위, 쇳조각, 기타」 대신 「조정자The Adjuster」를 넣었다.
41 8월 6일에 퍼킨스는 '〈벨 통신사〉가 … 『위대한 개츠비』를 발표하는 데 열을 올린다. … 어떻게 할지 알려달라'고 썼다.
42 7월 27일에 퍼킨스는 피츠제럴드에게 『모든 슬픈 젊은이들』의 계약서를 보냈다. 출판사가 유리한 쪽으로 조건을 수정해야 한다고 피츠제럴드가 주장했음에도 『개츠비』와 동일한 조건이었다.
43 편지는 여기서 서명 없이 끝난다.
44 퍼킨스의 9월 4일 편지에 적힌 내용이다.
45 9월 28일 답장에 퍼킨스는 '조너선 케이프가 『위대한 개츠비』를 봤는지 모르겠다. 선생의 제안이 우리에게 전달된 것은 모든 게 결정된 다음이었다'라고 썼다.
46 10월 초순 이 문제에 대한 두 번째 편지에서 피츠제럴드는 '『위대한 개츠비』는 영국인 스스로 미국인이 쓸 수 없다고 말하는 책'이라고 적었다. 1926년 3월에 퍼킨스는 영국판 『개츠비』에 대한 서평 두 편을 보내며 '많은 이에게 햄릿적인 면이 있듯 개츠비적인 면 또한 있다. 이 책에는 미국적인 요소가 너무 많은 터라' 이 책을 옳게 이해한 서평이나 그렇지 못한 서평이나 '공로 면에서는 별반 다를 게 없다'라고 썼다.
47 1월 8일에 피츠제럴드는 '헤밍웨이의 완성된 소설 판권을 가질 수 있음. 단, 비전 없는 풍자문을 출판한다는 조건. 하코트가 확실한 제안을 해옴. 조건 없이 즉각적 전보 요망'이라는 전보를 보냈다. 같은 날 퍼킨스는 '인세 15퍼센트, 원한다면 가불로 소설 출판. 재정적 문제 이외 다른 반대가 없다면 풍자문도 출판'이라는 답장 전보를 보냈다. 1월 11일 스크리브너스가 보낸 전보에는 '절대적 신뢰. 그의 작품을 출판하기를 고대'라고 적혀 있었다.

434

주

48 1월 18일 젤다 피츠제럴드 앞으로 퍼킨스는 '스콧에 대한 전보 요망. 아프다고 해서 심란'이라고 전보를 보냈다. 1월 19일 피츠제럴드는 '근거 없는 소문'이라고 답장 전보를 띄웠다. 퍼킨스가 읽은 단신에서 소문이 시작된 것으로 보인다.

49 더프 트위스든Duff Twysden. 『태양은 다시 떠오른다』의 브렛 애슐리의 모델이다.

50 4월 초에 피츠제럴드 가족은 윌밍턴 외곽의 고대 그리스 양식으로 지은 저택 엘러슬리Ellerslie로 이사 왔다.

51 피츠제럴드는 뉴욕을 방문한 길에 아끼는 지팡이 하나를 잃어버렸다.

52 퍼킨스는 피츠제럴드에서 9월 24일에 600달러를, 12월 2일에는 250달러, 12월 7일에는 150달러를 입금했다.

53 바질 듀크 리를 주인공으로 한 단편들. 세 단편은 「추문 전문 탐정들The Scandal Detectives」(《새터데이 이브닝 포스트》 1928년 4월 28일), 「축제에서 보낸 하룻밤A Night at the Fair」(《새터데이 이브닝 포스트》 1928년 7월 21일), 「신입생The Freshest Boy」(《새터데이 이브닝 포스트》 1928년 7월 28일)인 것으로 보인다.

54 엘러슬리에서 결국 소설을 완성하지 못한 피츠제럴드는 가족을 데리고 그해 여름 유럽으로 갔다.

55 파리에 도착하고 얼마 지나지 않아 피츠제럴드는 퍼킨스에게 '술은 입에 대지도 않고 오로지 소설만 쓰고 있다. 온전히 소설에만 매달리고 있다. 무슨 일이 있어도 8월에는 소설을 끝내고 돌아갈 것이다'라고 장담했다.

56 7월 초에 피츠제럴드는 샹송의 『길 위의 사람들Les Hommes de la Route』 번역 판권을 인수하라고 퍼킨스에게 권했다. 그러면서 샹송은 '외설스럽지 않은 젊은 작가이고… 프랑스의 가장 위대한 소설가가 될 거라는 평을 문학계 인사들로부터 받는다'고 말했다.

57 8월 7일에 피츠제럴드는 '노프가 앙드레 샹송 원함. 출간 계획이 없으면 금요일 전에 전보 바람'이라고 전보를 보냈다. 퍼킨스의 답장 전보는 '샹송 원함. 제안 중…'이었다.

58 피츠제럴드 가족은 9월 말에 미국으로 돌아왔다.

59 스크리브너스는 피츠제럴드 단편을 선집에 수록하겠다는 랜덤 하우스의 제안을 거절했다. 퍼킨스가 2월 25일 편지에 설명했듯이 랜덤 하우스에서 제안한 인세가(0.5센트) '도적질'이나 다름없었기 때문이었다. 그러면서 그는 스크리브너스가 자체로 그와 유사한 선집을 준비하는 중이라며 '편당 2센트의 인세'를 지불하겠다고 덧붙였다.

60 헤밍웨이는 그해 『무기여 잘 있거라』 출간을 준비하고 있었다. 『무기여 잘 있거라』는 1929년 9월에 스크리브너스에서 출간됐다.

61 5월 31일에 퍼킨스는 라드너의 신간 『라운드 업Round Up』이 1만 부 팔렸고, 앞으로 1만 부 더 팔릴 것으로 예상하지만 라드너가 '검청 낙심한 눈치'라고 편지에 썼다.

62 해럴드 오버는 얼마 전에 폴 레이놀즈와 관계를 끊고 자기 사업을 시작했다.

435

주

재즈 시대의 종말

1 「일꾼A Workman」「가뭄과 홍수The Drouth and the Flood」「집The House」.
2 윌러드 헌팅턴 라이트Willard Huntington Wright의 필명. 탐정 파일로 밴스를 주인공으로 한 추리소설을 썼다.
3 7월 말에 피츠제럴드는 편지에 '젤다가 여전히 많이 아프다'고 썼다.
4 피츠제럴드는 제네바 호수 옆 요양병원에 입원한 젤다 곁을 지키기 위해 스위스로 갔다.
5 퍼킨스는 8월 12일에 인세 보고서를 피츠제럴드에게 보냈다.
6 피츠제럴드는 7월 7일에 1500달러를 입금해달라고 전보를 보냈다.
7 1900년부터 1925년까지 미국 역사를 다룬 책. 그 책은 '우리의 시대'라는 제목으로 1927년부터 1935년 사이에 여섯 권으로 출간되었다.
8 〈스크리브너스 매거진〉 편집장 앨프리드 대실Alfred Dashiell. 피츠제럴드는 대실이 부탁한 글을 썼고 그 글은 '재즈 시대의 데아리'라는 제목으로 1931년 11월 호에 발표되었다.
9 피츠제럴드 가족은 젤다가 스위스의 요양병원에서 퇴원한 후 1931년 9월에 미국으로 돌아왔다.
10 피츠제럴드는 11월 말에 영화 시나리오를 쓰기 위해 할리우드로 갔고, 그곳에서의 경험을 글로 쓰겠다고 〈스크리브너스 매거진〉에 제안했다. 그는 끝내 그 글을 완성하지 못했는데, 1932년 9월 말에 대실에게 '스무 쪽쯤' 썼지만 소설에 너무 몰두한 나머지 글을 끝마칠 수 없었다고 설명했다.
11 피츠제럴드는 필립스 클리닉에 입원한 젤다 곁을 지키기 위해 볼티모어로 왔다.
12 『나와 함께 왈츠를Save Me the Waltz』. 1932년 10월 스크리브너스에서 출판.
13 여름 동안 피츠제럴드는 볼티모어 외곽 베어드 턴불 부지에 있는 빅토리아 양식의 집 '라 페La Paix'를 빌려 거처를 옮겼다.
14 9월 27일 답장에서 퍼킨스는 소설의 첫 4분의 1을 1월 호에 발표하는 게 낫겠다면서 '그러면 3월 20일경에는 연재가 끝날 것이고, 연재가 끝나는 날 책을 출간할 수 있을 것'이라고 썼다. 하지만 일정이 다소 늦어져 2월 호에 연재를 시작해 4월 20일에 책을 출간하게 된다. 북클럽 문제에 대해서는 북클럽이 잡지에 연재된 책을 많이 가져갔다고 설명했다. 『위대한 개츠비』를 모던 라이브러리에 수록하는 문제로 랜덤하우스의 베넷 서프와 얘기를 나누었다고, '할 수 있는 한 돕겠다'고 말했다.
15 〈스크리브너스 매거진〉은 피츠제럴드에게 1만 달러를 지급하기로 하고 『밤은 부드러워』(피츠제럴드가 붙인 제목)를 연재하기로 결정했다. 그중 6000달러는 스크리브너스에 진 빚을 갚는 데 사용되고 나머지는 현금으로 지급되었다.
16 『밤은 부드러워』의 연재 원고를 말하는 것으로 보인다.
17 1월 5일에 퍼킨스는 오버에게 2000달러 수표를 보냈다. 『밤은 부드러워』의 영화

판권이 팔리면 갚을 것을 전제로 5퍼센트의 이자로 빌려주는 돈'이라면서 '영화 판권이 팔리지 않을 경우에는 피츠제럴드 씨 출납 장부에 청구될 것'이라고 말했다.

18 세프는 모던 라이브러리더 『개츠비』를 수록하기로 동의했다. 500달러 선금에, 서문을 쓰고 50달러를 받는 조건이었다. 스크리브너스 판본에서 곧장 뜬 새 책은 1934년에 출간되었다.
19 퍼킨스는 2월 5일에 800단어가 잡지 연재 분량에 부합한 최대치라면서 체포 장면을 800단어로 줄일 수 있는지 전보로 물었다. 같은 날 아마도 이 편지를 쓰기 전에 피츠제럴드는 장면 전체를 살렸으면 하는 바람을 표현하며 전보로 답장을 보냈다.
20 퍼킨스는 이 편지를 받기 도 전인 2월 5일에 전보를 보내 체포 장면을 통으로 넣는 데 동의했다.
21 1934년 2월 1일 편지에 피츠제럴드는 '맙소사, 이걸로 편집자님을 성가시게 할 생각은 없지만, 이 책은 지금 내 삶 전부이고, 이런 완벽주의자 태도를 버릴 수가 없다'고 썼다.
22 『밤은 부드러워』 출간(1934년 4월 12일) 이후 작품.
23 링 라드너는 1933년 9월 25일에 사망했다. 피츠제럴드의 추모글 「링」은 〈뉴 리퍼블릭〉 1933년 10월 11일자에 발표되었다.
24 퍼킨스는 5월 15일에 피츠제럴드 계좌에 600달러를 입금했다.
25 1934년 6월 8일 편지에 피츠제럴드는 단편 16편을 퍼킨스에게 보냈다.
26 6월 18일에 보낸 편지에서 퍼킨스는 「사로잡힌 그림자」를 추가하고, 「근사하고 조용한 곳」이나 「축제에서 보낸 하룻밤」 가운데에서 하나를 추가하라고 권했다.
27 퍼킨스는 6월 19일 편지에서 "'다시 찾아간 바빌론—스콧 피츠제럴드 단편집'으로 하면 어떨지" 물었다.
28 퍼킨스와 피츠제럴드는 버지니아 미들버그로 여행을 갔다. 그곳에서 그들은 남북전쟁 이전에 지어진 '웰번'이라는 이름의 대저택에 사는 퍼킨스의 친척을 방문했다.
29 피츠제럴드는 '어둠의 백작The Count of Darkness'이라는 중세를 다룬 장편소설을 계획했는데, 소설의 1부인 「가장 어두울 때에In the Darkest Hour」를 말한다.
30 조지 거츠라는 필명으로 펴낸, V. F. 캘버튼의 책 『신들의 죽음』을 말하는 것으로 보인다.
31 11월 15일에 피츠제럴드는 전보를 보내 단편집에서 「그녀의 마지막 사건」과 「새로 돋은 나뭇잎 한 장」을 빼겠다고 말했다.
32 1935년에 스크리브너스에서 『아프리카의 푸른 언덕』으로 출간되었다.
33 12월 3일에 피츠제럴드는 교정쇄 2교를 받고 깜짝 놀라서는 퍼킨스에게 이 작업이 '책 출간을 늦출 것'이라고 말했다. 그러면서 '헤밍웨이가 자고새 무리를 그냥 지나칠 수 없듯 나 역시 교정쇄를 그냥 지나칠 수 없다. 내버려두는 게 안 된다'고

주

설명했다. 12월 6일 퍼킨스의 편지에는 그가 저자 중 적어도 한 명에게서 교정쇄를 받는 데 어려움을 겪는다는 내용이 나와 있다. 퍼킨스는 토머스 울프에게 '읽든 말든 하루에 교정쇄 20벌을 보내겠다는 최후통첩'을 전달했다고 말했다.

34 피츠제럴드는 2월 12일에 제목이 '점점 무의미해지는 것 같다'고 전보를 보내면서 네 가지 대안을 제시했다. '어젯밤 달' '하현' '황금빛 숟가락' '내 눈에 비친 달빛'이 그것이다.

35 피츠제럴드는 노스캐롤라이나에 다녀왔다.

36 퍼킨스는 2월 27일에 보이드가 뇌종양으로 사망했는데, 의사조차 모르고 있던 사실이었다고 답장을 보내왔다.

37 헌정문은 다음과 같다. "쓰디쓴 절망과 의심의 시간 동안 이 책의 저자 옆을 지키면서 그를 좌절로부터 일으켜 세운 위대한 편집자이자 용감하고 정직한 사내, '맥스웰 에버츠 퍼킨스'에게 『시간과 강에 대하여』로 알려질 이 책을 바친다. 불굴의 그가 흔들림 없이 보여준 충실한 헌신과 끈질긴 관심이 다만 얼마라도 가치가 있었기를 바라는 마음이다. 그가 없었더라면 이 책은 나오지 않았을 것이다."

38 『아프리카의 푸른 언덕』은 (단행본 출간에 앞서) 〈스크리브너스 매거진〉에 1935년 5월부터 7회에 걸쳐 연재되었다.

39 5월 6일에 퍼킨스는 다리 총상에서 회복 중인 헤밍웨이가 비미니로 피츠제럴드를 초대했다고 편지에 썼다.

40 피츠제럴드는 그해 여름을 노스캐롤라이나 애시빌의 그로브 파크 인Grove Park Inn에서 보냈다.

41 퍼킨스는 10월 18일에 볼티모어 은행 피츠제럴드 계좌로 300달러를 입금했다.

42 사이먼앤슈스터는 피츠제럴드가 〈에스콰이어〉에 발표하고 있는 자전적 글을 책으로 묶고 싶다고 편지를 보내왔다.

43 윌리엄 B. 시브루크의 『정신병원Asylum』을 말하는 것으로 보인다. 이 책에 저자는 알코올중독으로 정신병원에서 치료받았던 자신의 경험을 썼다.

44 1936년에 발표된 「금이 가다The Crack-up」(2월) 「이어 붙이기Pasting it Together」(3월) 「취급에 주의하시오Handle With Care」(4월).

45 6월 16일에 퍼킨스는 일종의 회고담으로 내용을 통일하지 않으면 승산이 없을 것 같다고 말하면서도 말미에 '선생이 충분히 숙고한다면 제안한 책을 낼 용의가 있으며, 책이 나오도록 최선을 다하겠다'고 덧붙였다.

46 피츠제럴드는 요양원에 입원 중인 젤다와 가까이 있기 위해 애시빌로 이사했다.

47 「킬리만자로의 눈」. 원본에는 주인공이 다음과 같이 생각하는 구절이 나온다. "사내는 가엾은 스콧 피츠제럴드와 부자들에게 품고 있는 그의 낭만적인 경외심을 떠올렸고, 스콧이 '부자들은 당신과도, 나와도 다르다'는 문장으로 이야기를 시작한 때를 기억했다. 또 누군가가 스콧에게 '그래요. 그들은 우리보다 돈이 많지요'라고 답했던 것도 생각했다. 하지만 스콧에게 그것은 전혀 우스운 일이 아니었다." 다음 쇄에서는 피츠제럴드가 줄리안으로 바뀌었다.

48　1936년 10월 초 피츠제럴드는 퍼킨스에게 2000달러를 부탁했고 퍼킨스는 300달러를 보냈다.
49　1936년 말에 한 여성이 울프의 단편 「문이 없다No Door」가 자신을 그린 게 명백하다며 스크리브너스와 울프를 상대로 12만 5000달러 명예훼손 소송을 제기했다. 소송은 법정까지 가지 않고 양측 합의로 해결되었다.
50　피츠제럴드는 며칠 전에 보낸 편지에 '헤밍웨이에게 「킬리만자로의 눈」에서 내 이름을 빼달라고 요청했더니' 어니스트가 '마지못해 동의했다고, 실은 어찌나 불쾌하게 답장을 썼던지 이제 내게 좋은 감정을 갖고 있지 않은 것 같다'며 '단편에 내 이름이 그대로 실려 나온다면 그가 내 요청에 동의했다는 사실을 기억해달라'고 적었다.
51　피츠제럴드는 이전 편지에 할리우드의 제안을 고려하고 있다고 썼다.

실패한 재기

1　〈스페인의 대지The Spanish Earth〉. 헤밍웨이가 제작에 참여하고 내레이션을 맡은 스페인 내전을 다룬 영화. 헤밍웨이는 그해 영화 상영과 구제 자금 모금을 위해 할리우드를 찾았다.
2　헤밍웨이는 급진적 성향의 평론가 맥스 이스트먼과 스크리브너스 사무실에서 육탄전을 벌였다. 퍼킨스는 3월 24일 편지에 자세한 이야기를 적어 보낸다.
3　퍼킨스는 얼마 전에 할아버지가 되었다.
4　울프는 스크리브너스를 떠나 하퍼스에서 새 책들을 내기로 했다.
5　10월 3일 답장에 퍼킨스는 '볼티모어에서 수술하던 날에도, 장례식을 치르는 동안에도 씩씩하게 버틴 울프 어머니께 시간을 내서 편지를 쓴다면 큰 도움이 될 것'이라고 적었다.
6　1938년 4월에 스크리브너스의 휘트니 대로는 『낙원의 이편』이 절판되었음을 피츠제럴드에게 편지로 알렸다.
7　1938년 12월 24일에 피츠제럴드는 '필립'과 단편을 엮어 작품집을 내는 건 어떨지 퍼킨스에게 물었다.
8　1월 18일 편지 말미에 퍼킨스는 '스카티가 학년을 잘 넘기길 바란다. 곧 알게 될 것이다. 우리 반 일등도 근신을 당한 적이 있기 때문에 그리 놀랍지는 않다. 선생도 근신을 받은 적이 있지 않느냐'고 적었다.
9　피츠제럴드는 경제적으로 매우 힘들었을 때 스크리브너스에 양도했던 생명보험증서를 찾아오기 위해 해럴드 오버를 통해 스크리브너스에 750달러를 지불했다.
10　울프는 『거미줄과 바위』(1939) 『그대 다시는 고향에 가지 못하리』(1940)에서 퍼킨스를 폭스홀 에드워즈로 그렸는데, 유쾌하기만 한 인물은 아니다.

주

11 피츠제럴드는 〈콜리어스 매거진〉의 케네스 리타어에게 편지를 보내 신작 소설의 연재 가능성을 물었다. 리타어는 퍼킨스를 통해 신중한 관심을 표했다.
12 피츠제럴드는 퍼킨스에게 집필 중인 소설(사후 출간된 미완 소설 『마지막 거물The Last Tycoon』)의 앞부분을 보냈고, 11월 29일에 퍼킨스는 '아름다운 시작. 감동적이고 참신함'이라고 전보를 보냈다.
13 리타어가 결정에 앞서 소설을 더 봐야겠다고 하자 피츠제럴드는 〈콜리어스 매거진〉과의 협상을 중단했다.
14 퍼킨스는 12월 21일 답장에 '1월 1일 이후면 아무 때나' 된다고, '급하면 12월 26일 이후로도 가능하다'고 적었다. 12월 26일에 피츠제럴드는 372.66달러를 자신에게 보낸 다음 밀린 집세 150달러와 장기 체납된 전화 요금 122.44달러를 갚아줄 수 있는지, 그래서 도합 645달러를 빌릴 수 있는지 퍼킨스에게 물었다. 퍼킨스는 피츠제럴드가 부탁한 대로 했다.
15 1920년대 프랑스 남부에서 만난 이후로 제럴드 머피와 그의 아내 사라는 피츠제럴드 부부의 가까운 친구였다. 머피 부부는 『밤은 부드러워』의 니콜과 딕 다이버의 모델로 일정 부분 기여했다.
16 7월 8일에 퍼킨스는 책이 절판되건 아니건 판권에는 변동이 없다고, 판권은 여전히 살아 있고 소멸하면 스크리브너스가 갱신할 것이라고 답했다.
17 퍼킨스의 딸 제인과 친구 넷은 국토 횡단 자동차 여행 중에 피츠제럴드를 방문했다.
18 12월 17일 답장에 퍼킨스는 소설 원고를 돌려보내겠다며 카프카에 대해선 아는 바가 없지만 찾아보겠다고 했다. 피츠제럴드에게 보내는 마지막 문장은 "'1월 15일 이후 언젠가'가 빨리 왔으면 좋겠습니다"였다. 피츠제럴드는 12월 21일에 할리우드에서 심장마비로 사망했다.